DÉSIRÉ PECTOR

NOTES

SUR

L'AMERICANISME

Quelques-unes de ses Lacunes

En 1900

PRÉFACE DU Dr E.-T. HAMY

MEMBRE DE L'INSTITUT

PARIS

J. MAISONNEUVE, ÉDITEUR

6, RUE DE MÉZIÈRES ET RUE MADAME, 26

1900

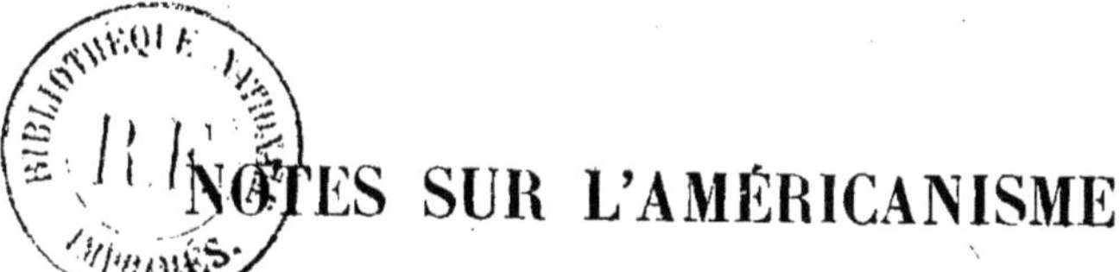

NOTES SUR L'AMÉRICANISME

DÉSIRÉ PECTOR

NOTES

SUR

L'AMERICANISME

Quelques-unes de ses Lacunes

En 1900

PRÉFACE DU Dr E.-T. HAMY

MEMBRE DE L'INSTITUT

PARIS

J. MAISONNEUVE, ÉDITEUR

6, RUE DE MÉZIÈRES ET RUE MADAME, 26

1900

PRÉFACE

Il est peu de personnes en France qui aient aussi activement contribué au développement des études américaines que l'auteur dont je suis prié de présenter le dernier ouvrage au public. Fils et petit-fils de parents d'un esprit cultivé, qui n'ont jamais cessé d'associer le culte des sciences et des lettres à la pratique des affaires, M. Désiré Pector avait déjà donné, comme eux, depuis longtemps, de sérieux témoignages de l'intérêt que lui inspirent la géographie, l'ethnographie et la linguistique. Devenu, à son tour, le chef d'une importante maison qui traite principalement avec l'Amérique Centrale, il devait naturellement diriger de préférence son activité scientifique vers ces pays, encore si mal connus, où de grandes relations d'affaires ouvraient de larges débouchés à son intelligence. Et en effet, dès 1887, il a commencé à écrire de différents côtés, des notes intéressantes sur le Centre-Amérique en général, et le Nicaragua en particulier, dont il avait sérieusement étudié la géographie économique. Nommé secrétaire-général du Congrès des Américanistes de Paris, en 1890, il a réussi à organiser une session qui a marqué dans l'histoire de ces réunions scientifiques.

M. Désiré Pector représente, depuis dix-neuf années, à des titres divers dans notre capitale, les intérêts commerciaux des petites Républiques de l'Isthme américain (1). Se trouvant, dans l'exercice des fonctions consulaires, en rapports journaliers avec de nombreux jeunes gens, des meilleures familles de l'Amérique Centrale, venus à Paris pour leurs études ou pour leurs intérêts, il s'est efforcé de déve-

---

(1) Il a été successivement, de 1881 à 1895, consul de Nicaragua ; de 1895 à 1897, consul général de la même République ; en 1898, consul général de la Fédération Centre-Américaine, et il est depuis 1899 consul général de Honduras et de Nicaragua.

lopper chez ces visiteurs le goût des études locales presque toujours si négligées chez eux.

C'est pour ces lecteurs spéciaux qu'il a rédigé, dans ces derniers temps, des articles nombreux et variés sur les diverses régions du Centre-Amérique.

C'est encore en partie pour eux qu'il vient d'achever ce volume destiné à les mettre rapidement au courant des *desiderata de l'Américanisme!*

M. Pector entreprenait là, sans aucun doute, une tâche ingrate et méritoire. Il lui fallait, pour la mener à bien, lire et annoter soigneusement les livres anciens sur le Nouveau Monde qui constituent déjà une bibliothèque volumineuse, puis dépouiller, avec une scrupuleuse attention, les publications variées que chaque courrier d'Amérique nous apporte plus nombreuses et plus importantes. M. Pector n'a pas faibli devant cette lourde besogne et ses lecteurs lui sauront un gré infini de leur avoir ainsi facilité l'accès d'un vaste champ d'études, dont les abords étaient naguère encore particulièrement difficiles.

Puisse l'entreprise si louable de notre laborieux collègue contribuer à augmenter le nombre trop restreint des amis des études américaines, si intéressantes et pourtant si délaissées!

E.-T. HAMY,
de l'Institut.

Paris, 25 novembre 1899.

AVANT-PROPOS

Les études qui se proposent pour objet la connaissance exacte de l'Amérique ont fait de grands et réels progrès ces dernières années, preuve en soit la série déjà longue des Comptes-rendus des sessions du Congrès international des Américanistes, de 1875 à 1895 (Nancy, Luxembourg, Bruxelles, Madrid, Kjœbnhavn, Berlin, Paris, Huelva, Chicago, Stockholm, Mexico). Espérons que la 12e session de 1900, à Paris, sera encore plus brillante que les précédentes.

Néanmoins l'américanisme est loin d'avoir dit son dernier mot. Maintes régions américaines restent encore à explorer, quoique les espaces blancs des cartes diminuent graduellement en étendue et en importance. Quatre siècles pourtant se sont écoulés depuis que Cristoforo Colombo, Pinzon, Alvarez Cabral, Cabot et d'autres hardis navigateurs révélèrent à l'Europe l'existence des terres d'outre-Atlantique. Nous ne voulons pas naturellement parler des découvertes précolombiennes dues à des Chinois, des Japonais, des Scandinaves (Leif Erikson), des Irlandais (Saint-Brandan), des Français (Normands de Dieppe et Rouen : Ango, Cousin, Bretons de Saint-Malo et Granville, Basques de Bayonne et Saint-Jean de Luz), des Espagnols (de San Sebastian), des Portugais (de Lisboa), des Italiens (de Genova et de Venezia).

Dans l'état actuel de la question, la tâche ingrate que je me suis imposée consiste à indiquer, par pays et par ordre d'idées, quelques-uns des nombreux problèmes qui restent encore à résoudre, les recherches et études multiples qui doivent attirer l'attention des savants dans toutes les parties du continent américain. Pareille besogne ne laisse pas que d'être difficile à entreprendre ; involontairement, je commettrai sans doute bien des erreurs ; je signalerai peut-être comme inconnues ou inexplorées des contrées que des voyageurs auront déjà décrites ; je serai tenté de considérer comme insuffisamment développées certaines sciences qui ont, à leur actif, des résultats solides et sérieux. Mon ignorance proviendra du fait que certains ouvrages, parfois fort rares, auront échappé à mes recherches. D'avance, je remercie tous ceux qui voudront bien me signaler les défectuosités de ce travail.

I. RÉGIONS GLACIALES ARCTIQUES

Pôle Nord. — Ces parages de l'extrême nord ont été visités par de nombreux explorateurs et pourtant la connaissance que nous en avons est des plus imparfaites. « Il est hors de doute que la géographie des hautes régions boréales ne se fera pas aussi rapidement que celle du continent africain » (Ch. Maunoir, *Bulletin de la Société de Géographie de Paris*, 1889, 1er trimestre, page 110). Outre les données relatives à la géographie proprement dite, à la géologie, à la climatologie, il serait bon d'être au clair sur les particularités anthropologiques, ethnographiques, linguistiques des races qui pourraient errer dans ces contrées inconnues.

Géologie. — Les théories du géologue français, Albert-A. de Lapparent, publiées dans *la Nature*, sur l'aplatissement de la terre au pôle nord sont-elles indiscutables ? De nouvelles explorations scientifiques les contrôleront pratiquement.

Voyages d'exploration. — Nous comptons à ce sujet sur la publication du résultat scientifique des récentes explorations de l'Anglais Jackson de retour en 1897 après un voyage de 3 ans, de l'Allemand Theodor Lerner, parti récemment, sur le « Helgoland », et surtout du Norvégien Andrée à bord du ballon l'Ornen, dont le monde savant attend des nouvelles avec anxiété. Les traces de passage d'hommes relevées en 1898, à la pointe sud de l'île Hall, au cap Tegetthoff par M. Walter Wellmann et les membres de l'expédition américaine au Groenland, peuvent-elles être celles d'Andrée et de ses compagnons, comme le voudrait M. Baldwin, membre de ladite expédition ? Puisse le lieutenant de vaisseau américain R. C. E. Peary obtenir un résultat favorable dans l'exploration qu'il est en train d'entreprendre vers le nord avec Foukelfjord (Groenland) pour base méridionale d'opération ! Espérons qu'on pourra bientôt dépasser les 86°14' de latitude N, Greenwich, de Nansen, dût-on employer les bateaux sous-marins préconisés par MM. G. L. Pesce, A. Hamberg et Reidel.

Mais, si plusieurs expéditions ont eu des résultats affirmatifs, combien n'en ont eu que des négatifs. Ainsi, malgré les recherches du Dr Rae (1853), de Mac Clintock (1858), de Charles Hall (1869), et du lieutenant Schwatka (1880), on n'a trouvé de la fameuse expédition au pôle nord de sir John Franklin (1846-1848) que des épaves de trois barques et du navire « Terror ». On ne sait rien du sort du navire « Erebus », ni de celui de la quatrième barque de l'expédition, ni enfin du résultat de ce voyage célèbre.

On a bien trouvé, en 1884, à Julianshaab, sur les côtes méridionales du Groenland, des restes d'un navire attribués à la « Jeannette » par un grand nombre de savants. Mais quelques-uns encore doutent de leur authenticité, malgré le judicieux travail sur ce sujet, publié en mai 1896 par la « Geographical Society of the Pacific » de San Francisco intitulé : « *An examination into the genuineness of the « Jeannette » relics. — Some evidences of currents in the polar regions.* »

Courants polaires. — Dans l'étude précédente se trouve un résumé succinct qui tend à prouver l'existence de divers courants polaires se dirigeant de l'ouest à l'est, fournissant fréquemment aux Groenlandais les essences forestières de Sibérie qu'ils utilisent, et ayant permis au bâtiment anglais « Resolute », en 1854, de parcourir en 381 jours 1100 milles marins et à la « Jeannette » (si c'est bien elle) d'atteindre Julianshaab. Mention est aussi faite d'un courant qui, partant de Nortonsound (Alaska), remonte au nord du détroit de Bering qu'il traverse, et fait flotter jusqu'au 64° de latitude à Godthaab (côte occidentale du Groenland) des objets de pêche en bois (harpons, etc.) appartenant à des Eskimaux de Port Clarence. Il manque encore une carte ou un tracé exact de ces courants. Il serait utile d'aider le commodore Melville dans son projet de prouver l'existence de certains courants polaires par le lancement au nord de Point Barrow de tonneaux étanches qui suivraient une direction donnée (consulter le supplément illustré de la New-York Tribune du 27 novembre 1897, *Melville's polar theory*).

MER PALÉOCRYSTIQUE. — Les indigènes des îles comprises dans ce qu'on nomme la mer Paléocrystique ont des légendes sur les Tornit ou Tunuk qui seraient, paraît-il, les premiers habitants du pays. Il vaudrait la peine de recueillir avec soin toutes ces légendes; elles permettraient, peut-être, de déterminer l'origine de ces indigènes, leurs mœurs, leurs usages, leurs coutumes. On pourrait, sans doute, arriver à les identifier avec d'autres tribus exterminées par les Eskimaux ou existant encore dans une autre région hyperboréenne. Souhaitons que le « Fram », arrivé le 4 août 1898, à Upernavik (Groenland) sous le commandement du vaillant capitaine norvégien Sverdrup, nous éclaircisse bientôt sur ces questions et d'autres encore relatives à cette mer.

TERRE ARTHUR. — Cette terre est hypothétique. Elle comprend le cap

Lockwood qui semble séparé de la Terre de Grinnell à 70 milles du fjord Greely (80°48′ latitude nord et 78°26′ longitude ouest de Greenwich, d'après Greely, Lockwood et Brainard). Est-elle habitée?

Iles du roi Charles. — MM. Johannesen et Andreassen disaient les avoir découvertes en 1884 par 78° 35′ N. et 31° 30′ E. de Greenwich. D'après le capitaine A. Pick, qui a croisé en 1897 dans ces parages, elles n'existent pas. Peut-être ont-elles disparu?

Iles Parry. *Paléontologie*. — D'après Oswald Heer, les couches houillères de ces îles datent du même âge que celles de l'île des Ours, au nord de la Scandinavie; les mêmes calcaires marins les ont recouvertes. Cette similitude de terrains à des distances aussi considérables plaide en faveur de l'hypothèse d'un vaste continent qui aurait recouvert toutes les régions polaires pour s'affaisser ensuite partiellement, tant au nord de l'Amérique qu'au nord de l'Europe. Ne serait-il pas utile d'entreprendre de nouvelles explorations au point de vue paléontologique entre les îles scandinaves et américaines?

Baie de Melville. *Géologie*. — Franklin avait découvert sur les plages de cette baie une masse de fer météorite pesant 90 tonnes. Il serait bon d'avoir des détails historiques et géologiques sur cette précieuse masse dont le capitaine Peary et le professeur Dyche se disputaient l'acquisition. Le premier savant vient d'amener à New-York ce météorite composé, dit-on, de 92 0/0 de fer et 8 de nickel. Attendons d'autres analyses.

Terre de Baffin. — La violence des vents a empêché jusqu'ici l'exploration des massifs montagneux de cette grande île. Le lac Amakdjuak n'a pas encore été étudié par les voyageurs blancs (E. Reclus).

Mer de Hudson. — Il serait désirable de reconnaître d'une manière sérieuse les côtes septentrionales de cette mer.

Groenland. *Géologie*. — Dans sa *Nouvelle Géographie Universelle*, t. XV, page 100, E. Reclus dit qu'on a émis l'opinion que des îles mentionnées par les sagas comme ayant existé entre l'Islande et le Groenland auraient été, non les îlots groenlandais désignés par Graab sous le nom de « récifs de Gunnbjorn », mais des volcans importés depuis les temps historiques par une explosion semblable à celle de Krakatau. La « terre engloutie de Bass », par exemple, aurait été une autre Islande, dont la mer recouvrirait actuellement les débris. La carte de Ruysch, dressée pour une édition de Ptolémée publiée en 1507, indique dans ces parages l'emplacement d'une île qui aurait été « entièrement brûlée en 1456 ». Géologues et archéologues auraient là un beau champ d'investigations.

En 1889, le professeur suédois Nordenskjœld et le voyageur norvégien Nansen ne pensaient pas que le revêtement des couches de glace, qu'on trouve sur les deux versants maritimes du Groenland et qui s'élèvent jusqu'à un plateau uniforme de 2.700 à 3.000 mètres de hauteur, modelât exactement le sol de cette immense terre. Des vicissitudes atmosphériques d'origine diverse les renouvelleraient constamment. Nous fondons un grand espoir sur l'expédition actuelle (1898) du Dr K. J. V. Steenstrup à l'intérieur de la grande île de Disko, sur la côte orientale du Groenland. Car c'est la partie la moins connue du pays, et les Groenlandais eux-mêmes n'en ont jamais visité l'intérieur, les rennes manquant complètement dans l'île (*Tour du Monde*, Paris, 9 juillet 1898). Nous ne doutons pas du résultat de cette expédition, tant au point de vue de l'étude des masses de fer nickelé d'origine tellurique se trouvant dans cette île, qu'à celui de la connaissance approfondie des phénomènes glaciaires et des plantes fossiles de cette région.

Climat. — Les géologues admettent que le Groenland a passé par une période glaciaire, après avoir joui d'un climat doux et tempéré. « Ces con-« trastes de climats successifs sont des faits d'ordre capital dans l'histoire « de la terre, mais les géologues les interprètent diversement. Y a-t-il eu « changement d'axe pour la planète (William Thomson) et le Groenland « s'est-il autrefois trouvé sous des latitudes différentes à distance du pôle ? « D'autres périodes de glaciation analogues à la dernière ont-elles alterné « avec les âges de riche végétation, ou bien la température s'est-elle graduel-« lement abaissée depuis l'époque où la vie fit apparition sur la terre ? Os-« wald Heer et Saporta admettent cette hypothèse » (É. Reclus, *Nouvelle Géographie universelle*, XV, p. 122). Mais tous les savants ne l'admettent pas. « Les observations sur l'importance de l'ablation ou de la fusion à la surface des glaciers du Groenland font complètement défaut » (Charles Grad, *Bulletin de la Société de Géographie de Paris*, août 1871, page 118). De petits glaciers se forment encore dans les vallées qui en sont dépourvues, pendant que d'autres sont détruits sous nos yeux. Toutefois ces changements sont hors de proportion avec les phénomènes étonnants de la grande époque glaciaire. Dans l'impossibilité d'expliquer ces phénomènes avec les conditions actuelles de l'atmosphère, les causes de l'apparition et de la décroissance des anciens glaciers devront être cherchées en dehors des limites de notre Globe, dans une action cosmique susceptible de modifier les lois qui régissent les conditions physiques présentes de la terre (idem, pp. 126-127).

Levés topographiques. — C'est à peine si quelques parties des côtes étaient relevées en 1892.

Races. — « Le Groenland possède quelques tribus de race pure, celles « que les explorateurs européens ont découvertes récemment en dehors du « territoire danois, au nord de la baie de Melville ou sur la côte orientale ;

« peut-être en existe-t-il d'autres encore ignorées qui se tiennent au bord de
« quelque fjord défendu par les bancs de glace contre l'approche des navires »
(E. Reclus, ouvrage cité, p. 127).

Histoire des découvertes. — Les points les plus élevés en latitude qui
aient été visités par les Groenlandais du district d'Upernavik, dans leurs
chasses à l'ours blanc, sont : Wilcox Head (Nugsuak) et Devil's Thumb (74°
15'). Ces endroits paraissent avoir été anciennement habités. On y trouve les
ruines d'habitations spacieuses et des traces de campements, ainsi que de
nombreux tombeaux. En 1889, Ftivdliarowk, à 73°30' latitude nord, était la
dernière localité dans la direction du pôle (Maunoir, *Bulletin de la Société de
Géographie de Paris*, 1889, 1er trimestre, p. 103). Ces ruines sont-elles celles
des demeures des premiers aborigènes ou plutôt celles des premiers découvreurs
européens ? Doit-on attribuer les causes de ces ruines aux incursions de
tribus barbares venues de l'ouest ou aux ravages de pirates européens
du sud-est ? Depuis 1889, les voyages récents de Peary, Nansen et autres
hardis explorateurs n'ont-ils pas découvert plus au nord des vestiges d'habitations humaines ?

Le Normand Erick Rauda est-il bien le premier Européen qui ait abordé
au Groenland avant l'an 985 ? Bjarn a-t-il entrevu cette terre en 987 ? Faut-
il ajouter foi aux sagas scandinaves, confirmées par le Dr Luka Félié, de
Spalato, Dalmatie (*Congrès catholique de Paris*, sessions de 1888 et 1891),
d'après lesquelles la découverte du Groenland serait due à Gunnbjorn en
887 ?

Il y aurait urgence à fouiller les archives de la Bibliothèque du Vatican
afin d'y retrouver les traces de l'évangélisation du Groenland au xve siècle
par des évêques catholiques. Les rapports qu'ils adressaient alors à la pa-
pauté et qu'on découvrirait dans cette célèbre bibliothèque permettraient
d'élucider quantité de points obscurs de l'histoire de cette terre éloignée.

On confirmerait peut-être ainsi les assertions de M. Eugène Beauvois
(Paris, 1878), sur les origines et la fondation du plus ancien évêché du
nouveau monde : le diocèse de Gardüs ou Gardar (986-1126). La juridiction
d'Albert, premier évêque de ce siège, s'étendit-elle jusqu'en Markland et
Vinland ? on l'ignore.

On pourrait de la sorte obtenir des renseignements certains sur les motifs
qui poussèrent les habitants du Groenland, en 1342, à abandonner la religion
catholique romaine, comme il appert des « *Groenlands Historiska Mindes-
maerke* » d'après un vieux manuscrit latin d'Islande recopié par Finn Magnu-
sen. Consultez « *The Missing records of the Norse discovery of America* » de
Mme Marie A. Shipley, née Brown (p. 199, compte-rendu, Cong. int. Amér.,
Paris, 1890). On ne sait encore si le bref d'Alexandre VI (1492) nommant
le frère Matthias, évêque de Gardar, arriva jamais à destination.

On n'a pu encore retrouver l'emplacement du monastère Saint-Thomas, dans l'Engroneland où se rendit Nicolo Zeno. Faut-il le chercher sur la côte orientale du Groenland, encore si mal connue de nos jours, ou bien était-il situé dans l'île de Jan Mayen ?

Géographie actuelle. — La géographie du Groenland est encore fort rudimentaire et laisse beaucoup à désirer. L'intérieur des terres, surtout vers le nord-ouest, est inconnu. Une couche épaisse de glace recouvre le sol et empêche de pratiquer des fouilles qui permettraient de retrouver les ruines des habitations des indigènes primitifs, et de savoir si le Groenland est une île ou une terre ferme.

Les côtes occidentales du Groenland sont à peu près déterminées jusqu'à environ 82° de latitude nord ; les côtes orientales ne sont guère tracées que jusqu'à 74°30.

Il faut attendre beaucoup du nouveau voyage que le vaillant lieutenant Peary vient d'entreprendre, avec le fjord Sherard Osborne pour base d'opération, par 81° environ, à la côte nord-ouest du Groenland, dans le but d'en explorer la pointe extrême.

ALASKA. *Régions inconnues.* — D'après E. Reclus, les seules régions encore complètement inconnues, dans l'intérieur du territoire de l'Alaska, sont celles du nord-ouest et du nord-est. « La jonction ne s'est même pas faite entre les tracés des petites excursions entreprises par Ray autour de la station météorologique de Point-Barrow et les relevés du Koyukuk par Allen, du Nunatok par Mercier et du Korak par Stoney. Les montagnes de l'intérieur de l'Alaska qui se développent au nord des Alpes alaskiennes n'ont été reconnues que sur un petit nombre de points et l'on ne saurait même dire quelle en est l'allure générale. Il y a aussi nombre de points inconnus dans les régions méridionales comprises entre le mont Saint-Élie, les Alpes Saint-Élie, à l'ouest, et le col de Chilkat, à l'est. Et, plus à l'intérieur des terres, à l'est du col de Perrier, du Faya-Inlet et des Chilkot-Inlets, et sur la rive gauche du Yukon, non loin de la baie de Norton. Le Dr W. H. Dall et le voyageur B. Kerr donnent une altitude différente aux monts Cook et Vancouver. M. C. W. Hayes et le lieutenant Schwatka, lors de leur expédition de 1891, visitèrent par 60° de latitude nord l'île de Nuniwak, dont les 300 habitants n'avaient pas encore vu d'hommes blancs. Il serait utile de faire une étude approfondie de cette île et de ses habitants.

Cours d'eau. — D'après le lieutenant Ray (1884), à l'est de la rivière Meade qui coule à peu de distance à l'orient de Point-Barrow, doit se trouver un autre fleuve dont la direction est celle du sud-ouest au nord-est et auquel les indigènes donnent le nom de Ik-pik-pung. Une autre rivière qui se déverse aussi dans l'océan glacial arctique, la Colville river, située au nord des monts

Roumiantzow et au sud de Meade river, entre la baie de Harrison et la pointe Beechey, vers le 151° de longitude occidentale de Greenwich, est marquée en partie en pointillé sur la carte de Reclus. Sa source est connue; mais, en 1892, son cours inférieur et son embouchure n'étaient pas encore explorés, comme il appert de la carte de ces régions dressée par Lindenkohl (*Mitteilungen de Gotha*, 1892, VI). Les sources du Big Blackriver, du Bassin du Yukon, sont indiquées encore en pointillé sur la carte de M. Wm Ogilvie (*Geographical Journal*, juillet 1898).

Histoire. — Connaît-on exactement la route prise par les émigrants qui, d'Asie se rendirent en Alaska, le grand pays = Alaksah, en suivant la rangée des Aléoutes lieu vraisemblable de leur passage obligé? Plusieurs américanistes mettent même en doute ce mouvement de l'ouest à l'est; actuellement le professeur D. G. Brinton prétend que le flot humain s'est porté d'orient en occident, c'est-à-dire d'Amérique en Asie.

A propos d'objets chinois trouvés en Alaska, le même grand américaniste *(On various supposed relations between the american and asian races, Memoirs of the International Congress of Anthropology, Chicago)* dit que ces découvertes prouvent seulement des relations commerciales entre ces deux peuples par les îles Aléoutiennes. D'autres savants répliquent que, puisque des Chinois ont pu venir commercer en Alaska, d'autres races ont pu y émigrer. Pour élucider ces questions, il serait peut-être intéressant que des américanistes partisans de l'une ou de l'autre théorie s'abouchassent avec des savants résidant sur la côte asiatique du Kamtchatka. Le comte Kaiserling qui, à la tête de l'expédition russe scientifique, a exploré cette année la mer d'Okhotsk, de Podgargernaja à Oblukowinnaja, le sommet du Tigil, etc., serait indiqué pour la recherche des affinités ethnographiques, linguistiques entre l'Asie et l'Amérique septentrionale. Les objets en néphrite et jadéite trouvés en Asie seraient matière à élucider certaines hypothèses. Ne pourrait-on pas aussi consulter avec fruit M. Leonhard Stejneger, qui a publié, dans le *Bulletin of the United States Fish Commission*, une monographie remarquable (citée par *la Nature* du 3 décembre 1898) sur les îles Kouriles (Bering et Copper) situées au large de la côte est du Kamtchatka?... Peut-être y trouverait-on des indices de passage de races asiatiques et américaines.

Relevés topographiques. — C'est à peine si les côtes étaient relevées en 1893. Le reste était presque totalement inconnu.

Anthropologie. — Dixon raconte qu'un de ses officiers trouva dans une grotte, près de Sitka, une boîte carrée contenant une tête fort joliment ornée de petits coquillages, comme celles de Yakutat. Il serait bon d'étudier le contenu des autres sépultures découvertes dans ces régions. Les données anthropologiques et ethnographiques que l'on pourrait ainsi recueillir permettraient de reconstituer, dans une certaine mesure, l'histoire des populations qui ont laissé des traces de leur passage dans ces contrées.

A 50 kilomètres au sud-ouest de Port-Clarence, détroit de Bering, se trouve la grande falaise insulaire d'Ouchivok ou King-island. Elle est habitée par une tribu d'Eskimaux qui vit, l'été, dans un groupe de cabanes, l'hiver, dans une quarantaine de cavernes creusées en plein roc. Ivan Petroff, qui cite ce fait en 1880, ne dit pas si cette tribu est d'un abord facile, si l'on a des renseignements complets sur ses traditions historiques et religieuses. Il serait essentiel, dans la négative, d'obtenir, dès que possible, ces renseignements précieux.

Pour être fixé sur ces points, il serait urgent de connaître, mieux qu'on ne le fait actuellement, la langue aléoute parlée aux îles Aléoutiennes, car la grammaire et les diverses traductions sans dictionnaires publiées dans cette langue par Ivan Veniaminov, nous paraissent encore insuffisantes.

Ethnographie. — J'ai trouvé une ressemblance frappante entre les souliers à neige de forme grossière :

d'origine japonaise (Yokohama) figurant au Musée national des Etats-Unis sous le n° 22496 ;

d'origine nord-américaine, représentés page 386 de « *Primitive travel and transportation* », par O. T. Mason, Washington, 1896 ;

d'origine nord-américaine (tribus Salichanes de Puget-Sound vers l'est), d'après Eells, au vol. X de l' « *American Antiquarian* ».

Cette ressemblance indique-t-elle une identité d'origine des races se servant de souliers à neige de cette forme ou simplement des rapports commerciaux entre les tribus asiatiques et américaines qui les portaient ?

Pour ce qui est de l'accoutrement des porteurs de charge Chilkat ou Kolouschan qui est représenté dans une illustration de l'ouvrage : « *Die Tlinket Indianern* », par Krause, je lui trouve une grande similitude avec celui des Indiens du Guatémala. Que peut-on déduire de cette corrélation ?

II. PUISSANCE DU CANADA

Régions inexplorées. — L'*Année Cartographique de Paris* 1892 donne le détail des 16 régions de ce pays non encore explorées en 1891 d'après M. Dawson. Leur ensemble comprenait à cette époque une étendue de 954.000 milles carrés, sans même comprendre la région inhospitalière des îles et des terres de l'Océan glacial. Depuis 1891, à peine la moitié de ces régions a été parcourue ; les explorateurs ont donc encore une grande marge pour leurs investigations.

BRITISH COLUMBIA. *Iles*. — Le groupe de la Reine Charlotte aurait besoin d'être exploré à nouveau. On devrait rechercher l'origine des constructeurs des sépultures trouvées en 1883 par le professeur J.-G. Swan dans la North Island.

Côtes. — Les fjords du Nord sont assez mal connus et explorés, et peu d'Indiens se hasardent sur le fjord de Jervis, dont les rives sont encore inhabitées par l'homme blanc.

Montagnes. — Les diverses chaînes des Rocheuses comprises entre l'Alaska, le bassin du fleuve Mackenzie et les hauts affluents de la rivière de la Paix sous le 56° degré de latitude, ne sont connues que d'une manière générale par les indications des traitants et des mineurs, mais elles sont encore ignorées au point de vue géologique et restent en blanc sur les cartes.

L'accès des monts Selkirk, branche occidentale des Montagnes Rocheuses, est difficile ; les pentes sont couvertes de fourrrés glissants où l'on ne peut cheminer qu'à pied et la hache à la main (E. Reclus).

Espérons que nous allons bientôt connaître à fond ces régions encore peu connues, grâce aux nombreuses explorations minières des rives du Yukon, des placers de Klöndyke et des environs de Dawson City. A propos du bassin du Yukon, M. W. Ogilvie, dans le numéro de juillet 1898, du *Geographical Journal*, signale en pointillé sur sa carte : à l'ouest des Montagnes Rocheuses, les sources du Porcupine river, du Tatonduè river (affluent de droite du Yukon), du Macmillian river (affluent de droite du même), le parcours du Big-Salmon river (affluent de gauche du même) ; — à l'est des mêmes montagnes, la river Peel. —La carte des placers du Klondike, publiée en septembre 1898 par *Le Temps* et dressée par Amès Sémiré, signale comme régions inexplorées en juin 1898 à Dawson city : les territoires compris sur la rive droite du Klondike river, entre Rock Cr. et North Fork ; entre le Yukon, l'Indian, et le 9 mile river ; entre le Dominion river et le Flat Cr. ; la partie méridionale du Australia Cr. Il y a donc encore pas mal à faire dans ces contrées au point de vue exploration, surtout d'ordre américaniste.

Forêts. — D'épaisses forêts, pour la plupart inexplorées, couvrent environ les deux tiers de la Columbia. Au sud du littoral alaskien, dans l'île de Chimsian, les deux rives de la rivière Skeena, malgré la proximité du fort Essington, sont encore couvertes de forêts non reconnues.

Races. — La population aborigène de la Columbia britannique est évaluée diversement, de trente à quarante mille individus, et les dénominations distinctes, s'appliquant en maintes régions à des peuplades de même origine et de mœurs analogues, se comptent par dizaines. Il est impossible de classer ces divers groupes suivant leurs affinités réelles et la parenté de leurs langages ; car la plupart des voyageurs qui les ont visités ne connaissaient pas leur idiome et devaient se servir d'interprètes.

Les indigènes Haïda des îles Charlotte ont, à bien des égards, des traits de ressemblance avec les populations de la Polynésie. En doit-on déduire que les Américains ont une origine polynésienne ? Les Américanistes sont partagés sur cette question. Francis Poole affirme que les Haïda ignorent complètement l'art de nager. Dans North-Island, le juge J.-G. Swan de Port Townsend (territoire de Washington) a trouvé, en 1883, dans une caverne, des sépultures dont les constructeurs sont encore inconnus.

Quant à la trouvaille récente, dans un puits de Victoria, de monnaies chinoises datant d'au moins trois mille ans, elle ne paraît pas être une preuve suffisante en faveur de l'origine chinoise des Américains.

TERRITOIRES DU GRAND NORD. *Cartographie.* — Sur le versant de l'océan polaire et de la mer de Hudson, ce sont encore de simples tracés de routes, ceux des Hearne, des Mackenzie, des Back, des Richardson, des Petitot, des Dawson qui, par leur réseau aux mailles encore fort larges, permettent de hasarder une figuration générale de la contrée, et de rattacher les découvertes continentales aux navigations polaires (E. Reclus).

Bassin du fleuve Mackenzie. Cartographie. — Cette vaste contrée a été parcourue en divers sens, mais elle n'a pu être étudiée que suivant des itinéraires fort espacés, et il reste bien des traits géographiques de la région à préciser, ainsi qu'en témoignent les cartes les plus récentes, toutes en désaccord les unes avec les autres (Reclus). La carte du missionnaire français, E. Petitot, du delta de Mackenzie, laisse voir sur la rive droite de ce fleuve une région indiquée en pointillé, et qui est située entre le lac des Eskimaux et la baie de Liverpool. L'espace qui sépare le Mackenzie de la baie de Sitka est inconnu.

Le réseau complet des chemins suivis entre les bouches du Mackenzie et les rives de la mer de Baffin est de tracé très incertain. Pour dresser un plan de ces itinéraires, il suffirait à un explorateur patient de s'arrêter de tribu en tribu et de noter les renseignements nombreux et exacts que lui fourniraient les Eskimaux. Car ces indigènes connaissent tous une vaste étendue de leur domaine insulaire et continental.

Montagnes. — Il n'est pas encore possible de déterminer exactement, du nord-ouest au sud-est, la direction générale de l'axe montagneux de la région ; les voyages scientifiques dans la partie canadienne du Grand Nord ont été trop peu nombreux jusqu'à présent.

Terrains. — Les quatre cinquièmes des terres arctiques situées à l'est et au nord du bassin du Mackenzie (nord-ouest canadien) ne sont guère cultivables et habitables. Rien ne prouve qu'il en ait toujours été ainsi et qu'un jour on ne puisse y rencontrer des vestiges de populations préhistoriques.

Le gouvernement canadien n'a pas encore, à ma connaissance, commencé le cadastre du bassin de l'Athabasca-Mackenzie, qui est encore peu connu et exploré.

Grand lac des Esclaves. — On n'en a pas encore évalué la superficie, ni sondé les profondeurs. On y pourrait peut-être découvrir soit des vestiges d'habitations lacustres, soit des débris de canots et d'instruments domestiques.

Lac Winnipeg. — Du grand lac quaternaire Agassiz, il ne reste plus que le lac Winnipeg actuel, situé probablement au centre du lac ancien. Les géologues ne savent comment interpréter exactement la non-horizontalité des anciennes plages de ce lac. Upham explique ce phénomène par une certaine dépression due au poids de la glace et par un relèvement du niveau primitif après disparition de la glace. Cette question est encore à étudier.

Cartographie. — La superficie de l'immense territoire du bassin de l' Winnipeg, versant de la mer de Hudson, ne saurait encore être évaluée, dans ses limites naturelles, puisque en maints endroits elles n'ont pas été reconnues (E. Reclus).

Lac Supérieur. *Inscriptions sur roches*. — Sur la rive méridionale de ce lac, près de Great Island, se trouvent une série de falaises, parmi lesquelles la longue paroi des « pictured rocks » ; en contre-bas de colossales cavernes livrent passage aux barques. Les descriptions et les gravures qu'en donna Schoolcraft, en 1851, sont excellentes. Mais personne n'a encore pu interpréter la signification de ces inscriptions ni dire à quelles tribus elles sont dues.

La région lacustre comprise entre la rivière de l'Origaal, le lac Supérieur et les frontières du Manitoba est une de celles où les Indiens Saulteux se maintiennent dans une indépendance relative. C'est assez dire que le pays est encore peu exploré.

Lac Huron. — La rivière Française et le lac Huron ne se trouvant pas dans le voisinage de cités populeuses, ne sont connus que de rares colons et de chasseurs aventureux.

Labrador. — Au nord de la Hauteur des Terres, se trouvent les immenses étendues, pour la plupart encore inexplorées, de la terre de Rupert.

Le Labrador canadien forme l'extrémité orientale de la province de Québec. On n'en connaît bien que les côtes de l'Océan Atlantique proches des stations des missionnaires moraves. Quant à la configuration réelle de l'intérieur, l'explorateur Cl. P. Low en a mis en lumière en 1893 1930 kilomètres ; mais il y a encore beaucoup à connaître dans cette région. Il y aurait un particulier intérêt à étudier le système orographique de cette contrée, surtout dans la direction au sud du cap Harrison où, en août 1893, un volcan fit éruption.

Territoire du nord-est de la péninsule du Labrador. — Sa partie occidentale est encore à explorer.

La *Province de Keewatin* et la partie orientale du *territoire nord-ouest* près de la partie occidentale de la baie de Hudson ont été visitées avec succès en 1894 par J. Burr Tyrrell. Mais ces régions ont encore besoin d'être explorées.

Gorges et cataractes du Niagara. — Les savants américains les plus notables ne sont pas d'accord sur l'époque et les causes de formation de ces chutes célèbres. M. Gilbert (tome XXIV Proc. Boston Soc. of Natural History) fait remonter à 7000 ans la date de l'érosion de leurs rochers. En quoi M. Gilbert a-t-il plus raison dans cette évaluation que sir C. Lyell et M. W. Upham, qui attribuent à ces roches un nombre d'années beaucoup plus considérable ? Pour ce qui est des causes de formation de ces gorges, le professeur de géologie G. W. Spencer trouve que les bassins formant lacs sont simplement des portions fermées de l'ancienne vallée du Saint-Laurent et de ses tributaires. Il conteste en outre au glacier qui recouvrait cette région à l'époque quaternaire toute part dans le travail d'excavation. — Pour le prof. Newbury, il s'agit là essentiellement d'une érosion glaciaire. Quant à Warren Upham (*The fjords and Great Lake basins of north America considered as evidence of preglacial continental elevation and of depression during the glacial period*, Bull. Amer. Geolog. Soc. vol. I), le poids de l'énorme glacier en question n'est pas étranger à la dépression évidente qu'ont éprouvée les bassins des grands lacs pendant la période quaternaire.

En présence de cette variété d'opinions, M. Paul Combes (*Tour du Monde*, Paris, 17 déc. 1898) trouve que des études ultérieures permettront seules de se prononcer peut-être à coup sûr à ce sujet.

Races. — D'après Reclus, « les Indiens Nascopi, au nombre de quelques « centaines seulement, errent aux alentours du lac de leur nom. Les mem- « bres de cette tribu, non encore policée, parcourent tout le Labrador, soit « de lac en lac sur leurs canots d'écorce, soit par terre sur le sol neigeux. « On les voit rarement : ils cherchent à éviter les blancs et l'on ne rencontre « parmi eux qu'un petit nombre de métis. » Il serait urgent d'étudier la langue, les mœurs, les traditions de cette race qui bientôt disparaîtra, sans doute.

Histoire. — Les chroniques du moyen âge sont si peu explicites qu'il est impossible de savoir à quelle nation européenne on est redevable de la découverte du Labrador. A qui faut-il l'attribuer? Aux Scandinaves, aux Irlandais, aux Basques ou aux Portugais?

Linguistique. — La langue des Pequod de la Nouvelle Angleterre et le patois des Iroquets ou petits Iroquois du Canada ont disparu sans retour avec les peuples qui les parlaient (Comte de Charencey).

On sait fort bien que les Hurons du Canada s'appelaient eux-mêmes Ouendat ou Wyandot et qu'ils se divisaient en 4 nations : 1° les Attignaouantan ; 2° les Attigneenongnahac ; 3° les Atendahronons ; 4° les Tohontaentat. Mais on ignore encore la signification de chacun de ces noms. Quelle était l'origine de cette race Ouendat qui en 1608 avait encore le souvenir de ses aïeux de l'an 1400 environ, changeant de localités de 10 ans en 10 ans? Etait-ce seulement la tradition orale ou écrite qui leur rappelait ces faits historiques?

Terre-Neuve. — Jusqu'à une époque récente, cette île a été peu explorée à l'intérieur, par suite de son isolement et des conditions physiques et climatériques spéciales qui la caractérisent.

Races. — « Les Indiens aborigènes, les Beothuk, ont été exterminés. Il en reste seulement un crâne, conservé dans le musée de Saint-John's, un court vocabulaire et quelques pierres tranchantes » (E. Reclus). Quelle était l'origine des Beothuk? Venaient-ils de l'Europe septentrionale? Ou bien, peuple de marins, furent-ils conduits par le Gulf Stream des Antilles à Terre-Neuve? Vinrent-ils, au contraire, des côtes nord-ouest du continent américain? Des ennemis originaires du nord les acculèrent-ils à cette île?

Gaspésie. — Les côtes seules sont cadastrées. L'intérieur désert, froid et peu cultivable, n'est guère fréquenté ; aussi cette terre, avant-garde du Canada, a-t-elle encore bien des secrets à révéler à l'américanisme.

Région canadienne orientale. *Côtes*. — De nombreuses terres de cette partie du continent nord-américain ont disparu sous l'action des flots. L'île de Sable qui défend les approches méridionales de la Nouvelle-Ecosse, par 43° latitude nord et 60° longitude ouest de Greenwich en est un exemple frappant : rongée par les courants et les tempêtes, elle a diminué de plus de moitié pendant l'espace de deux siècles. Elle continue encore à s'affaisser : deux phares qui y ont été élevés depuis 1880 se sont effondrés. Un troisième et dernier menace ruine. L'île sera bientôt réduite à un simple récif sous-marin.

D'autres îles plus petites ont-elles disparu complètement, emportant avec elles des ruines de monuments ou des habitations préhistoriques? L'emploi du scaphandre serait d'une grande utilité pour explorer méthodiquement toutes ces côtes du Canada.

Régions peu explorées. — Si la partie du Manitoba et des districts occidentaux du Canada au nord de Winnipeg et de Prince-Albert était à peine connue et non cadastrée il y a encore quelques mois, la petite densité des populations de ces régions le fait comprendre. On pourrait croire, en revanche, que les contrées populeuses du Canada proprement dit sont connues au point de vue scientifique. Pourtant les cartes détaillées figurant la vallée du Saint-Laurent ne portent point l'indication précise du relief. Le territoire situé à proximité immédiate de la ligne du *Canadian grand trunck railway* est parfaitement connu, mais si l'on s'en écarte tant soit peu, les trois quarts des terres situées sur le parcours de cette voie ferrée sont peu connus. Il en est de même des vastes solitudes qui font partie du Bas-Canada et qui s'étendent jusqu'à la mer de Hudson.

Races. — « Dans l'immense étendue des provinces d'Ontario et de Québec,
« dit Reclus, on ne compte plus qu'une vingtaine de milliers d'Indiens : ils
« sont peut-être trente mille avec les sauvages qui vivent au nord de la Hauteur
« des Terres, vers les rivages de la mer de Hudson... De tous les Algonquins
« du versant laurentin, les Montagnais sont les moins éloignés de l'état
« primitif, grâce à leur vie dans les forêts, loin des cités riveraines du fleuve.
« Au nord de la Hauteur des Terres il en est même qui ont échappé jusqu'à
« maintenant aux efforts des missionnaires ; d'autres, qui s'étaient convertis,
« sont revenus à leurs anciennes pratiques, dès que leurs prêtres les eurent
« quittés. »

III. ÉTATS-UNIS D'AMÉRIQUE

1º — VERSANT ATLANTIQUE ET RIVE GAUCHE DU MISSISSIPI

Généralités. Topographie. — Le relevé topographique du territoire des États-Unis était, il y a quelques mois encore, des plus défectueux. Quoique la topographie n'intéresse pas directement, à proprement parler, l'américanisme, ce renseignement prouve pourtant que si l'ensemble même du territoire n'est pas relevé, les données scientifiques de moindre importance pour la vie pratique, matérielle, doivent être encore plus négligées.

Courants maritimes. — Les mêmes études qui ont permis de trouver que le courant Golfier (Gulf Stream) met une moyenne de deux ans pour parcourir la distance existant entre la Florida et la Norvège, devraient être poussées dans un sens historique. Il serait utile d'étudier les facilités que ce courant a pu donner à des migrations maritimes, soit du sud vers le nord, soit du nord vers l'est. Quelles tribus du golfe du Mexique, Caraïbes ou autres, ont profité de ce courant pour remonter le long des côtes Atlantiques de l'Amérique ? Quels ont pu être les principaux points probables d'atterrissement ? Y a-t-il traces de traditions relatives à des migrations maritimes que des navigateurs précolombiens aventureux aient tentées sur l'Europe en suivant le courant bienfaisant du Gulf Stream?

Races. — « Les hommes qui ont creusé les « ash pits, » puits de cendres de la vallée du Petit Miami, non loin de Madisonville, dit le marquis de Nadaillac (page 465-466 de l'*Anthropologie*, juillet 1891) « et ceux qui dorment dans « les tombes voisines, appartiennent-ils à la race qui a élevé des tertres, les gi- « gantesques fortifications en terre?... Sont-ils les ancêtres ou bien les des- « cendants de ceux que nous appelons les moundbuilders à raison de leurs tra- « vaux et faute d'un meilleur nom à leur donner? Si, au contraire, ils « remontent à une race différente, pouvons-nous les rattacher aux Peaux- « Rouges, contre lesquels les colons européens eurent si longtemps à lutter « et qui disparaissent de nos jours devant une civilisation qu'ils ne peu- « vent comprendre ni s'assimiler? Ces questions divisent les Américanistes « les plus compétents; de nombreux et savants travaux ont été publiés pour « soutenir les deux hypothèses, et le lecteur impartial est forcé de convenir « que l'une et l'autre peuvent se défendre par d'excellents arguments. »

D'après Brinton, l'hypothèse que les mystérieux « constructeurs de tertres » de l'Ohio étaient des ancêtres des Creeks, Cherokees et autres tribus du Sud, commence à prendre une certaine consistance; mais il est nécessaire que cette opinion soit mieux établie qu'actuellement.

Les Mohegans de New-York, les Monacans de Virginia, les Catawbas de la Carolina du Sud et les Timucuas de Florida n'ont plus de représentants vivants. On ne sait presque rien de ces peuplades.

Mlle Cornelia Horsford (p. 32 *The graves of the Northmen*, Boston, 1893) trouve dans le Tennessee central, la Georgia septentrionale, la Pennsylvania, l'Ohio et l'Illinois méridional, un genre de sépulture spécial appelé « box-stone », associé avec des tertres. Elle l'attribue aux Shawnee (Chaouni) nom donné par les indigènes aux Northman de la péninsule scandinave. Dans le groupe Etowah on a trouvé des objets en cuivre aux dessins européens. Etaient-ils dus aussi à l'industrie des Northman? Le fait que dans le sud de la Georgia on ne trouve plus ce genre de sépulture indique-t-il que les Northman n'allèrent pas plus loin?

Histoire des découvertes. — Les Phéniciens se sont-ils avancés dans les parages occidentaux de l'océan Atlantique? Ont-ils abordé en Amérique? Votan était-il un de leurs chefs, mythique ou réel? Est-il possible de consi-dérer comme leurs descendants les Macares, tribu des Antilles habile dans l'art de la métallurgie? Ce sont autant de questions auxquelles on ne peut faire que des réponses plus ou moins problématiques. D'innombrables ouvra-ges plus ou moins fantaisistes ont traité ces sujets avec une compétence diverse. Presque tous se basent sur les trois inscriptions suivantes trouvées aux États-Unis :

1º une inscription, en caractères mystérieux, d'une roche rouge de l'État de Massachusetts, comté de Bristol, territoire de Berkeley, sur la rive orientale de la rivière Taunton (Cohaunet, des Indiens), par 41º 45′ 30″ de latitude nord. Cette inscription a été attribuée tour à tour aux Atlantides, aux Phéniciens, aux Scandinaves, aux Skrællinger, aux Sibériens. Malgré tout, elle reste toujours une énigme indéchiffrable ;

2º l'inscription, aussi peu déchiffrable de Grave Creek, trouvée dans les montagnes du même nom, à l'ouest des Alleghanys, près de Wheeling, canton de Marshall, en Virginia ;

3º la tablette d'argile bitumineuse trouvée à la ferme de Cork, près de Davenport (Iowa).

A propos de ces documents, le professeur Gaffarel de Dijon dit : « Il en est « des trois inscriptions précédentes comme de toutes les traditions sur les « établissements des Phéniciens en Amérique. Jusqu'à nouvel ordre, on « n'a le droit de rien affirmer. Peu de problèmes sont aussi intéressants à « discuter ; mais, avant d'en donner une solution définitive, il faudrait « d'autres preuves et des arguments plus solides qui manquent encore et « probablement manqueront toujours. »

On ne peut encore localiser exactement les noms suivants donnés aux diverses parties de l'Amérique boréale :

Irland-it-mikla. — Malgré le manque de précision des sagas islandaises, doit-on considérer comme certaine l'existence de cette colonie islandaise précolombienne, aux approches de Terre-Neuve, de la rive méridionale du Saint-Laurent, des îles qui ferment son golfe ? Faut-il l'identifier avec *Hvitramannaland ?*

Le *Helluland* correspond-il au Labrador ou à Terre-Neuve ? le *Markland* à la Nouvelle-Écosse ?

Peut-on voir dans le *Vinland* un des États actuels des États-Unis : Rhode Island, New-York, New-Jersey ou Massachusetts ? Les détails font défaut sur l'histoire de la colonisation de cette contrée aux XIIIᵉ et XIVᵉ siècles.

On ne sait si la colonie scandinave de *Norumbega* peut être identifiée, comme le prétendait le professeur Eben Norton Horsford, avec Watertown, au confluent de Charles River et du Stony Brook, et si le squelette trouvé en 1840 au Fall River (Massachusetts) est bien celui du fameux Northman Thorwald. Norumbega est-il devenu dans la suite la *Nouvelle-France ?* Le professeur Horsford répond par l'affirmative. Sur les vieilles cartes, la dénomination de Nouvelle-France désigne toute l'Amérique du Nord. Mais celles d'époques plus récentes la localisent au nord de la bouche du Kennebec. Que croire ?

L'Icaria des frères Nicolo et Antonio Zeni est-elle Terre-Neuve, Anticosti ou toute autre île du golfe du Saint-Laurent ? On ne sait pas non plus si leur *Estotiland* était le Labrador, Terre-Neuve, le Nouveau-Brunswick ou le Bas-Canada, ni si leur Drogeo était le Vinland ou la côte actuelle des Etats-Unis. C'est que la relation des voyages des frères Zeni, partis de Frisland, îles Feroé, vers la fin du xiv° siècle, pour les côtes septentrionales de l'Amérique, n'est pas encore d'une authenticité indiscutable. D'après Gaffarel, elle est vraie pour le fond, mais fausse pour les détails.

Voici encore d'autres problèmes de géographie historique non résolus : On ne sait sur quelles données reposent les traditions suivant lesquelles Jean de Echaïde ou Mathias de Echevete découvrirent Terre-Neuve au xv° siècle, et les Bretons, le cap Breton. On n'a aucun document cartographique émanant des Basques ou des Bretons.

On ignore les causes qui amenèrent la destruction des établissements des Northman au Vinland. Est-elle due à un abaissement de la température de ces régions, aux restrictions apportées au commerce par les monarques scandinaves, à la peste noire du xiv° siècle, aux attaques des Skrællinger ou aux difficultés des communications? On l'ignore.

Le Portugais Joao-Vaz Cortereal a-t-il abordé, en 1464, aux régions boréales américaines ? Peu d'actes authentiques jettent un jour suffisant sur sa vie et ses expéditions.

Les frères Gaspar et Miguel Cortereal ont-ils navigué dans les mers de Baffin, de Davis et de Hudson? On le suppose. Mais tous deux ont disparu sans qu'on pût savoir ni le lieu ni la date de leur mort.

La biographie de Jean Cabot ou Gabotto, présente bien des points obscurs. On ne connaît exactement ni la date de ses voyages ni le lieu de sa mort.

Ethnographie. — Les tribus iroquoises, comme procédés mnémotechniques, se servaient de colliers ou ceintures de coquillages. On n'en connaît qu'imparfaitement l'usage exact.

Ornementation des poteries précolombiennes. — A propos du remarquable mémoire du prince russe Ars. Poutjatine, « *Sur le développement d'empreintes « de produits textiles sur les poteries russes et leur conformité avec les pro- « duits similaires de l'Amérique du Nord* », présenté au Congrès international des Américanistes de Paris, 1890 (voir pages 505/13 du compterendu), M. Thomas Wilson (voir même compte-rendu) parle du même procédé d'estampage en Amérique. Mais il n'a retrouvé des spécimens de ce système d'ornementation par empreintes de produits textiles que sur le versant atlantique de l'Amérique du Nord, soit dans les États de Massachusetts, New-York, Pensylvania, Maryland, Washington D.-C., North Carolina, Georgia, Florida, et en plus dans les États centraux d'Alabama, Mississipi, Tennessee, Ohio, Illinois et Minnesota. — D'autre part, les traces d'estampages textiles russes n'ont été trouvées par le prince Poutjatine que dans les gouvernements d'Iaroslaw et de Vladimir, sur les bords du fleuve Oka, et aux environs de Bologoje. Il serait peut-être intéressant de rechercher et dans les parties de l'Amérique du Nord, citées par M. Wilson, et dans celles de Russie, objet des études du prince Poutjatine, si l'on ne pourrait pas trouver d'autres points d'affinités ethnographiques ou autres entre les races qui ont fabriqué les poteries en question.

MINNESOTA. — Dans *the Science* du 1er septembre 1893, M. Albert Schneider parle de la nécessité d'étudier scientifiquement les tertres indiens de la région du lac des Mille Lacs et du lac Warren.

MICHIGAN. *Cavernes.* — Entre Marquette et le Sault Sainte-Marie, près de Grand Island, s'élèvent les hautes falaises dites « Portails » par les anciens voyageurs français et dénommées « Roches peintes » (*Pictured Rocks*) par les Américains, à cause de la variété de couleurs des roches de grès, de calcaires, de quartz, percées de cavernes. Bien peu de ces cavernes ont été explorées scientifiquement et bien peu de ces pétroglyphes étudiés.

L'érosion causée par les vagues sur les rives du lac Michigan remonte-t-elle à 7500 ans, comme le veut le docteur Andrews? Que dire de cette date? Quelle déduction en tirer pour la région circonvoisine?

Dunes de sable. — Le vent a amassé des collines de sable d'une vingtaine de mètres de hauteur à la côte est du lac Michigan, à Grand Haven et à Sleeping Bear. On n'aperçoit plus que le sommet des arbres dont le sable a recouvert le sommet, tout en ayant sur les rochers un effet érosif. Les chercheurs pourraient peut-être faire des découvertes curieuses en fouillant ces dunes.

WISCONSIN. *Races.* — D'après Walter James Hoffman (p. 32 *the Menomini indians*, 14th An. Rep. Bur. of. Ethnol., 1re part., 1892/3), on a peu de données sur la population primitive de la tribu Menomini.

Archéologie. — A 10 milles au nord de Kichina, près Wolf river et Green Bay, se trouvent plusieurs grands tertres circulaires non encore examinés. On attribue leur construction aux Dakota ou autre tribu Siou située à l'est de Kichina.

NEW YORK (ÉTAT DE). — Dans sa brochure intitulée « *Interesting archæological studies in and about Buffalo* », M. William Clement Bryant parle de nombreux tertres et ouvrages défensifs découverts dans les comtés d'Érie et de Jefferson, Buffalo, etc... Il ignore s'ils ont été construits par les mêmes « Moundbuilders » de l'Ohio et les attribue aux hommes rouges de la famille Huron-Iroquoise. Pour Mme Cornelia Horsford, ce sont des Huron-Iroquois, descendants des Northman et des indigènes ; la même race qui a fait ces anciens ouvrages en terre aurait-elle aussi construit les fortifications de Stony Brook au fort Norumbega et à Millis? (*The graves of the Northmen*, p. 23, Boston, 1893).

NEW JERSEY. — Dans le sud de cet État, près de Catawba, à South River, à Chestnut Neck, le long des rivières Great, Little Egg Harbor, et Mullica, se trouvent des restes d'Indiens dont on ignore la race.

DELAWARE. — A quelle antiquité faire remonter l'âge de l'homme dont on a reconnu les vestiges à Claymont?

OHIO. — M. Holmes émet des doutes quant à l'origine glaciaire de l'outil découvert à Madisonville par le Dr Metz dans la terrasse glaciaire de la rivière du petit Miami. Plusieurs savants, entre autres M. G. Frederick Wright, d'Oberlin, ne partagent pas l'opinion de M. Holmes (Voir *the Science* New-York, 19 mai 1893).

On a beaucoup écrit sur les ouvrages défensifs en terre de l'Ohio (Geo. S. Squier, Davis, C. Thomas, etc.) sans que, pour tout autant, on soit bien fixé sur leur origine. M. Cyrus Thomas, à la fin de son ouvrage *The circular square and octogonal earthworks of Ohio* (Washington, 1889), conclut que les fortifications en cercles (d'Observatory et de High Bank), en carrés (de Nuvark, Liberty township et de Baum), en octogones (de Nuvark High Bank), ont pu être construites par les Indiens; car des peuplades au nord et au sud de l'Ohio ont édifié des ouvrages similaires; les Iroquois en érigeaient de polygonaux. Rien, d'après M. Thomas, n'indique l'influence européenne, la situation des ouvrages de Hopeton, par exemple, au pied d'une falaise, étant contraire aux principes stratégiques. Ils ne seraient pas d'une haute antiquité. Quant aux rapports qui peuvent exister entre les ouvrages de fortification en question et les tertres qu'ils renferment, l'époque de leur fondation n'a pas encore été bien établie. Pour M. Thomas, circonvallations et tertres auraient le même âge et auraient été construits par la même peuplade. Le fait cité par M. Thomas de l'existence dans les tertres de nombreux objets qui témoigneraient de rapports avec les Européens, pour prouver leur origine relativement moderne, démontrerait l'indécision de l'éminent américaniste à l'égard de l'influence européenne aussi bien pour les ouvrages de fortifications que pour les tertres. Toutes ces questions ont donc besoin d'être étudiées à nouveau. Les constructeurs de tertres des États de l'Ohio et du New Jersey étaient-ils des Cherokees ou des Northman? Etaient-ce des populations de même origine que les Nahua du Mexique? Ont-ils des affinités avec les peuplades Maya-K'kitché qui construisirent les tertres de Mixco (Guatemala), de Tenampua (Honduras) et de Chontales (Nicaragua)? Toutes ces questions sont encore à résoudre.

Bassins du Kentucky et de Green River. *Cavernes*. — Une faible partie seulement des cavernes et des bassins a été explorée jusqu'à présent. Une des plus célèbres est la caverne du Mammouth (*Mammoth Cave*). Une des parties de cette caverne, appelée Chief City, est peu citée ; c'est une immense halle où l'on a trouvé beaucoup de restes d'indigènes : on en ignore l'origine. En des cavernes voisines de la Mammoth Cave, on a découvert aussi des squelettes d'hommes et quelques débris de leur industrie. Ces considérations prouvent donc qu'il y a encore beaucoup d'explorations à faire dans ces cavernes; les résultats pourraient être d'une grande utilité pour l'histoire de l'homme préhistorique. En effet le n° 47, 22 novembre 1896, du *Mouvement Géographique* de Bruxelles annonçait qu'on avait découvert, près de la *Mammoth Cave*, une caverne nouvelle, de dimensions considérables, baptisée du nom de « *caverne colossale* ». Elle renferme un grand nombre de passages, de défilés, de salles, de couloirs, de cheminées, et il faudra beaucoup de temps pour l'explorer à fond. Dans l'Edmonson county, il y a (d'après H. C. Hovey, *the Science*, 7 avril 1893) environ 500 grottes de la Mammoth Cave, qui auraient besoin d'être sérieusement explorées.

Tennessee. — En mai 1896, trois nouvelles cavernes du Tennessee, situées à 2/300 mètres au-dessus du niveau de la mer, ont été explorées scientifiquement par MM. Henry C. Mercer et W. Pepper, du Département d'Archéologie Américaine et Préhistorique de l'Université de Pennsylvannia. Ce sont celles de Big bone cave (comté Van Buren), Zirkel's cave (comté Jefferson), et Lookout cave (comté Hamilton). On y a découvert des traces de la présence de l'homme simultanément avec des os du fossile disparu « megalonyx ». Nous attendons les résultats très intéressants pour la paléontologie et l'anthropologie que va publier M. Henry C. Mercer.

Virginia. *Cavernes*. — La Weyer's cave, située dans le comté d'Augusta, à 17 milles de Staunton est une grotte grandiose. Elle a une longueur de plus de 600 mètres et contient d'innombrables pièces, entre autres le Washington's hall. La Blowing cave, qui a environ 30 mètres de diamètre, renferme une source; on ne sait pas si elle communique avec d'autres cavités souterraines, ce qui est fort possible. La Cave of the unknown (comté de Scott), sur le flanc d'une montagne, disposée en chambres assez vastes, n'a été qu'imparfaitement explorée, ainsi que toute la contrée des alentours percée de nombreuses cavernes (the natural tunnel, etc.).

Région saline. — A trois milles de Little Stony Falls, se trouve le lac d'eau douce de Salt Pond, auquel se rattachent une foule de légendes, bonnes à recueillir. Comme pour beaucoup d'autres lacs, ses eaux sont, dit-on, insondables. Les dragages méthodiques produiraient, sans doute, de curieux résultats, car ce lac est renommé depuis une haute antiquité par son « salt lick » qui attirait toute espèce d'animaux et l'homme lui-même. Il y a aussi des « salt-licks » près de Saltville (comté de Tazewell) ainsi qu'au grand dépôt salin de la vallée de North Fork, près de la rivière Holston. D'après M. Edw. Pollard, on a trouvé en cet endroit une grande quantité de fossiles, qui ont été envoyés à la *Smithsonian Institution*. De temps immémorial, ces salines furent sans doute le rendez-vous de nombreux animaux que leur instinct y attirait. Le « lick » des animaux devint le « salt spring » des hommes, à peine moins sauvages, qui les suivirent. A quelle époque ? Combien de temps avant l'ère des Massawomis, à peine connus ? Personne ne saurait le dire. Aussi le comté de Pazewell et ceux qui l'avoisinent donneront-ils lieu à des découvertes fort intéressantes le jour où des explorations historiques et archéologiques seront entreprises en suivant des procédés strictement scientifiques, dans ces grottes, ces lacs, ce sol gardant encore la trace des tribus préhistoriques et précolombiennes qui s'y succédèrent.

Région golfière. *Races.* — Les Cofachites, dont Rochefort aurait indiqué des vestiges sur le territoire des Etats actuels de Florida, Alabama, Mississipi, ont-ils été les ascendants des fameux Caribes des Antilles, et des Amériques centrale et méridionale ? ou bien furent-ils les descendants de ces mêmes Caribes lors de leurs migrations maritimes de retour des côtes de Guyane ? Consulter plus loin le chapitre *Caribes* à l'ISTHME CENTRE AMÉRICAIN et aux ANTILLES.

Florida. *Cavernes.* — De Rochefort, dans son *Histoire morale des Antilles*, parle d'une caverne de toute beauté, située chez les Apalachites de Florida, près de Mélilot (province de Bemarin), à l'est de la montagne de Olaimi. C'était, d'après lui, un temple des anciens indigènes ; on y voyait une table de pierre soutenue par un pivot. Dans cette caverne et dans celles des environs, les indigènes ensevelissaient leurs morts. Aux alentours, ils plantaient des cèdres et d'autres arbres précieux. Quels étaient ces indigènes et où se trouvaient ces grottes ?

Toponymie. — Le nom de Pensacola, que l'on rencontre en Florida et au Nicaragua (île près de Granada) autorise-t-il l'hypothèse d'une origine commune des peuplades qui habitèrent primitivement ces deux localités si éloignées l'une de l'autre ?

Alabama. *Paléo-botanique.* — Les impressions de belles feuilles fossiles de dicotylédones et autres trouvées dans des strata tertiaires éocènes à Bells Landing, sur la rivière Alabama, à Greggs-Landing, à Barrows-Mill Creek, tributaire de la rivière Conecuh (comté de Covington) peuvent être d'une grande utilité à la science. Car, d'après M. Daniel W. Langdon

(*Science*, 17 février 1893), l'étude de ces empreintes peut servir de clé à la solution critique des problèmes des âges de la région golfière.

Grotte.—Une exploration scientifique est nécessaire de la grandiose caverne, rivale de la Mammoth Cave, située sur le mont Lookout, près du Fort Payne.

Mississipi. *Chute de Saint Anthony.* — Peut-on évaluer à 8.000 ans la durée de période postglaciaire ou récente de cette chute du fleuve Mississipi ?

Quoique explorées maintes fois, notamment en 1832, en 1836, en 1889, au point de vue topographique, astronomique et hydrographique, les sources de la grande artère fluviale des États-Unis sont toujours dans un état presque sauvage, d'un accès difficile, et habitées par des Indiens indépendants. Elles attendent encore des explorateurs sérieux qui étudieront la contrée sous le rapport archéologique et linguistisque.

Quant aux rives du Mississipi, elles sont couvertes de forêts, bordées d'îles couvertes de saules, ainsi que de bancs de sable. Aussi peut-on voyager des journées entières sur ses flots jaunâtres, sans pouvoir constater sur le rivage une trace quelconque du séjour de l'homme. La cause principale qui contribue à rendre déserts et inhabités ces rivages, c'est la grande mobilité du fleuve, charriant une quantité considérable d'alluvions et le peu de sécurité qui en résulte pour les riverains. Ces raisons expliquent l'ignorance scientifique dans laquelle on se trouve relativement aux ruines que, de temps en temps, on aperçoit sur les rives du grand fleuve. Il serait pourtant fort utile d'explorer ces parages avec des dragues, afin d'essayer de déterminer les différentes étapes de la marche des tribus indiennes précolombiennes vers l'embouchure méridionale du Mississipi.

Histoire des découvertes. — A propos du premier voyage de Cavelier de La Salle, ce hardi pionnier de la civilisation française, trop peu connu en France, M. J. Thoulet, analysant l'ouvrage de M. Pierre Margry, intitulé : *Cavelier de la Salle et la découverte du Mississipi*, dit ce qui suit (*Bulletin de géographie de Paris*, novembre 1880, page 445) : « ... Malheureusement, nous en « sommes réduits à des probabilités et le seul document qui ait pu nous « éclairer, c'est-à-dire la grande carte de la Louisiane, de la collection « d'Anville, et qui doit être une copie d'une carte de M. de la Salle, n'a « pas toute la clarté désirable. Dans cette carte, on voit l'indication d'une « rivière qui, sous le nom d'Ohio-Mosopelea, ou Olighin-Sépou, coule « parallèlement au bord méridional du lac Erié, passe au village indien « de Kantarentonga, placé presque directement au sud du Niagara, et se « ramifiant ensuite plusieurs fois, à l'une de ses sources dans le lac Tiocro, « non loin d'Onontagué. Du côté opposé, cette même rivière se jette dans « le fleuve Saint-Louis, lequel se jette à son tour dans le fleuve Mississipi « ou Colbert. En cherchant à identifier avec les cartes modernes, on éprouve « de grandes difficultés. »

Louisiane. *Races.* — Dans le sud de cet Etat, les Indiens Altakapa ont donné leur nom au comté d'Altakapas. Cette tribu avait la réputation d'être cannibale. On ignore d'où elle venait et avec quelles races elle avait des affinités.

Linguistique. — Suivant le comte de Charencey, la langue des Natchez a disparu sans laisser de traces.

Texas. *Débris préhistoriques.* — Un ingénieur a découvert à Galveston, en 1892, en forant un puits artésien, à 500 mètres de profondeur, de la glaise gris-vert mélangée de fragments de bois concrétés de chaux et de petites pierres. Quoique l'époque de 200.000 ans attribuée à ce bois par le professeur Singley paraisse exagérée, on peut assigner à cette localité une époque très reculée. Espérons que depuis cette découverte des fouilles auront été faites.

Histoire. — La route suivie par les survivants de l'expédition de Narvaez, en 1527, a été étudiée avec beaucoup de talent par M. Bandelier (2ᵉ chap., *Contributions to the history of the Southwest*) ; elle a pourtant été critiquée par le Dʳ J.-G. Shea (*Narrative on critical History of America*, vol. II, p. 286).

2° — VERSANT PACIFIQUE ET RIVE DROITE DU MISSISSIPI

Montagnes Rocheuses. — On ne sait pas encore si les anciens glaciers qui ont recouvert ces montagnes se soudaient ou non à la grande nappe continentale qui rayonnait de la région située au nord des grands lacs. Deux théories contraires sont en présence. G. Dawson affirme qu'une bande très étendue, dépourvue de glaces, d'une centaine de milles de longueur, a toujours séparé les deux systèmes. Cette hypothèse supposerait l'existence de deux grands centres de dispersion : la mer glaciale orientale vers l'extrémité méridionale de la mer de Hudson, le glacier laurentin et la masse occidentale située dans les Montagnes Rocheuses, vers le 55° de latitude, le glacier des Cordillères. M. Upham soutient au contraire que les deux systèmes étaient confluents.

Paléontologie. — Parmi les mammifères trouvés dans les montagnes Rocheuses et appartenant au début de l'époque tertiaire, il en est un, le phenacodus, animal de la taille du loup, qui attire surtout l'attention. D'après Cope, il offre des caractères essentiellement primitifs, rudimentaires ; on pourrait y voir « l'ancêtre commun des animaux à sabot, des singes et de l'homme » (C. O. Marsh). Il faudrait élucider cette question. — Que dire aussi de l'anaptomorphus homonculus découvert par Cope dans le Far West ? Est-il vraisemblable que ce soit un ancêtre de l'homme ?

Sécheresse du Far-West. — La graduelle disparition des herbes à pâturages de l'ouest traitée par M. I. W. Tourney (*the Science*, 5 janv. 1894), n'est pas élucidée par l'auteur. Comment expliquer cette disparition ?

Races. — Quel est le motif de l'état repoussant et dégradé des Diggers de la Sierra-Nevada ? On ignore s'ils ont toujours été dans cet état, si c'est la famine, les cruautés de leurs ennemis indigènes ou blancs, ou tout autre motif qui les ont réduits à cette misère.

Déformation artificielle du crâne chez les indigènes. — Quoique la pratique de ce genre de déformation ait été répandue chez la plupart des races américaines, elle a cependant laissé des traces plus frappantes chez les races du nord Pacifique, que chez la plupart des autres races du continent américain. Outre les Indiens de British Columbia, de race Noutka, tels que les Tchinouk, Ouakich, Ouallamet, Killemowk, Klackama, Klatsap, Klickatat, Kalaponyah, Snohomich, Niskoually, Kaualitch, Tchémakoum, Spokane, Têtes-Plates, Salich, Tchéhéhi, Makah, Nez-Percés, Ouatlata, qui se livrent à la déformation du crâne, il faut compter aussi les habitants précolombiens du territoire des États actuels de Washington, Oregon, Idaho et Montana. Quoique cette déformation servît à distinguer l'homme libre de l'esclave, l'être beau de celui qui ne l'est pas, la vraie raison de cet usage est encore inconnue. Le docteur Fernand Delisle qui, dans le compte-rendu du Congrès int. des Américanistes de Paris 1890 (p. 307-331), a brillamment traité cette question, a bien observé que la déformation était loin de modifier le volume de l'encéphale. Y a-t-il là un phénomène pathologique ? Jusqu'ici on n'en a pas encore fait la preuve.

Appellation de tribus indiennes. — L'étymologie d'ara-paho, le nom populaire de la tribu du même nom, est encore incertaine. Dunbar suggère, sans en être bien sûr, que ce nom vient du verbe paouni, tirapihu ou tarapihu = il achète ou il fait du commerce. Ce serait par allusion, dit James Mooney (*the Ghost Dance Religion*, 2ᵉ part. 14ᵗʰ Ann. Rep. of Bur. of Ethnology. Washington 1892/3), à ce que les Arapaho ont été jadis les intermédiaires commerciaux entre les Paouni, les Osages et d'autres du nord, les Kiooua, les Comanches et d'autres du sud-ouest (lettre Grinnell). Il est bon de noter que les vieux indiens de la frontière prononcent arapihu. Ce n'est pas du reste le nom que leur donnent les Cheyennes, Chochones, Comanches, Apaches, Caddo, Ouichita. Le nom de Maqpiato = soit nuage bleu, soit ciel clair, donné par les Sioux aux Arapaho, n'a pas de raison connue. La désignation de Ahya'to donnée par les Kiooua n'a pas d'étymologie connue. Quant au nom appliqué par les Ojiboua, de Kaninahoic ou Kanina'vich, on n'en connaît pas le sens.

Le présent exemple pourrait s'étendre à nombre d'autres tribus du Far West.

Culture intellectuelle des races. — M. Cyrus Thomas affirme dans *The Science* du 5 mai 1893 que les types de la côte occidentale de l'Amérique du Nord, pris dans leur ensemble, ont une ressemblance plus marquée avec l'art et les coutumes de ceux que nous pouvons appeler de la région pacifique (spécialement les îles) qu'avec ceux de la côte atlantique. Ceci indique

du moins une culture dont l'influence s'est fait sentir sur les habitants de la
côte Pacifique et qui n'a pas été ressentie sur la côte Atlantique. Un examen
plus approfondi de la question élucidera, il faut l'espérer, ces points peu
nets encore.

OREGON. *Crater lake.* — On ignore si la formation de ce cratère est due
au même phénomène que celui des îles Sandwich ou à une explosion (*Science*,
1886, vol. VII, p. 179).

Pétroglyphes. — On a besoin d'étudier ceux figurant sur les roches situées
près des Dalles de Columbia river.

Sculptures. — Près de la rivière John Day, M. James Ferry a découvert,
en 1891, des têtes sculptées de singes anthropoïdes. On en a déduit que l'Oré-
gon était autrefois peuplé d'hommes venus de pays chauds habités par des
singes et qu'ils avaient gardé de ces quadrumanes une tradition assez vivace
pour pouvoir les représenter sous leurs traits caractéristiques. Il serait utile
de chercher s'il n'existe pas d'autres documents autorisant la confirmation
de cette hypothèse.

IDAHO. — Il faudrait tâcher de déchiffrer les pétroglyphes décrits par
John B. Leiberg (*the Science*, 22 sept. 1893) du lac Pend d'Oreilles vers le
nord Idaho. Il y aurait intérêt à explorer les forêts inaccessibles qui envi-
ronnent ce lac.

M. Frederick Wright (*Man and glacial period*, New-York, 1892) regarde
comme remontant aux temps géologiques la petite statuette d'argile de
Nampa trouvée sous des coulées de lave à plus de 100 mètres de profondeur.
A-t-on trouvé d'autres objets de même matière permettant de confirmer cette
hypothèse ?

NEVADA. *Le rôle du vent comme facteur géologique.* — Le géologue Rus-
sell signale les effets enveloppants de cet élément à quelques milles au nord
du lac Winnemuca, à l'ouest de cet État. En un endroit il cite une ceinture
de collines de sable d'environ 23 mètres de hauteur, 65 kilomètres de longueur et 13 kilomètres de largeur ; plus loin, à l'extrémité orientale du lac
Alkali, se trouve une autre rangée de dunes d'au moins 30 kilomètres de longueur sur 90 mètres de hauteur. Ces dunes peuvent avoir enseveli des habitations anciennes et avoir été plus tard recouvertes de végétations. Aussi
certaines surprises sont-elles réservées sans doute aux archéologues qui
seraient tentés de fouiller ces dunes.

Traces de pieds. — Dans la cour de la prison de Carson city on a trouvé
en 1882 des traces de pied marquées dans de la craie pétrifiée ainsi que des
empreintes d'énormes quadrupèdes et oiseaux antédiluviens. Cette prison de

Carson est située au sommet d'une colline qui paraît, d'après King, avoir été le bord et la limite d'un grand lac disparu. Quant à ces empreintes, dont le professeur H. W. Harkness a présenté des estampes en séance du 10 août 1882 de l'Academy of Sciences de San Francisco, il prétend qu'elles appartiennent à l'homme quaternaire.

Le Dr Lecomte attribue ces empreintes non à un homme, mais à une espèce d'animal édenté, mais lequel ?

Pétroglyphes. — Il y aurait intérêt à étudier ceux des roches de la Sierra Nevada, près Summit, de Soda Springs, à 14 milles au sud de Donner Lake et à 2000 mètres de hauteur, — ceux à droite et à gauche des sources de la North Fork de l'American river, — ceux des roches flanquant le Walker river, du bloc de basalte de Revielle. Ces derniers pétroglyphes sont attribués par Gilbert aux Chinouma ou Moskis.

UTAH. *Grand Lac Salé*. — Le niveau de ses eaux a changé à plusieurs reprises, par suite d'une sorte de marée inégale et irrégulière. On ignore la cause du flux et du reflux de cette mer intérieure dont le lit était autrefois plus étendu. Il serait intéressant d'étudier également l'influence que cette transformation topographique a pu exercer sur le climat de cette région et sur l'ethnographie des races préhistoriques qui l'ont peuplée.

Quant à l'ancien lac de Bonneville, dont les restes sont confondus dans le grand Lac Salé, M. Gilbert (*American journal of science*, 1886, XXXI, p. 284) étudie les trois hypothèses de la dessiccation de ce lac, sans pouvoir les résoudre. Ses rives auraient-elles été formées il y a 10.000 ans, comme le voudrait M. Emerson (*the Cause of the glacial Period. American Geologist*, 1890)? Cette opinion est contestable.

COLORADO. — Près de Manitou se trouvent les fameuses grandes cavernes, du même nom et la Grotte des Vents qu'il faudrait fouiller systématiquement.

Lors du voyage de l'éminent franco-canadien H. Beaugrand, les gorges du Colorado étaient à peine connues, malgré quelques rapides explorations antérieures. On a bien étudié de nombreux pics qui bordent ce fleuve ; mais, malgré tout, il y avait encore, il n'y a pas longtemps, 72 sommets mesurant de 4500 à 4800 mètres de hauteur, sans nom et non encore explorés.

Le Kanab Wash, affluent du Colorado, descend de grottes au porche majestueux s'ouvrant au-dessous du plateau de l'Utah. Ces grottes sont peu connues.

Au commencement de l'année 1892, un nouveau lac s'est formé dans le désert du rio Colorado au nord-nord-ouest de l'endroit où ce fleuve se jette dans le golfe de California. Les Indiens prétendent que ce lac existait au commencement du siècle, que, depuis de longues années, il était desséché et que le cours du Colorado change tous les 50 ans (Meyners d'Estrey). Il serait curieux d'explorer ces parages pour y retrouver des traces d'habitations dont l'emplacement aurait suivi les variations du cours du fleuve.

Vers les montagnes de San Footh, près de Boise, se trouve un district minier encore inconnu. Près de Denver, il y avait, en 1890, des refuges assurés pour le gibier dans les solitudes inaccessibles et inexplorées des montagnes de Saguache et de La Garita, dans les Rocheuses. L'exploration de ces montagnes permettrait de faire, sans doute, des découvertes intéressantes.

KANSAS. *Cumanches ou Comanches*. — Le nom populaire de cette tribu est d'étymologie hispano-américaine, inconnue. Quand, en 1719, on les trouva répandus depuis le territoire actuel du Western Kansas jusqu'au Bolson de Mapimi (Mexique), d'où venaient-ils?

ARKANSAS. *Ruines*. — En avril 1892, des ouvriers travaillant au canal de Santa Cruz mirent à jour, à Phonix, et à une profondeur de 7 mètres, des ruines d'édifices à trois étages, d'une longueur de 100 mètres sur 60 de largeur. Ces édifices sont en bon état, sauf les toitures qui se sont effondrées sous le poids du sable. On a trouvé en outre 18 cadavres momifiés. Il est à espérer que l'on aura opéré des fouilles scientifiques de ces ruines et qu'elles permettront de s'assurer de l'authenticité de la légende suivante : on serait en présence d'une antique cité des Nahua ensevelie depuis plusieurs siècles, à la suite d'une tempête de sable.

CALIFORNIA. *Ours des cavernes*. — Les restes du mammifère carnivore le plus puissant que l'on ait trouvé jusqu'à ce jour en Amérique, dans une caverne du comté de Shasta (*arctotherium simum*) pourraient-ils donner un indice de la période de la caverne dans laquelle ils ont été trouvés et des objets de fabrication humaine qui les accompagnaient?

Dans le comté de Stanislas on a trouvé en avril 1882 des empreintes de pieds mesurant 19 pouces de long. On les attribue à un animal qui aurait environ 7 mètres de hauteur. Mais quel serait cet animal?

Crâne de Calaveras. — M. Frederick Wright (*Man and the glacial period*, New York, 1892) a-t-il raison de le considérer comme parfaitement authentique?

Indiens Ichouma. — Cette tribu éteinte qu'on dit avoir habité l'île de San Miguel, d'où venait-elle?

Linguistique. — La langue des Indiens Mutsun a une certaine analogie avec celle des Seris, habitants primitifs de la Sonora (Mexique) (A. L.

Pinart, *Bulletin de la Société de Géographie de Paris*, septembre 1889, page 201). Cette question mériterait d'être étudiée à fond.

Grottes. Pétroglyphes. — M. David P. Barrows, dans *the Science*, 4 août 1893, parle, sans en interpréter le sens ni l'origine, des pétroglyphes de la Perris Valley, Southern California. Dans la Radec Creek, à 30 milles à l'est de Temecula, se trouve une caverne couverte de dessins similaires à ceux de Perris. A un quart de mille de cet endroit, on peut voir les ruines d'un village abandonné qui s'appellerait Sequala. Elles sont visitées par les Indiens Cahvilla. Que conclure de la coïncidence existant entre les peintures sur roches de Perris et les dessins des vêtements de danse des vieux Indiens Cahvilla, dont l'habitat actuel est à San Jacinto, à 20 milles de Radec Creek?

Non loin de San Bernardino, dans les montagnes de cette région sauvage et déserte, on a découvert, à la fin de l'année 1891, un grand nombre de grottes spacieuses et profondes dont l'entrée était garnie de ruches d'abeilles ; mais le fond n'en a pas été exploré et mériterait de l'être.

Dans la Black lake Valley, près du village de Benton (comté de Mono), à 4 milles au sud de l'étang, se dressent quelques monticules de basalte, à la base desquels gisent de gros blocs de ce même produit, amoncelés sans ordre. Sur les parties plates du rocher sont gravés des signes hiéroglyphiques parmi lesquels Oscar Loew constate la présence de symboles caractéristiques chinois ; cette découverte lui suggère toute une théorie sur les relations linguistiques et autres que la Chine a pu entretenir avec l'Amérique (Voir *Mitteilungen Gotha*, 1876, volume XXII, n° 11, page 138). Cette théorie est sujette à caution. C'est un beau thème de discussion pour les sinologues.

ARIZONA. *Races.* — « Les Arizoniens précolombiens et les anciens Zuñis « présentent plus d'homogénéité dans leurs caractères physiques que les Zu- « ñis actuels. A quelles causes attribuer ce fait? Je ne puis faire qu'une sug- « gestion. Le type zuñi a-t-il changé durant les trois derniers siècles, par « évolution naturelle, ou bien a-t-il été altéré par des éléments étrangers? « Peut-être aussi que si mes examens portaient sur un plus grand nombre « de Zuñis vivants je trouverais une plus grande similitude avec les anciens « Arizoniens. Une plus complète solution de la question relative à l'affinité so- « matologique des anciens Arizoniens et des Zuñis actuels doit être réservée « aux recherches de l'avenir ». (*Somatological observations on Indians of the Southwest* by Dr Herman F. G. ten Kate, Boston, 1892).

Les Zuñi désignent sous le nom de Zippiakne quelque tribu vivant jadis au sud-ouest de leur localité. M. Bandelier avoue qu'il ne peut dire ce qu'est devenue cette tribu.

Une note retrouvée dans les papiers du regretté savant français de Quatrefages par le Dr E.-T. Hamy, l'éminent successeur du premier, et intitulée « *Questionnaire relatif aux résultats du croisement des blancs et des peaux rouges dans le sud-ouest des États-Unis* » se trouve dans le n° 5 de 1898 du *Journal de la Société des Américanistes de Paris*. Les adeptes studieux de l'américanisme devraient étudier ce questionnaire remarquable et tâcher d'y répondre.

Falaisiers ou cliffdwellers. — L'explorateur norvégien Carl Lumholtz a trouvé, dès 1891, dans la Sierra Madre, près des sources du rio de Piedras Verdes, une série de grottes contenant des ruines de véritables petits villages. L'entrée de ces grottes a dû être fermée autrefois par d'immenses murailles dont il existe encore des vestiges. On distingue encore très nettement les différents étages dont se composaient ces singulières habitations. Autour de ces grottes, se trouvent des espèces de cimetières dans lesquels M. Lumholtz a trouvé des cadavres parfaitement conservés dans le salpêtre. Ces découvertes n'ont pas élucidé la question de l'origine, de l'histoire et de l'époque de la disparition des falaisiers. Les ruines gigantesques qu'ils ont laissées supposent une population d'au moins 100.000 individus.

Quelles affinités peut-on établir entre ces falaisiers et ceux des provinces septentrionales du Mexique, des Indiens Tunebos de Colombia (à l'est de la sierra de Cocui) et enfin ceux de la province du Cuzco (Pérou) ? Les Navajos actuels sont-ils descendants des falaisiers ?

Histoire. — *Les ruines de Casa-Grande*, qui se trouvent à 12 milles au sud ouest de Florence et à 3 milles du rio Gila, ont été assimilées par quelques auteurs à celles de Cibola. Mais d'autres, tels que M. A. F. Bandelier, disent : « Si oui ou non les « sept villes » dont Nuño de Guzman entendit parler à Mexico environ en l'an 1529 (Castañeda, *Relation du voyage de Cibola*, p. 1, chap. 1) étaient celles maintenant connues sous le nom des sept villages de Cibola ou Zuñi, jusqu'à présent il a été impossible de le déterminer. » (*An outline of the documentary history of the Zuñi tribe.*)

Faudrait-il y voir les sept cavernes de Chicomoztoc ? Ce qu'il y a de certain, c'est que, dès la première découverte, en 1538, par Cabeza de Vaca de « Casa Grande », il n'en restait qu'une vague légende parmi les indigènes qui l'occupaient. Leurs ancêtres n'avaient pas du reste été les premiers habitants de cette localité. Cette ville, qui aurait renfermé 100.000 habitants, aurait été détruite par le feu. Cette tradition est peu précise et il serait à souhaiter qu'on pût un jour, en continuant les fouilles déjà commencées, obtenir, au moyen des vestiges de nature anthropologique et ethnographique, quelques renseignements sur les habitants de Casa-Grande. Seraient-ce les ancêtres des Indiens Zuñi habitant actuellement la contrée ? C'est ce qu'il faudrait prouver (Voir au *New-Mexico* (Gran Quivira) et au MEXIQUE à l'État de *Zacatecas* l'article sur la grotte de la Quemada).

Elles sont fort intéressantes les discussions sur l'histoire de Tusayan ou

Moki, ainsi que des Sept cavernes et des Sept villes de M. A. F. Bandelier (p. 9, *Contributions*). On peut en dire autant de l'ouvrage de M. Cosmos Mindeleff intitulé « *The repair of Casa Grande-Arizona* (XVth Ann. Rep. Bur. of Ethnology, 1893/4). Espérons que les étudiants nouveaux de l'Américanisme y trouveront des données pour élucider cette question fort vague encore.

Religion. — Huehue-Tlapallam, le groupe des populations nahua, est représenté dans les traditions comme issu de la « Blanche Colombe nébuleuse ». Cette personnification des contrées du nord, comme le dit le Dr E. T. Hamy (*Revue de Géographie*, Paris, p. 1886) se retrouverait-elle avec sa tradition dans le haut Arizona ?

M. J. Walter Fewkes, dans son remarquable ouvrage « *Tusayan Katcinas* » (XV^c Ann. Rep. Bur. of Ethnology, 1893/4) sur les cérémonies religieuses des Indiens tusayan, hopi ou moki, représente à la pl. CIV un bouclier soyaluna, dont le symbole lui est totalement inconnu.

A propos de la danse religieuse du serpent à Walpi, le capitaine John G. Bourke (*the Amer. Anthropol.* avril 1895) signale trois points non encore élucidés :

1° on ignore si les Moki attachent une signification au circuit cérémonial à droite ou à gauche de la roche sacrée ;

2° sait-on si les tribus indigènes de la côte atlantique de l'Amérique du nord se servent du sucre d'érable dans leurs cérémonies religieuses, comme les Moki du miel dans les leurs ?

3° on ne sait la signification à attribuer au cadeau d'une racine de cotonnier ayant poussé dans le grand cañon des rives du Colorado que font aux Moki les Ko-ho-ni-no ou Havasupai, lors des cérémonies de la danse du serpent.

Quoique beaucoup de personnes aient assisté à la danse du serpent à Miconinovi (Tusayan), décrite en premier par M. Cosmos Mindeleff (*Science*, vol. 11, 4 juin 1886), cependant cette cérémonie reste encore une des plus obscures parmi ces représentations religieuses. C'est du moins ce qu'affirme M. Jesse Walter Fewkes dans ses « Tusayan Snake Ceremonies » (16th Ann. Rep. Bur. of Amer. Ethnol. 1894/5, Washington, 1897).

Linguistique. — M. J. W. Powell, dans ses « *Indian linguistic families of America North of Mexico* » (7th *Annual Report Bureau of Ethnology*, 1885-1886, Washington, 1891), dit, à la page 140, que, malgré le grand nombre d'études linguistiques entreprises jusqu'à présent et le soin apporté à ces études, il reste encore bien des cas douteux à résoudre.

Un exemple : Buschmann a confondu en une seule les familles shoshonéenne et nahuatlane. Les langues shoshonéennes sont celles que l'auteur connaît le mieux ; il peut assez bien les parler. L'évidence de parenté indiquée par Buschmann et d'autres avec lui lui paraît douteuse. Une partie est un jargon emprunté à différentes langues, une autre partie provient de ressemblances accidentelles; d'autres faits semblent autoriser la conclusion qu'elles devraient être considérées comme une seule branche. L'auteur préfère, en l'état actuel de la science, ne pas se prononcer. Il incline à croire que les peuples qui parlent ces langues ont emprunté à d'autres tribus une partie de leurs vocabulaires.

D'après les uns, les Indiens Ho-pi ou Yo-pi ont des affinités linguistiques avec les Chochones ; d'après d'autres, ces affinités sont encore à trouver (p. 11, *Catalogo de la Exposicion Hemenway*, Madrid, 1892). Le savant Salvadorien professeur Santiago I. Barberena trouve au contraire que les Yopi ont une affinité linguistique avec les K'kitché du Guatémala (*Diario de El Salvador*, San Salvador, 4 fév. 93). Il se base sur les noms de deux divinités Yo-pi, Talawigpikikatcina ou dieu éclairé, et Salicomana ou vierge ou maïs, dont il explique l'étymologie par le k'kitché. Il y aurait lieu de confirmer cette prétendue affinité par des études plus étendues.

Circulaires ou écritures figuratives. — Le nègre Estévan, pour annoncer son arrivée au chef des Indiens de Cibola, dit le Frère Marcos de Nizza, lui avait envoyé une gourde à laquelle était attachée une corde ou un chapelet de grelots, ainsi que deux plumes, dont l'une blanche et l'autre rouge. Que signifient ces signes? Sur quels principes se basait cette écriture?

Dans le manuscrit de 1684 des *Interrogatorios y declaraciones hechas de orden de Don Antonio de Stermin* (cité par M. A. F. Bandelier, p. 106, *Doc. Hist. of the Zuñi tribe*, Boston, 1892), il est fait mention d'une conjuration des Pueblos et des Apaches en 1650. Du village de Taos jusqu'à la province de Moqui, on fit circuler deux peaux de chamois recouvertes de signes peints indiquant un appel aux armes contre les blancs. Il serait utile de savoir la signification des signes en question.

Pétroglyphes. — Les « painted rocks d'Oatmans flat » décrits par A. L. Pinart, ont, d'après ce voyageur, des affinités avec les inscriptions hiéroglyphiques vues par lui en Sonora (Mexique) près de Caborca, au pueblo de Kaux-ka. C'est une question à revoir.

Les nombreuses inscriptions découvertes de 1875 à 1879, dans l'Arizona, par le même savant, n'ont pas encore été déchiffrées. Est-il possible d'identifier quelques-uns des caractères d'inscriptions découvertes dans ces régions avec des caractères de la vieille langue chinoise, comme le disent quelques sinologues?

On ne sait pas plus qui a tracé les pictographes du rio Zuñi, à Fish springs, près de Zuñi, et ceux d'Oakley springs (dans l'est de l'Etat).

Archéologie. — On n'a jamais su l'exacte antiquité ni le nom des constructeurs des monuments dont on voit les ruines à Si-Ka-Ki près du cañon de Keam. On n'en a jamais fait d'exploration systématique et scientifique (p. 10 *Catal. Exp. Hemenway*, Madrid, 1892).

3.

On peut en dire autant des cités précolombiennes en ruines, du sud-ouest de l'Arizona, dont M. Cosmos Mindeleff a fait la description dans ses *Aboriginal remains in Verde Valley. Arizona* (13ᵗʰ Rep. B. of. Ethnol.).

A propos des « Cliff ruins » du Canyon de Chelly — dont la région est habitée par des Navajos et dont le nom indigène prononcé tchey-i vient du Navajo tsé-yi, M. Mindeleff (page 94, 16 k. An. Rep. Bur. of Amer. Ethn. 1894/5), parle de la nécessité de faire des excavations dans les vieux villages situés en des lieux ouverts. Ces fouilles donneraient des résultats de grande valeur. Les traditions relatives aux premiers habitants de ces régions remplies de ruines d'habitations et de sépultures, d'accès inaccessible, sont vagues. Ces ruines de Chelly sont-elles d'origine Hopi ou Moki? L'habitation dans les falaises est-elle une phase de l'architecture pueblo?

Le vase céramique polychrome (p.48, *Cat. Exp. Hemenway*), très apprécié par les Hopi pour sa grande antiquité (?), porte des symboles dont les Indiens actuels ne comprennent pas la signification.

M. O. T. Mason cite, dans son *Primitive travel and transportation* (Washington, 1896), un vase en terre cuite des Zuñi à base concave, très rare dans les anciennes collections américaines (pl. 4); il ignore si cette forme curieuse est préhistorique ou postcolombienne.

Chaussures. — Dans le même ouvrage (pl. V, fig. 1 et 3) sont représentées des sandales en fibre de yuca attribuées aux falaisiers et d'autres venant des Aïnos du Japon. Je leur trouve une similitude très grande. Que peut-on en conclure?

Boumerang des Zuñi. — Cet instrument de chasse des Zuñi offre de grandes similitudes avec celui encore en usage chez les habitants indigènes du centre de l'Australie. Il serait nécessaire, pour permettre de faire de l'usage de cette arme une déduction sérieuse pour les affinités ethnographiques des deux races, de l'étudier dans les deux parties du monde en question. Pour ce qui est de l'Amérique, consulter : Alvar Nuñez Cabeza de Vaca (p. 223, vol. 7, trad. Ternaux-Compans); — Clavigero (*Historia de la Baja California*, Mexico, 1852); — chirurgien Corbusier, pour les Apaches Yumas (*American Antiquarian* nov. 1886); — John G. Bourke (*Sacred Hunts of the American Indians*, p. 361, compte rendu Cong. Int. Am. Paris, 1890). Pour l'Australie, M. John Fraser, de Maitland, est au courant de cette question.

Autre bâton de jet. — O. T. Mason, en comparant l'atlatl mexicain du lac Patzcuaro et le « throwing stick » des falaisiers du Colorado, en déduit (*Science,* 15 sept. 1893) que les tribus qui habitaient les deux régions en question avaient entre elles des affinités ethnographiques. Ceci est encore à démontrer d'une façon plus approfondie.

New Mexico. — Où placer les ruines de l'ancienne ville mythique de Gran Quivira? Dans la Sierra de Sandia, peut-être?

On ne peut encore localiser les Sept Cavernes légendaires de Chicomoztoc, berceau des Aztèques. Clavigero les place à environ 20 milles au sud de Zacatecas, sur les bords d'une rivière (voir au MEXIQUE et à l'*État d'Arizona* à *Casa grande*). Mais Duran, Acosta et d'autres chroniqueurs l'identifient avec Aztlan. Sur la carte de Gemelli, Oztotlan ou « lieu de grottes » peut être assimilé à Chicomoztoc. L'historien H. H. Bancroft *(Native races of the Pacific States)* avoue l'impossibilité actuelle de déterminer la position exacte de cette région. MM. F. H. Cushing et ten Kate, de la *Hemenway Southwestern Expedition*, ont dû, cependant, ces dernières années, se rapprocher vraisemblablement du lieu en question.

Origine des Mohaves ou Mojaves de la frontière. — D'après le capitaine John G. Bourke (the *Amer. Anthropol.* avril 1895) les Mohaves, selon leur légende, tirent leur origine de Cottonwood island, du rio Colorado, à quelque distance en amont du fort Mojave, près de la forêt du rio Virgen. Le chef qui les conduisit à l'embouchure du Colorado et au delà s'appelait Ku-kumat. Que conclure de cette origine et de cette affinité avec le héros mythique Gucumatz des Maya K'itché?

Mojaves. Hiéroglyphes. — Récemment encore, les Mojaves recouvraient les rochers de leurs régions d'inscriptions hiéroglyphiques. A. L. Pinart croit pouvoir affirmer que les Indiens actuels connaissent parfaitement la signification de ces caractères, qu'ils emploient encore, mais dont ils prennent le plus grand soin à cacher la signification aux blancs. Il est à désirer que des savants sagaces et habiles arrivent à obtenir cette traduction : elle serait peut-être fort utile pour interpréter des inscriptions semblables que l'on rencontre dans des régions plus septentrionales des États-Unis. Toujours d'après A. L. Pinart, les Comanches du Texas emploient des inscriptions hiéroglyphiques en rouge, bleu, blanc et jaune; ces inscriptions ont des affinités avec celles qui ont été trouvées par l'explorateur français à la roche du cañon de Jiosauri, près de Chinapa (Sonora, Mexique).

Tarahumara. — Les Indiens Tarahumara des districts méridionaux des États-Unis, près de la frontière commune des États Mexicains de Chihuahua, Sonora et Sinaloa (consulter à ce sujet *Quelques observations sur la distribution géographique des Opatas, des Tarahumars et des Pimas, etc.*, par le Dr E. T. Hamy (Bull. de la Société d'Anthropologie, Paris, 1-15 novembre 1883), se tiennent strictement à l'écart des Mexicains, et quand on pénètre par force dans leurs villages, ils refusent de répondre aux questions de l'étranger. Il serait pourtant nécessaire d'obtenir de ces Indiens, par la persuasion, ce que l'on ne peut obtenir par la violence.

Mescal des Kiowas. — Le produit dont il s'agit, provenant de la macération de cinq à six sortes de cactus, en latin *anhabonium Lewinii*, ne doit pas être confondu avec le breuvage enivrant du même nom. On le trouve

surtout au Texas et dans la vallée du rio Grande, berceau des Indiens Kiowas. Cette substance, mâchée et avalée lentement, le soir, dans une cérémonie mystique, religieuse, autour d'un feu, n'affecterait, selon MM. James
Mooney, Dr Prentiss, Morgan, Weir Mitchell et Havelock Ellis, que les sens
les plus intellectuels, sans plonger dans la torpeur et l'oubli. Cette pratique,
qui ne cause aucun effet pernicieux, procure à ceux qui y ont recours des
visions agréables d'objets brillants, aux couleurs vives et éclatantes. Consulter à ce sujet un article de la « Contemporary Review, London, janvier
1898, de M. Havelock Ellis. Il serait bon de rechercher l'origine et l'objet
de cette coutume.

IV. MEXIQUE

Généralités, Géologie. — Dans la petite carte n° 13 des terrains éruptifs
et volcaniques du Mexique, du tome XVII de la *Nouvelle Géographie Universelle* d'Élisée Reclus, il y a pas mal d'espaces laissés en blanc pour indiquer
les parties de territoires (grottes, montagnes, etc.) qui n'ont pas encore été
classées au point de vue géologique d'une manière définitive et dont l'exploration intéresserait vivement l'américanisme.

BAJA CALIFORNIA. — On n'a que des renseignements fort incomplets sur
les Indiens Cochimi et Guayacura (Guaécuri) refoulés à l'extrémité méridionale de la presqu'île de California ; ils vivent à l'état nomade.

Les Yaqui et Mayo vivent sur la côte du golfe de California, dans les
régions presque désertes que parcourent les rivières nommées d'après eux :
ce territoire est d'accès difficile à l'étranger. Le gouvernement mexicain a
peu de contrôle sur ces Indiens et leur territoire.

On ne connaît qu'imparfaitement les tribus Yaqui, retranchées dans leur
sierra inexpugnable de Bacatete. Il serait bon de chercher à s'aventurer
pacifiquement au milieu d'eux, pour obtenir les derniers documents ethnographiques vivants qu'ils peuvent encore conserver. Car ils sont appelés à
disparaître bientôt. Leur chef le plus populaire, Lorenzo Jabulay, a été tué
en 1891 près de Cocorit. Son successeur, Chico Huicho, a été capturé en
1892, et les troupes du gouvernement fédéral, quoique mises en échec
depuis sept ans par ces Indiens, vont bientôt avoir le dessus.

Le naturaliste George W. Dunn est arrivé, en recherchant des palmes
bleues, à un hameau (cañada) des montagnes Tantillas habité par des Indiens
de la tribu Cocopahore. Dans un résumé de son voyage rapporté par « *la
Estrella de Panama* » du 9 mars 1893, on croit que, vu l'escarpement de

cette localité, elle n'avait encore jamais été visitée par un blanc. Espérons
que d'autres savants l'auront explorée depuis lors. On doit attendre beaucoup
des derniers voyages entrepris en cet État mexicain par l'américaniste Diguet.

E. DE SONORA. *Ile Tiburon*. — Ces Indiens cannibales n'ont jamais laissé
visiter leur île par des blancs. En 1893, ils assassinèrent deux journalistes
de San Francisco qui avaient tenté l'expérience. Il y a encore peu d'années
ils étendaient leurs incursions en terre ferme, jusqu'à Hermosillo. C'est
assez dire l'ignorance dans laquelle se trouve la science vis-à-vis de l'origine,
l'histoire et les coutumes de ces indigènes. Le professeur W. J. Mc Gee, du
Département d'Ethnologie de Washington, est parti en novembre 1895 pour
essayer l'exploration de cette île. Souhaitons qu'il ait pu pleinement y réussir.

Ces Indiens Seri auraient une origine caraïbe. L'étude des affinités linguistiques par le moyen de vocabulaires comparatifs pourra élucider cette
question. Seraient-ce des débris de la race dénommée « Atlantique », branche
baloué-bonon (habitants de terre ferme) citée pages 564 et suivantes de mes
« *Considérations sur quelques noms indigènes de localités de l'isthme
Centre-américain* » (Congrès int. des Américanistes, Paris, 1890)?

Les renseignements négatifs suivants sur cet État sont tirés du récit d'exploration d'A. L. Pinart (*Bullet. de la Soc. Géog. de Paris*, sept. 1880) :

Etymologie. — Vient-elle du mot espagnol *señora* défiguré, rappelant une
certaine cacique du pays qui y avait beaucoup d'influence? ou bien tirerait-
elle plutôt son origine, d'après Pinart (p. 207), du mot « Sonoratzi » =
endroit où il y a une source (son, en opata)?

Races. — Le Seri paraît avoir été l'habitant primitif de la Sonora, refoulé
ensuite par les populations de la famille pima-opata qui conquirent le pays
à une époque plus récente. Le Seri est grand, élancé, bien formé et diffère
beaucoup en cela des autres populations sonoriennes qui sont petites. Pinart
leur trouve des affinités linguistiques avec certaines populations califor-
niennes telles que les Mutsun (p. 204). — Il serait donc utile de faire des
comparaisons anthropologiques et linguistiques entre les tribus Seri et
Mutsun pour élucider ce problème.

Les tribus d'origine pima qui ont donné leur nom à Guaymas avaient déjà
entièrement disparu en 1879 (p. 204).

Pour ce qui est des coutumes et traditions des Indiens Opata, nous sommes
forcés d'avoir recours aux relations des missionnaires, bien insuffisantes,
il est vrai, dont nous devons bien nous contenter. Ils conservent encore
de nos jours certaines traditions : mais ils ne les communiquent à aucun
blanc ni étranger (p. 205).

Il y a bien aussi des Indiens habitant des cavernes percées dans des
falaises abruptes d'un cañon très étroit des environs de Cucurpe. Ces habi-

tations ont une certaine similitude avec celles des anciens falaisiers du Colorado. Mais Pinart ne dit pas s'ils sont de la même race, ni s'ils sont d'origine seri ou pima-opata (p. 214/5).

Les environs d'Arenas (Guaymas) étaient encore relativement peu connus au point de vue scientifique en 1893 : car à cette époque, en ces parages, tout voyageur blanc était attaqué par les Indiens yaqui.

Inscriptions sur roches. — Pinart cite les suivantes :

La roche du Cañon de Jiosauri, près de Chinapa. Les inscriptions sont peintes sur la surface lisse de la roche en couleurs rouge, bleu, blanc et jaune. Le style de ces inscriptions est particulier et montre une autre facture que celles que nous sommes habitués à rencontrer dans la Pimeria. Ce sont en effet ici de véritables peintures, où la couleur a certainement une signification. Dans la Pimeria, au contraire, les inscriptions sont toujours d'une seule couleur, et généralement martelées sur la roche. Outre cela, pour l'œil même non habitué aux inscriptions indiennes, il est indubitable que nous nous trouvons là en présence d'une autre classe d'inscriptions. Celles-ci ressemblent à celles faites par les Comanches, au Texas, etc... Ce genre d'inscriptions ne se rencontre pas, à la connaissance de Pinart, à l'ouest de la grande chaîne de la Sierra (p. 210).

La grotte avec inscriptions, à environ 4 lieues de Fronteras au Potrero, sur le chemin de Cuchuberachi (p. 213).

Entre San Ignacio et Santa Cruz, à Terrenate, est un petit monticule rocheux, sur la face sud-ouest duquel existe une excavation assez considérable, en forme de demi-poire, et, sur les parois intérieures de celle-ci se trouvent peintes, en rouge et en noir, différentes inscriptions indiennes (p. 218).

A quelque distance de la Congregacion de las Planchas, sur le versant occidental du Cerro Blanco, et à côté d'une falaise rougeâtre, il existe une caverne contenant quelques inscriptions qui doivent ressembler à celles de Jiausari (p. 232).

Près des ruines d'Aquimuri est une roche sur le bord du chemin, connue sous le nom de « Cara pintada », et présentant quelques signes peints en rouge et en noir sur sa face lisse. Un peu plus bas, à droite, et à peu de distance de l'endroit où le rio se joint avec le rio del Busanig, est une autre roche fort intéressante : c'est une masse basaltique sur les trois faces de laquelle sont des inscriptions en creux, usées par le temps, et pouvant à peine se voir, à l'exception de celles sur la face regardant le nord. Celle-ci porte, à la partie supérieure, l'empreinte d'une main, puis, au-dessus, deux cercles attenant l'un à l'autre et enroulés concentriquement. Au-dessous et au bas de la face est un groupe de quatre petits cercles symétriquement disposés autour d'un point central ; sur la partie plane supérieure de la roche se trouvent d'autres inscriptions lisibles et des petits trous ronds disposés avec symétrie. Sur une autre roche superposée à la première, se trouvent aussi plusieurs autres cercles ; — c'est le seul exemple de ce genre d'inscriptions qu'il ait été donné de voir à M. Pinart, toutes les inscriptions connues au nord du Mexique, étant, soit peintes, soit martelées dans la roche (p. 233).

Près de Caborca est un pueblo et monticule rocheux que les Papagos désignent sous le nom de Kaux-Ka. Les roches qui forment ce cerro présentent de temps en temps des surfaces planes où se trouvent en grande abondance des inscriptions hiéroglyphiques. En beaucoup d'endroits les hiéroglyphes plus anciens ont été surchargés par d'autres peintres d'une matière blanchâtre qui oblitère ou défigure en partie les signes primitifs. Ceux-ci présentent surtout des arrangements de lignes, de figures symétriques, etc. Les hiéroglyphes qui les ont surchargés sont grossiers et de date récente, comme on peut s'en convaincre à première vue. M. Pinart compare volontiers ce cerro et les inscriptions avec les fameux painted rocks d'Oatman's flat d'Arizona (p. 235).

Il y a des inscriptions et surcharges similaires au rancho de la Calera, à trois lieues plus bas sur la rivière (p. 236).

Il est à souhaiter qu'on étudie de près les inscriptions précédentes qui ne tarderont pas à s'effacer et à entraîner avec elles les derniers vestiges de générations qui ne sont plus.

Falaisiers. — Un peu avant d'arriver à Cucurpe, dans un cañon très étroit, se trouvent des falaises coupées par un grand nombre de cavernes dont plusieurs étaient encore en 1880 habitées par des Indiens. On se croirait aux Cliffhouses du Colorado, de l'Oregon, des Tunebos (de Colombia) et des K'kit-choua, du Cuzco. Quelles affinités établir entre ces diverses tribus ?

Chihuahua. *Bolson de Mapimi.* — Le désert de cette région est peu exploré. — On a découvert de vastes nécropoles dans les grottes des collines et montagnes qui l'entourent.

« Les cadavres, dit E. Reclus, y sont enterrés accroupis et enveloppés de « couvertures en fibre d'agave, que recouvrent des écharpes de couleur. Une « seule caverne renfermait plus de mille de ces momies, qui presque toutes « ont été enlevées par des Américains du nord et dispersées dans diverses « collections des Etats-Unis ». Il serait à souhaiter qu'on pût indiquer le résultat de ces importantes découvertes.

On signale des terrains incultes et inexplorés entre la rive droite du rio Bravo del Norte et le Pueblo Gallego, et le rio Conchos.

Il serait intéressant de faire des fouilles dans la grotte de la Mine San Pedro (partido de Corralitos, région septentrionale de l'Etat), pour y rechercher les vestiges des cérémonies religieuses précolombiennes des indigènes.

E. DE COAHUILA. — Près de la Sierra Mojada ou de la Sierra Planchada, un peu plus au nord, près du Bolson de Mapimi, à 5 lieues de Durango, se trouve une caverne, découverte en 1838 et contenant environ 1000 squelettes d'indiens. On n'a pu encore trouver à quelle race ils appartenaient ; car ces parages ont été habités successivement par les Tobosos (2 tribus), puis, après leur extinction, par les Apaches (17 tribus), les Laguneros ou Irrilitas (18 tribus), les Mezcaleros, les Coyames, les Faraones, etc. (de souche apache), les Zacatecas, les Huachichiles. Ce problème encore à résoudre a été soulevé par M. Elias Amador, de Zacatecas (page 524 du compte-rendu Congrès international des Américanistes, Mexico, 1895).

E. DE NUEVO LEON. E. DE TAMAULIPAS. — Une exploration méthodique des grottes de Vivanes (E. de Nuevo Leon), et de Boca y Minas (E. de Tamaulipas) serait susceptible de donner des résultats scientifiques.

E. DE SINALOA. — A la suite d'un ouragan, le port d'Altata, les villages d'Elota, Tecuyo, Escaleras, Salado et Ceuta ont disparu complètement en octobre 1896. Peut-être d'autres désastres du même genre ont-ils eu lieu de temps préhistorique et enfoui des centres de population très intéressants. Des recherches spéciales à cet effet devraient être faites.

E. DE DURANGO. — La localisation par le Fray Antonio Tello (liv. II de sa *Cronica miscelanea de la Santa Provincia de Jalisco*, 1650-1652) au Valle de Zuchil, près Durango, du Coatlicamac ou Coatlicamatl, lieu de station des Nahuatlaca préhistoriques, paraît erronée. Mais où localiser alors cet endroit fameux ?

E. DE ZACATECAS. *Ruines du Cerro del Borrega*. — Ces ruines et cavernes se trouvent dans la juridiction du Monte Escobedo. M. J. Albert Aldaco (page 542 du compte-rendu du Congrès intern. des Américanistes de Mexico, 1895) les signale à l'attention des explorateurs.

Ruines du Cerro de los Edificios, ou de la Quemada, ou de Tuitlan. — Elles se trouvent dans le « partido » de Villanueva, près de la sierra de Palomas et de la ferme de la Quemada. Le nom de ces ruines a été défiguré en celui de Quemoita par les Indiens Huicholes ou Colotlanes des environs. Mais leur vrai nom, d'après l'intéressant travail de M. Elias Amador (pag. 40-47, compte rendu Congrès int. Américanistes, Mexico, 1895) serait Tuitlan. L'auteur donne à ce nom trois étymologies :

tuitlan pour teutlan = lieu du dieu ou des dieux ;

—   —   teuictlan = lieu des pèlerins ou de ceux qui vinrent accompagnés ;

—   —   touiltecahuan = lieu de nos parents.

Quelle est la vraie étymologie des trois? Qui a fondé ces vastes et imposantes ruines? Les Azteca, qui y adoraient Huitzilopochtli, ou d'autres?

Il s'agit aussi d'élucider la question de savoir si, comme plusieurs savants le croient, on peut identifier ces ruines avec celles de Chicomoztoc ou Chicomoztotl, le fameux berceau légendaire des Nahuatlaca, ou si, avec MM. Alfredo Chavero, Eustaquio Buelna et Elias Amador, on doit repousser cette idée. Mais alors, où localiserons-nous Chicomoztoc? D'après Eustaquio Buelna (*Peregrinacion de los Aztecas y nombres geograficos indigenas de Sinaloa*, 1887-1892), ce lieu a bien pu n'exister géographiquement nulle part, car ce ne serait que la signification de l'organisation septennaire qu'affectait de se donner cette race; on pourrait peut-être aussi identifier Chicomoztoc avec Atlatlan, l'ancienne Atlantida, où se seraient sauvé de l'inondation 7 personnes, 7 familles, ou 7 races. Pour l'historien mexicain Alfredo Chavero (notes à la « *Historia de Tlaxcala por Muñoz Camargo*), Chicomoztoc devait se trouver dans la région montagneuse qui s'étend de la Tarahumara ou Sierra Madre de Sonora, jusqu'aux rives du rio Gila et peut-être celles du rio Colorado (voir aux ÉTATS-UNIS à l'Etat d'Arizona, à l'article sur Casa Grande et à l'Etat de New Mexico).

Peut-on identifier les ruines de Tuitlan avec celles de Coatlicamac = bouche de serpent, du manuscrit hiéroglyphique du musée de Mexico? M. Elias Amador ne le croit pas. Coatlicamac ne pouvant s'identifier non plus avec Zuchil [voir à l'État de Coahuila], où le placer?

Dans ces ruines se trouve un monolithe circulaire d'environ 2 mètres 50 de diamètre sur 30 cent. d'épaisseur, sur lequel sont gravés 7 serpents en bas-relief. M. E. Amador (ibid., p. 314), parle de la nécessité d'étudier ce très curieux monument.

La tortue de serpentine sculptée trouvée aux mêmes ruines par le dit archéologue serait-elle un symbole aztèque pour indiquer soit la tranquillité, soit la résidence de la tribu errante en un endroit quelconque?

E. DE JALISCO (XALIXCO). — M. F. del Paso y Troncoso et le professeur Plancarte localisent bien la tribu des Tecoxines, indigène de cet État, mais ils lui trouvent une filiation douteuse. Quelle est-elle?

ETAT DE SAN LUIS POTOSI. *Langue huaxteca.* — M. Luis G. Alvarez y Guerrero dit (p. 398 compte rendu Congrès int. Amér. 1895) que le résultat de ses recherches relatives à cette langue parmi les ouvrages antérieurs à 1895 est bien maigre. C'est à peine si l'on sait quelque chose des indigènes qui la parlèrent. Leur habitat était le pays qui porte encore le nom de Huaxteca, c'est-à-dire la partie septentrionale de l'État de Vera Cruz et une fraction limitrophe de l'État de San Luis Potosi, à l'est du golfe du Mexique, depuis la barre de Tuxpan jusqu'à Tampico, d'après la carte ethnographique d'Orozco y Berra. Très rares sont les renseignements philologiques laissés sur cette langue par les premiers missionnaires. L'auteur de cet essai philologique, encore bien imparfait, malgré ses louables efforts, ne dit pas le nom propre que ces peuplades se donnaient à elles-mêmes.

E. DE GUANAJUATO. *Animaux et homme quaternaires du district du Valle de Santiago.* — Dans les grandes plaines de Pantoja, Valle de Santiago, Moroleon, Salvatierra et Apasco, de formation quaternaire, et surtout à Uriangato, Leon, Arroyo Feo et la Calera, on a trouvé d'après M. Pedro Gonzalez (*Localités et monuments de l'État de Guanajuato*, pp. 149/159, compterendu Congrès int. des Américanistes, Mexico, 1895), des restes fossiles de grands quadrupèdes, en plus de quelques espèces de bœufs et de chevaux. Ce fait signifie-t-il que l'homme préhistorique quaternaire a existé dans le district du Valle de Santiago, appelé « las siete luminarias », du nom de sept volcans éteints maintenant des environs ? Dans les énormes roches qui forment la base de la Sierra del Cubo, près de la ferme du même nom, à 12 kilomètres à l'est de Ciudad Gonzalez, a été entaillée la « Cueva de los Indios ». Qui a peint en rouge sur la paroi droite de cette grotte artificielle une sorte de cataclysme, une conflagration ascendante de multitude de projectiles incandescents, et, dans le bas, des squelettes humains, des oiseaux, des quadrupèdes, des lignes, une flèche, etc. ? Est-ce une relation légendaire des phénomènes volcaniques de la région, écrite par des contemporains de cette époque ?

Il y aurait aussi à faire des études comparatives des divers yacatas, cuisillos, tertres ou pyramides du même État, couvertes ou non de terre végétale, selon leur ancienneté.

Linguistique. — M. P. Gonzalez (ibid.) donne plusieurs étymologies du nom de Guanajuato et des affinités d'autres noms américains :

Cuanaxhuato (en tarasco) = colline des grenouilles ;

Cuenchuato = collines nombreuses ;

Guana = racine appartenant à diverses langues sud-américaines et signifiant : lieu qui a rivière, ou bien : lac ou eau proche ;

Guana, radical se trouvant dans des noms de lieux, de l'île de Cuba, de Nicaragua, du Brésil, dans le nom des Guanahacabibes, tribu habitant des marais à Cuba;

Guanas, tribu du Matto Grosso (Brésil);

Guanartemi, habitants primitifs de la Grande Canaria.

Que faut-il conclure de ces affinités pour l'histoire du pays ?

Vestiges linguistiques des trois races. — D'après M. Ramon Valle (p. 473, Compte-rendu Congrès int. Amér., 1895), les noms des faubourgs de Guanajuato et le nom de cette ville même empruntent leur étymologie à trois langues, l'otomi, le tarasco et le nahuatl. Car Cuanaxuato signifie en tarasco = lieu des grenouilles ou lieu où chantent les grenouilles. En nahuatl, il signifie = où la rivière se divise en deux. Ce nom en otomi est Guanaxuetes ; mais on ignore sa signification. Serait-il d'origine huachichil ? Peut-être ; mais cette langue est perdue. Leur territoire s'étendait depuis Penjamo et le territoire des Huastatillos disparus, jusqu'aux limites des Zacatecas. Guanajuato était comprise dans cette nation aussi glorieuse qu'oubliée.

E. DE HIDALGO. *Tula, Tollan ou Tola.* — Il sera intéressant de connaître les résultats de l'exploration qu'on a commencée en décembre 1892 des ruines du vi° siècle de cette antique cité. — Que doit-on déduire de l'existence d'une autre localité du nom de Tola, à plusieurs centaines de kilomètres au sud, au Nicaragua, dans l'isthme de Rivas, sur l'ancien territoire d'une colonie nahuatl ? Quelle est l'origine, quel est le nom des constructeurs des temples et palais de la Tula mexicaine ?

E. DE VERA CRUZ. *Linguistique.* — La langue popoloca parlée à Oluta, Tesistepec, S. Juan et Volador est identifiée par Brinton au mixe. On n'en a qu'un petit vocabulaire ; on ignore son vrai nom indigène. M. E. Boban, signalait, en 1889, la nécessité d'explorer à fond les ruines d'Estanzuela, près d'Alvarado. Quelques vestiges seulement en sont connus qui figurent dans la belle collection archéologique de feu M. E.-E. Goupil, de Paris.

Races. — Le Dr Brinton (p. 140, *American race*, New York, 1890) ne peut définir l'exacte affinité des Totonacos dont la langue possède des mots maya et nahuatl, et encore d'autres d'origine inconnue. Il hésite à approuver la légende qui voudrait qu'ils fussent les constructeurs de Teotihuacan. Y aurait-il quelque rapport à établir entre le nom du territoire de Totonicapan qu'ils occupaient, et la ville du même nom dans les Altos de Guatemala ?

E. DE MICHOACAN. — Il serait utile de faire des études spéciales sur les affinités linguistiques de la langue des Tarascos et les dialectes divers parlés à Chapa, et au Nicaragua. Ces Tarasques peuvent-ils être considérés comme les ancêtres probables des Mangues ? Le beau travail de MM. Nicolas Leon et Raoul de la Grasserie publié sur la langue tarasca n'a pas encore élucidé cette question.

Races. — D'après F. del Paso y Troncoso (1892) les Tecos sont de filiation douteuse.

Quant aux Tarascos, leur affinité avec d'autres tribus indigènes n'a pas encore été assez étudiée.

Attendons le résultat de la longue exploration que l'éminent savant norvégien Carl Lumholtz a faite de la région des Huichocles, pour mieux connaître cette partie du Michoacan.

E. DE MEXICO. — On pourrait trouver un champ d'investigation remarquable : dans la localité las Cuevas, située au nord-est du lac de Zumpango, vallée de Mexico, dont le nom seul indique la présence de grottes ; la grotte de Tescaapan, du parti de Zacualtipan (dans la montagne de Tescaapan).

Traces de pieds humains sur roc à Amanalco. — Ces vestiges de pieds d'homme et d'enfant ont été découverts en novembre 1893 près et au nord d'Amanalco, district de Valle de Bravo, non loin du village del Rincon de Guadalupe, à 10 lieues à l'est de Toluca. Elles ont été trouvées dans une grande carrière de tuf andésitique, contenant aussi de grandes pierres arrondies et de toutes formes, et du sable. M. Antonio del Castillo, qui donne une description de la localité avec planches à l'appui (p. 394-395, compte-rendu Congrès international des Américanistes, Mexico, 1895) infère de la découverte de ces vestiges de pieds que la race humaine avait vécu avant la formation de cette énorme carrière. L'époque de formation en serait contemporaine de la grande activité volcanique de la région du Nevado de Toluca. Cette hypothèse mérite confirmation. Il y aurait en outre intérêt à faire des comparaisons géologiques de ces vestiges de pieds avec ceux trouvés sur un terrain similaire à Managua (Nicaragua) et à la cuesta del Gigante (Salvador).

Chontales. — On ne sait rien, sinon très peu de choses, sur les Indiens Chontales de cet État. Aux points de vue anthropologique et linguistique, on ne sait à quelle race les identifier. On ignore même le nom qu'ils se donnaient à eux-mêmes, le nom générique de Chontal leur ayant été donné par leurs ennemis nahua. Quelle comparaison peut-on établir entre les Indiens de ce nom habitant le Mexique et ceux du Nicaragua ? N'est-ce simplement qu'un nom générique s'appliquant à toutes tribus non nahuatl ?

Archéologie. Temascaltzinco (W. de Mexico). — *Pipe* (cachimba). On a trouvé en cette localité une pipe de terre cuite noire grossièrement polie. La cheminée ou cendrier est en forme de « tecomate », le tuyau en est droit, court et se prolonge en dessous et plus loin que la cheminée ; il forme ainsi une partie saillante ayant une certaine analogie avec le prolongement qu'on observe constamment dans les pipes des tertres de l'Ohio (voir Ann. Rep. Bureau of Ethnology, Smiths. Inst. 1883-1884, p. 53). On n'est pas sûr que l'origine de cette pipe soit matlatzinca, car on parle actuellement l'otomite dans cette région et le mazahua aux environs. Mais la finesse du travail empêche de croire que cette pièce ait été fabriquée par des nations aussi en retard que les deux citées plus haut. Au contraire, les peuples les plus civilisés les plus proches étant les Tarascos et les Matlatzincos, comme cet objet

n'est ni de genre ni de fabrication tarasque, on en a conclu par exclusion et
par hypothèse que c'était un produit de l'industrie matlatzinca (F. del Paso
y Troncoso, p. 52 du *Catalogo de la coleccion Plancarte*, Mexico, 1892).

DISTRITO FEDERAL. *L'homme quaternaire aux roches du Peñon de los Baños.*
— A la base de ces roches, situées très près et à l'est de Mexico, on a trouvé
incrustés un crâne et d'autres parties d'un squelette, attribués à l'homme
quaternaire. Quand cette masse calcaire à l'état liquide ou pâteux s'est-elle
détachée du niveau qu'occupent actuellement les lacs de la vallée ? il n'y en
a aucune tradition. M. Mariano Barcena, professeur honoraire de paléontologie au Musée national de Mexico, qui s'est occupé de cette question, dit
(p. 77 du compte-rendu Congrès international des Américanistes, Mexico,
1895) que les restes de l'industrie humaine calcinés par laves de l'Ajusco ont
été sans doute déposés à des époques que ne signale pas la tradition dans
ses indications les plus éloignées. Aussi doit-on les attribuer à des hommes
d'époque préhistorique.

Les restes fossiles quaternaires du Peñon ont des caractères ostéologiques
peu dissemblables de ceux de la race indigène pure du Mexique. D'où
venaient ces hommes? Ont-ils des myriades de siècles ?

Documents indigènes. — Le codex « Fernandez Leal », manuscrit en peinture purement historique, a été de la part de M. Antonio Peñafiel le sujet
d'une interprétation (p. 98 compte-rendu Congrès international des Américanistes, 1895) : ce serait l'histoire figurative des invasions nahuatlaca à
Oaxaca et Tehuantepec, à l'époque du roi Ahuitzotl. Mais l'auteur avouant
qu'il n'est pas sûr de son déchiffrement, il serait bon d'étudier ce document
à nouveau.

Quel est l'auteur du fameux manuscrit de 1576 reproduisant l'histoire de
la nation mexicaine partie en figures, partie en prose nahuatl écrite en caractères espagnols ? Nul ne le sait.

Dans le rapport du voyage fait par le savant Dr Santiago I. Barberena
d'ordre du Gouvernement de l'État du Salvador, et publié par le *Diario del
Salvador*, n° 173, figure une énumération des richesses archéologiques du
Musée de Mexico. Dans le second groupe, le Dr Barberena mentionne une
pierre mesurant 46×34 centimètres et sur laquelle est sculptée une figure
représentant, d'après les uns, le dieu de la pluie Tlaloc, d'après les autres
Nappatenctli, et enfin, suivant d'autres, Huixtocihuatl, la déesse du Soleil.

Autre incertitude à élucider : l'énorme monolithe de 2^m57 de haut qu'on
dit représenter Coatlicuc, d'après Gama, serait Teoyamiqui, la déesse des
morts, qui recueillait les âmes des guerriers sur les champs de bataille. Mais
Chavero identifie le personnage du monument avec la mère d'Huitzilopochtli :
selon lui, elle devait être placée dans l'atlauhlico du grand temple de Mexico.

La pierre de tizoc ou des sacrifices, du sixième groupe du musée, grand cylindre de 2ᵐ65 de diamètre sur 0.84 de hauteur, comprend la tête du soleil en relief et sur la surface latérale un grand nombre de figures en relief. Elles ont été diversement interprétées. Pour Gama, c'étaient des danseurs ; pour Humboldt, des conquérants ; pour Ramirez, un souvenir des cloches de Tizoc, septième roi de Mexico ; pour Orozco y Berra et Chavero, c'était un cuauhxicalli.

Dans le même groupe, la pierre d'Itzpapalatl, rappelle, d'après Troncoso, une grande calamité ; mais il ne peut préciser quel genre de calamité ce fut.

Il est regrettable qu'on ne puisse encore connaître la signification véritable de la teocuauhxicalli, grande pierre astronomique destinée au culte des divinités mexicaines, qui se trouve enfouie sous le pavage de la grande place de Mexico.

Ruines de Teotihuacan. — Ces superbes pyramides et temples situés à environ 10 kilomètres au nord-est de la ville de Mexico, intriguent fort les Américanistes. Le Dʳ Brinton hésite à attribuer leur construction aux Totonacos. M. Manuel Orozco y Berra ne peut se décider à l'attribuer aux Tolteca qui trouvèrent ces remarquables constructions déjà édifiées lors de leur apparition dans le pays. De l'aveu de M. Enrique de Olavarria y Ferrari (p. 545, compte-rendu Congrès Inter. Amér. 1895), personne ne sait encore actuellement le nom du peuple constructeur de ce fameux « endroit où s'adorent les Dieux ».

Tecuilauztli ou pintaderas. — Ces ornements en terre cuite aux dessins aussi délicats que variés, grecques, spirales, etc. servaient, selon les uns, de sceaux ou seings aux grands chefs de tribus. Suivant d'autres, ils servaient à tatouer les diverses parties du corps : on les trempait dans le suc de plantes et de substances minérales spéciales. On peut comparer les quatre très beaux spécimens de pintaderas de la collection E. E. Goupil trouvés dans la vallée de Mexico avec ceux de la collection Désiré Pector, trouvés dans la vallée de Medellin (Colombia) et œuvres des Chibcha. Que faut-il déduire de ce rapprochement ?

L'étymologie du nom Tzompanco (à rapprocher ce nom de la localité *Sumpango* de Guatemala), donne lieu à des doutes ; car ce nom signifie lieu où se conservent les crânes des victimes (d'après Garcia Cubas, *Geografia del Distrito federal*, p. 10).

Tzompanco (p. *Tzonpanco*), de *tzonlti*, = cheveu ou extrémité d'une chose, lac, terre, fin de l'homme ; *pan* = lieu de l'existence ; *co* = sur, à l'extrémité du lac, d'après Teod. Juarez, Cong. Int. Amér., 1895, p. 294).

E. DE MORELOS. *Ruines de Xochicalco.* — Nous déplorons avec M. Manuel Gama (p. 528 compte rendu Congrès int. des Américanistes, 1895), l'igno-

rance où se trouve la science du nom des créateurs des magnifiques monuments et de la forteresse de ce nom dont on voit les ruines aux environs de
Cuernavaca, au nord-est et à 1 heure 1/2 du village de Miacatlan, du district
de Tetecala. On ne sait même pas si ce fut une nécropole, un temple ou
un couvent!

Pyramide de la casa del Tepozteco. — Cette pyramide, découverte en 1895,
dans le village de Tepoztlan par l'architecte Francisco M. Rodriguez (voir
page 233 compte rendu Congrès Int. Américanistes, 1895), démontre la nécessité de faire dans ses alentours de nombreuses explorations et excavations.

E. DE GUERRERO. *Caverne de Cacahuamilpa.* — A quelle époque géologique remonte cette splendide grotte ? Qui l'a habitée ? Les objets trouvés dans
son sous-sol dénotent-ils la présence de l'homme quaternaire ? il serait bon
de faire des recherches dans ses parois et dans la partie de son sous-sol non
baignée par les eaux du rio Amacusac.

Que dire de la caverne immense, beaucoup plus profonde que celle de
Cacahuamilpa, que l'explorateur français L. P. Leroyal a découverte en 1894
à peu de distance de Cuernavaca ? Une exploration scientifique de cette superbe caverne est nécessaire.

Ruines d'une grande ville. — M. le marquis de Nadaillac dans « le *Nouveau
Monde* » du 21 août 1897 a publié un très intéressant article sur ces ruines,
découvertes et explorées à fin 1896 par le minéralogiste W. Niven. Loin de
toutes routes et habitations indigènes, à 40 milles au nord-ouest de Chilpan-
cingo, ces ruines immenses étaient ensevelies sous les sables du désert et la
végétation tropicale. 22 temples ont déjà été explorés. Leurs arabesques
démontrent des analogies avec des constructions d'Uxmal, de Labna, Ka-
bah et Chichen-Itza, mais on n'y a rencontré aucuns hiéroglyphes. Les diverses parties des mines ont reçu des noms : à Cerro Porterio et Calchia-
tepet, on admire de nombreuses colonnes et des objets en nacre, jade et écaille;
à Organos, Texas, Xochocotzin, Texcal se trouvent de grands souterrains,
dont le contenu a pris le chemin du Musée National de New-York. Nous
attendons avec anxiété l'étude scientifique de ces débris et l'exploration
méthodique des nombreuses autres ruines de cette grande cité. M. Niven refuse
aux Maya et aux Nahua la fondation de cette ville. Quelle race en serait la
créatrice ? Est-ce bien, comme l'explorateur le croit, l'ancienne Quechmicto-
plican, de fondation relativement récente?

Linguistique. — Le prof. Brinton rattache vaguement la langue des Chontales de cet Etat à celle de ceux de l'Etat d'Oaxaca. Il la classe comme
famille linguistique indépendante sans affinités connues.

Étymologies du nom d'Acapulco. — En vue de l'incertitude dans laquelle on se trouve à cet égard, nous donnerons les différentes versions nahua de ce nom :

Acatl = roseau ; *poloa* = faire boire ; *co* = lieu de, d'après Eufemio Mendoza (*Catal. Palabras Mex.* p. 14) ; Macias (*Raices griegas*, p. 43) ;

Acatl = roseau ; *maitl* = 2 mains, d'après Antonio Peñafiel (*Nombres Geograficos de Mexico*) ;

Acatl, = roseau ; *ipoloa* = se perdre, ou détruire autrui par la guerre ; *co* = lieu de, lieu conquis ou détruit, d'après Orozco y Berra ;

Acatl = roseau ; *polal* = enmarañar, *co* = dans, sur, carrizal enmarañado ;

Acatl = roseau ; *pul* = désinence augmentative ; *co* = dans, sur, sobre el carrizazo, en el carrizal grande, d'après Teodoro Juarez (p. 204, compte-rendu Congr. Int. Améric. Mexico, 1895).

Ometepec. — Quelle relation établir entre ce nom de ville et celui de l'île du même nom du lac de Nicaragua ?

E. DE PUEBLA. *Huejotzingo.* — Quelles déductions faire de la découverte en cette localité, en 1888, par M. Chs. Baur de molaires et ossements fossiles d'elephas et autres animaux de même époque ?

Linguistique. — Le professeur Brinton croit devoir identifier la langue popoloca avec la langue mixe. On la parlait dans la vieille province de Tepeaca, dont la capitale était Tecamachcalco. On n'a presque aucun document sur cette langue, dont le nom indigène propre est inconnu. L'unique ouvrage sur ce dialecte, « *Arte y Metodo* » fait en 1651 par Francisco de Toral est perdu. Nous attendons avec anxiété l'ouvrage du D\ Maycot relatant le déchiffrement qu'il croit avoir fait à fin 1897 des signes hiéroglyphiques marqués sur des crânes et ossements humains de l'Etat de Puebla. Ce déchiffrement pourrait être une clé pour l'histoire précolombienne de cet Etat.

E. D'OAXACA. *Grottes.* — Une fouille scientifique de la grotte de Guiengola serait intéressante.

Dans la sierra d'Oaxaca (district de Tuxtepec), à quelques pas de la place du village d'Usila, au pied du cerro Guacamaya, se trouvent des grottes à deux étages, où jaillissent des sources : elles servent de bains aux indigènes Chinanteca. Il serait curieux d'en sonder le fond au moyen de procédés scientifiques.

Il y aurait intérêt à rechercher l'origine anthropologique des squelettes humains (?) de grandes dimensions trouvés en mars 1898 par M. Chartreau dans des grottes de la montagne de Xoxocotlan. La statue superbe de guerrier qui a été trouvée en ce lieu peut-elle être attribuée aux Zapoteca ou à d'autres tribus ?

Anthropologie. — Dans les fouilles faites à San Agustin Atenanco, vil-

lage de la municipalité de Tezoatlan, district de Silacayoapan, le Dr Francisco Martinez Baca a trouvé (p. 237, compte-rendu Congrès inter. des
Américanistes, 1895), des crânes avec dents incisées et limées artificiellement
appartenant d'après lui à des races Zapoteca. Ces déformations artificielles
des dents font supposer à l'auteur que les crânes appartiennent à une époque
antérieure au xv° siècle et à une race anthropophage. Ces affirmations méritent d'être confirmées, à notre avis.

Linguistique. — Les Indiens Chontales de cet État, dont le centre est au
village de Tequistlatan, ne connaissent pas leur nom primitif indigène. Le
professeur Brinton trouve à leur langue une légère affinité avec la langue
yuma. Il n'en existe que 23 mots connus. L'ouvrage « *Doctrina, Sermones,
y Ejercicios Spirituales* » sur cette langue, publié vers la fin du xvie siècle
par le père Diego Carranza, a disparu.

On ignore l'origine de la langue parlée par les Indiens Zoqué (gens de la
vase), résidant au nord-est du centre de l'isthme de Tehuantepec.

La langue mazatecatl, de Teutitlan près Oajaca, a, d'après Brinton, des
affinités avec le Chapanèque, le Mangue et l'Orotiñane (ces deux dernières
du Nicaragua) d'une part ; et de l'autre avec le groupe costa rican (Talamanca,
Boruca, Bribri, Vizcita). Les Drs M. Uhle, A. Ernst, et autres ont tâché
de prouver que ces langues du Costa Rica ne diffèrent pas énormément du
groupe Chibcha de Colombia, l'unique de l'Amérique du Sud, dont la présence ait été démontrée dans l'Amérique centrale. Les vocabulaires compa-
rés de ces trois groupes de langues paraîtraient assez concluants, si l'on pouvait établir plus de points de comparaison.

D'autre part, on sait qu'une bande d'environ 400 Mangues occupait encore
en 1563 une ville au milieu des tribus du Costa Rica, dans la vallée de
Guaymi, en face le Golfo Dulce. Sans doute ils absorbèrent plus ou moins de
la langue de leurs conquérants Guaymi, et quelques analogies linguistiques
citées par Brinton entre les vocabulaires mazatecatl et guaymi (de Pinart)
paraissent assez vraisemblables. Il faudra étudier plus étroitement cette
question.

Documents indigènes. — Nous partageons l'opinion de M. Ant. Peñafiel
qui (p. 98, Congrès I. des Américanistes 1895) réclame la publication du lienzo
de Zacatepec, du district de Jamiltepec. Car ce document contient une grande
nomenclature de lieux, de dates chronologiques et de personnages, en
écriture mixteca historique. Cette publication serait très utile à l'Américanisme.

Y a-t-il une relation à établir entre le nom de localités de Pochutla, de
l'État d'Oajaca et du Guatemala ?

Monuments architectoniques de Mitla. — Le D^r Ed. Seler, dans son
remarquable ouvrage « *Wandmalereien von Mitla* » où il reproduit les pein-

tures mythologiques et chronologiques de ces monuments à décoration rouge, avec dessins noirs et blancs, soutient que la fondation de ces constructions est due aux Zapoteca. Il soutient la même théorie au Congrès Int. des Américanistes de Mexico de 1895. Mais M. Leopoldo Batres (pp. 88, 273/4 du compte rendu du même Congrès), et M. le Dr Francisco Martinez Baca (p. 242, ibid.) attribuent cette création à la civilisation tolteca. A l'appui de leurs théories, ils disent qu'on ne voit à Mitla que la ligne droite et la grecque, lignes caractéristiques des Tolteca ou de ces habiles artisans nahua qu'on peut désigner d'un autre nom ; tandis que la ligne courbe caractéristique des Zapoteca ne s'y voit pas.

Cette question paraît d'autant plus difficile à élucider qu'il s'agit de théories émanant de très éminents Américanistes.

La linguistique ne peut guère nous aider à tirer du nom de ces ruines l'origine de leurs fondateurs. Car en nahuatl on les appelle Mitla ou Mictlan, qui veut dire enfer ou lieu de flèches. En zapoteca elles ont le nom de Liobao c'est-à-dire lieu de repos ou centre de repos et de tranquillité.

Il serait intéressant de trouver le nom et l'origine des constructeurs des ruines des superbes monuments du cerro de Quienzola du district de Tehuantepec, décrites par l'ingénieur Aureliano Estrada dans les Mémoires de la *Sociedad científica Antonio Alzate* de Mexico en 1892.

E. DE TABASCO. — Il serait nécessaire de faire des déductions scientifiques sérieuses des rares explorations faites :

des 16 kilomètres de ruines se trouvant près du village de Comalcalco, au milieu des forêts marécageuses où serpente le rio Seco ;

des pyramides ou cuyos, et débris de cuisine de l'île de Bellote près de S. Juan Bautista, cités par Charnay comme occupant un espace de plusieurs centaines de mètres carrés sur une épaisseur de 4 mètres au-dessus de la ligne des eaux.

Quel est le nom véritable des Indiens Chontales du bassin du rio Grijalva ? on l'ignore. Le prof. Brinton classe leur langue dans la branche acalane du groupe tzendal. Il n'en existe qu'un petit vocabulaire, peu suffisant pour faire connaître le génie de cette langue.

E. DE CHIAPAS. — De Chiapas (ancienne Chapa) partirent les ancêtres des Mangues du Nicaragua, selon toute vraisemblance, d'après les quelques documents linguistiques recueillis, et des affinités onomatologiques. Mais il y a une certaine controverse à ce propos. Il serait nécessaire de recueillir des données anthropologiques, ethnographiques et archéologiques corroborant les documents linguistiques favorables. Peut-on remarquer des affinités linguistiques ou autres entre les débris actuels (s'il en reste de purs) de la race Chapanèque avec ceux de la race Tarasque ? Quelques auteurs sont pour l'affirmative. Il faudrait des données sérieuses à l'appui.

Entre Comitan, Palenke et la frontière du Guatémala, existent des territoires à peine explorés.

Les sources du rio Usumasinta (Utzumatzinta) ont été peu explorées. Les deux rives seules du fleuve sont à peu près connues : car il est l'unique moyen de communication de ces parages. Mais, à part quelques kilomètres de chaque rive, des données vagues existent sur cette région.

Le nom indigène de la localité de Palenque (Palenke) où se trouvent tant de superbes ruines est ignoré. Était-ce Nachan ou Colhuacan (ville des serpents) ? Qui a bâti ces monuments ? N'était-ce qu'un monastère seulement ou une nécropole ? Sa date de construction n'est-elle que du xv° siècle, ou lui est-elle de beaucoup antérieure ? Ces questions ont soulevé de nombreuses et savantes discussions — mais sans solution véritable jusqu'à ce jour, à mon humble avis. M. Brinton avoue qu'il ne peut identifier les constructeurs de Palenke avec aucune race indienne actuelle.

Des buttes funéraires rappelant les mounds ou tertres du Mississipi, s'élèvent sur les monts et les collines de toute la contrée qui sépare Ococingo et Palenke. Au dire des habitants du pays, il y aurait encore des édifices magnifiques dans les montagnes de Tumbala, entre les deux bourgs, et, plus au sud, vers San Cristobal et Comitan.

Linguistique. — Pour le comte de Charencey, les langues Mam, du Soconuzco et Chapanecatl, de l'État actuel de Chiapas, sont sans doute des langues disparues. Orozco y Berra, dans son *Atlas ethnographique* signale aussi différents dialectes du Mexique dont on ne garde plus traces. Dans le compte-rendu du Congrès des catholiques de Paris, il y a un mémoire sur l'ancien idiome chichimecatl. Cette langue paraît avoir radicalement différé du mexicain propre et aucun vestige n'en est parvenu jusqu'à nous.

Croix de Palenke. — Quelle est la signification des signes représentés par cet emblème ? — Pour M. Leopoldo Batres, de Mexico (p. 271, compte-rendu, session mexicaine 1895 du Congrès international des Américanistes), ce doit être l'arbre sous lequel se reposa Buddha avant d'aller prêcher. Pour M. Ed. Seler, de Berlin (même congrès), cette croix serait un symbole du ciel. L'état actuel de cette question nous paraît très clairement défini (p. 329 du même compte-rendu) par M. Conrado Perez Aranda, d'Alamos, de la façon suivante : « Peu de monuments en Amérique auront été étudiés « comme ceux de Palenque, État de Chiapas, et parmi eux, celui qui l'a été « le plus a été la célèbre Croix du même nom. On a étudié la croix directe- « ment sur l'original, et indirectement sur des estampages, et, malgré ces « études, il n'y a pas uniformité d'opinions sur sa classification d'origine ; « on ignore d'où vient le peuple qui l'a sculptée, et on ne sait ce que signifie

« la croix. Les uns, comme Leopoldo Batres, la trouvent bouddhique, et
« sculptée par un peuple qui est venu au Nouveau Monde par le nord-est
« de l'Asie ; d'autres, une croix persane, hébraïque ou romaine, comme
« emblème du supplice ; — quelques-uns, comme Larrainzar, la croient
« d'origine égyptienne, ressuscitant l'Atlantide de Platon, pour localiser à
« Mexico le peuple inconnu constructeur de Palenque. Pour Lenoir, la croix
« Palenquéenne est un signe astronomique représentant les équinoxes du
« printemps et de l'automne, — et pour Waldeck les quatre vents ; pour
« Charencey, la croix est mythologique, signifiant l'apothéose de Votan ; et
« enfin, pour M. Orozco y Berra, un symbole sacré. Cet archéologue
« confesse dans son *Historia Antigua de la Conquista de Mexico* (1re part.,
« liv. I, chap. v) que les auteurs « entrent dans le plus grand désaccord en
« tâchant de fixer la signification et l'origine de l'emblème. » En résumé,
la croix de Palenque reste muette comme le sphinx.

YUCATAN. *Parties encore à explorer.* — Entre Santa Cruz et la ligne la
plus avancée du territoire mexicain, se trouve une région où ne peut plus
se maintenir l'administration mexicaine, qui a dû même abandonner
Tihosuco. L'État du Yucatan ne compte vraiment plus que sur la petite
région qui s'étend jusqu'à 30 lieues de la côte septentrionale et occidentale
de la péninsule. Plus loin de ce territoire, tout est incertain. Néanmoins on
pourra sans doute bientôt pénétrer sur le territoire des Indiens insoumis de
Chan-Santa-Cruz : car nous apprenons (janv. 1899) qu'un corps expédition-
naire mexicain d'une certaine importance se prépare à réduire lesdits Indiens
dans leurs derniers retranchements.

L'intéressante île de Cozumel est à peine connue, ainsi qu'une partie
de la région comprise entre Mérida et le Peten.

Cenotes. — Ce sont de grands puits ou cavernes souterraines pleines
d'eau qui couvrent le Yucatan. Ils font croire à l'existence de fleuves souterrains alimentant ces cenotes : il faudrait le prouver. Parmi ces réservoirs
d'eau, il faut noter ceux de Valladolid, de Bolonchen ou des Neuf-Fonts
(N. de Campeche), celui visité par John L. Stephens, aux environs de
l'hacienda de Mucuyche, située entre Mérida et Uxmal. Ce cenote est ter-
miné par une vaste et superbe grotte.

Ces cenotes, cette grotte et celles de Calcetoc et Lontum Bath, méritent
d'être fouillés scientifiquement. Ces fouilles pourront sans doute fournir des
vestiges sur les habitants primitifs du pays. On devrait pour ces explorations
suivre la méthode employée par M. Henry C. Mercer (*The Hill Caves of
Yucatan. Philadelphia*).

Histoire des migrations des Maya. — Les Maya, d'après leurs propres
traditions, seraient venus au Yucatan de l'ouest et de l'est, du continent et

de la mer. Leur point initial semblerait être le nord-ouest de l'Amérique du Nord. Les Baloué-Bonon auraient longé les rives du Mississipi et celles du golfe du Mexique et laissé entre Tampico et Vera Cruz la tribu huastèque, qui garde encore des affinités linguistiques avec le Maya. L'autre branche Maya serait venue par mer, et aurait pris apparemment son origine dans les régions de la Florida : cette tribu put s'embarquer, d'une part sur la côte nord-est de la Florida pour aboutir aux îles Bahamas ; de l'autre, selon toute vraisemblance, ils durent s'embarquer à la pointe sud-ouest de la Florida (au cap Sable ou Pointe Tancha) pour aborder à l'île de Cuba. Ces deux branches, celle des Bahamas et celle de Cuba, durent se rejoindre et aborder successivement au Yucatan en canots. Ces hypothèses vraisemblables peuvent être appuyées, pour ce qui est de la branche maritime maya, sur la connaissance qu'ils avaient de l'art nautique, sur leur habileté à construire de grandes barques pontées, sur les relations commerciales qu'ils entretenaient avec leurs voisins des Antilles, et, enfin, sur les divers mots usuels communs au maya et à différentes langues des Antilles. Ces hypothèses vraisemblables ont besoin néanmoins de bases plus solides et palpables, si possible. — Il y aurait lieu de faire des fouilles méthodiques des tertres de l'Utzumatzinta et des terramares de la péninsule yucatèque, et de comparer leur contenu avec celui des fameux « mounds » du Mississipi, avec lesquels, paraît-il, ils ont de nombreux points d'affinité.

Les Maya, en vue de leurs relations fréquentes commerciales avec les Caraïbes des Antilles et surtout de Cuba, ne seraient-ils que des Caraïbes, comme le prétend Agassiz, ou bien des Caraïbes civilisés par les Tolteca, comme l'avance Désiré Charnay ? C'est à voir.

Enfin, une autre théorie, celle de M. Conrado Perez Aranda (p. 356, Cong. int. des Américanistes, 1895) veut que les premières immigrations au Mexique des peuples de filiation maya vinssent par le sud-ouest, par Chiapas, provenant d'Asie par la voie maritime, c'est-à-dire par le courant septentrional du Pacifique.

Quelle est la véritable théorie de toutes les précédentes ?

Yucatan, berceau hypothétique de la plus ancienne civilisation. — Le D^r américain Augustus Le Plongeon ayant déduit d'anciens documents k'kitché (du Guatémala) que l'éden biblique aurait été situé au Yucatan, que l'Amérique centrale, partie touchant au Yucatan fut le berceau de la plus ancienne civilisation du monde, que l'alphabet grec ne serait que l'histoire de la destruction de l'Atlantide, qu'Adam aurait été le Yucatèque King Kan, Caïn, Aac et Abel, Coh, etc., il nous paraît de toute utilité pour les nouveaux adeptes de l'américanisme que ces légendes soient complètement détruites par des arguments sérieux.

Archéologie. — Le Yucatan est couvert de ruines remarquables, de temples, palais, forteresses, etc., parmi lesquelles on peut citer Uxmal, Chichen-itza, Izamal, Aké, Mayapan. Le plus grand nombre des explorateurs et savants leur attribuent une très haute antiquité qu'on ne peut apprécier. D'autres au contraire leur donnent une date de fondation intercolombienne et même postcolombienne. Ces questions ont besoin encore d'être résolues. Savoir qui en furent les constructeurs serait résoudre en partie ces problèmes.

Que conclure de la découverte récente faite par M. Bolio, aux ruines de Chichen-Itza, de sept belles statues, dont une d'apparence chinoise?

A propos d'Uxmal, ou couvent « de las Monjas » M. Leopoldo Batres (p. 272, compte-rendu du Cong. int. Américanistes, 1895) attribue sa fondation aux Zapoteca et Ed. Seler aux Maya. Qui des deux a raison?

Il faudrait que des Américanistes patients s'attachent chacun à une ruine spéciale, et l'étudient à fond. Le résultat de ces travaux isolés et leur groupement donnerait le but désiré. Mais il faudrait beaucoup de ces savants; car, d'après H. H. Bancroft « on connaît déjà plus de 60 groupes de ruines con- « sidérables au Yucatan. Combien d'autres en existe-t-il encore dans le « pays des Maya indépendants! A peine le Yucatan a-t-il une ville, un « bourg, une demeure isolée qui n'offre dans ses constructions des restes de « pierres sculptées. » Et Bancroft ne cite pas les ruines à cheval sur la fron- tière peu connue du Yucatan et du Guatémala.

Il reste en outre à explorer : la partie du littoral de Tulum, celle de la baie de Chetumal où se trouvent des temples (?) de dimensions lilliputiennes, domaine des Indiens libres de Santa Cruz qui n'y laissent pénétrer aucun blanc; enfin tout le territoire compris entre Mérida et Belize.

De même il y a encore de nos jours des chroniques légendaires curieuses, en langue maya, connues sous les noms de livres de Chilan Balam de Nabula, Chumayel, Kaua, Mani, Oxkutzcab, d'Ixil, de Tihosuco, de Tixcocob, etc.

Le passage suivant du *Bul. Soc. Géog. Paris*, 1er trim. 1890, p. 36, relatif à l'exploration esquissée de Belize à Santa Cruz par M. W. Miller, attaché aux levés du Honduras Britannique en 1889, donnera une idée des difficultés actuelles pour visiter le Yucatan oriental : « Dans le village de « Tulum, où il ne réussit pas à se faire conduire, se trouve une croix célèbre où, « dit-on, Dieu lui-même adresse la parole aux hommes. Là fut massacré un « ecclésiastique du Yucatan qui s'était risqué à venir évangéliser les populations « de la côte. Les Indiens n'aiment pas à être interrogés, et c'est à grand peine « que M. W. Miller obtint d'eux quelques renseignements sur la contrée. »

Pas un de ces documents n'a été publié, ni même entièrement traduit en une langue européenne. Ce sont des mines très riches à exploiter dans l'ave- nir par les archéologues et linguistes. On ignore généralement les noms des auteurs de ces chroniques.

Une question capitale pour l'archéologie yucatèque et surtout pour l'interprétation des signes des documents historiques ou mieux préhistoriques n'a pas encore été toisée : il s'agit de savoir à partir de quel âge ou de quelle époque les Maya comptaient le grand cycle (Ahau Katun). Embrassait-il 20 ou 24 ans? On l'ignore. Les autorités espagnoles, s'appuyant sur 4 ou 5 livres de Chilan Balam, inclinent pour 20 ans. Pio Perez, au contraire, est d'avis que ce cycle était de 24 ans, en se basant sur les Chilan Balam de Mani, Kaua, et Oxkutzcab.

Le professeur Fœrstemann, dans son ouvrage sur le Codex Dresdensis, ne cherche pas à déchiffrer le sens des nombreuses petites figures attachées au signe principal et sans doute d'ordre phonétique : il laisse ce soin aux savants de l'avenir. D'après lui, l'écriture maya, idéographique en principe, emploie probablement un nombre de signes phonétiques fixes pour compléter les hiéroglyphes idéographiques. Les conclusions du professeur Cyrus Thomas (*the Science*, New York, oct. 1892) dans son article « *Is the maya hieroglyphic writing phonetic?* » sont peu satisfaisantes. Dans le n° 505, p. 197-201 du même journal, il déplore le manque d'indications relatives aux éléments mineurs phonétiques des hiéroglyphes maya.

Le Dr Brinton trouve que, si l'interprétation des anciennes chroniques sur pierre et sur papier n'a pas fait de progrès depuis 1850, cet insuccès est dû :

1° à l'ignorance de la plupart des étudiants de la langue maya permettant de comprendre la portée des rébus composant ces inscriptions ;

2° au manque de définition exacte des principes d'interprétation de l'écriture ikonomatique. Ces principes sont extrêmement difficiles, ambigus et obscurs et peuvent décourager quiconque n'est pas doué spécialement pour la solution des énigmes. D'abord chaque identification est aussi embarrassante que l'effort pour déchiffrer un rébus artificiel. Pour corroborer cette difficulté du déchiffrement de l'écriture maya, M. Conrado Perez Aranda (p. 330, *Congrès intern. Amér.*, 1895), fait cette juste et pénible remarque pour les Américanistes, que les alphabets actuels de la langue maya parlée de nos jours ne concordent aucunement avec les signes des monuments maya anciens. Mais on ne doit pourtant pas se désespérer quand on voit des savants patients tels que M. Hilborne T. Cresson, après avoir cité les quelques progrès minuscules obtenus dans ce déchiffrement ces dernières années (p. 326, *Science* du 16 juin 1893) conclure ainsi : « L'écrivain est prêt à modifier l'une « quelconque des assertions qu'il a déjà faites, si l'on peut lui prouver qu'elles « sont fausses. Ou alors il trouvera dans le progrès de ses recherches qu'une « nouvelle évidence obtenue prouve l'erreur des premières suggestions. Ce n'est « qu'ainsi qu'on peut diminuer le champ des erreurs et élargir celui de la vérité. »

Linguistique. — Y a-t-il lieu de faire un rapprochement entre le nom de Mani, ville détruite au Yucatan, avec le même mot de la langue misskito, du Nicaragua, qui signifie année, saison, hiver?

Nom précolombien de la péninsule de langue maya. — On ignore encore le nom donné à cette presqu'île par la population autochtone précolombienne. Etait-ce Zipatan ? Chacnovitan ou Chacnohuitan ? Onohualco ? Ulumil cch (prononcez kej) ? Ulumil Cutz ? Mayapan, qui signifiait drapeau des Maya (*Historia de Yucatan* par Fray Diego Lopez de Cogolludo, tom. 1, liv. II, chap. i) ? Mayab, d'après Pio Perez (*Diccionario de la lengua Maya*), Mayax, d'après le Dr. Aug. Le Plongeon = terre première ou primitive ? Maya, d'après l'évêque Carrillo y Ancona *(Estudio Filologico*, Mérida, 1890, part. II, p. 33) ? Yucalpeten, d'après le même auteur (ibid., p. 37) ? Yucatan, d'après Bernal Diaz del Castillo *(Historia Verdadera de la Conquista de la Nueva España*, Madrid, 1632, chap. vii), d'après Antonio Velazquez de Bazan *(Doc^{tos} ineditos de los Archivos de India,* tom. XXII, p. 38), d'après Cristobal de Tapia (ibid., tome 26, p. 38) ? Quel était le vrai nom de la péninsule ? Peut-être pourrait-on rechercher des raisons historiques et linguistiques pour prouver que toutes les dénominations que nous venons de citer avaient une raison d'être, suivant l'époque où elles ont été données et les diverses races qui occupèrent successivement le pays.

Le savant ami des Maya, M. Ed. Seler, avoue son ignorance dans la question (p. 450 *Cong. Int. Amér.* 1895).

Paléographie maya. — On n'a encore pu déchiffrer les hiéroglyphes attribués aux Maya, qu'ils soient apposés sur la pierre ou le maguey, que ce soient des caractères calculiformes gravés sur les monuments, ou peints sur les quelques codices ayant échappé à la destruction des conquérants. Ces écritures ont fait pourtant l'objet des savantes et patientes recherches de nombreux américanistes, tels que Léon de Rosny, J. de Dios de la Rada y Delgado, Cyrus Thomas, D. G. Brinton, Georges Raynaud, professeur Fœrstemann, Eduard Seler, E.T. Hamy, H. Cresson, etc... Mais aucun de ces savants, jusqu'à présent, n'a pu arriver à déchiffrer ces caractères d'une façon satisfaisante.

Pour ce qui est des détails suivants sur l'écriture et la paléographie maya, nous nous référons en grande partie à l'ouvrage lumineux « *Essay of an americanist* » du célèbre professeur Brinton, pages 257 et suivantes :

On connaît beaucoup moins la civilisation yucatèque que celle de Mexico, faute de manuscrits maya. On connaît donc beaucoup moins bien le système d'écriture maya que le nahuatl.

On ignore comment et quand vint en Europe le fameux *Codex Dresdensis ;* on ne sait qui le vendit à Wien en 1739. L'origine du *Codex Peresianus* ou *Codex Mexicanus* n° 2 de la Bibliothèque Nationale de Paris est aussi inconnue.

Il existe encore quelques manuscrits maya importants dans des bibliothèques particulières. Tant qu'ils ne seront pas publiés, ces manuscrits n'auront aucune valeur. Il est à souhaiter que leurs détenteurs actuels se décident au plus tôt à les publier.

Langue maya. — « Nous ne pourrons jamais apprendre les ressources de la
« langue maya, dit le professeur Brinton (p. 337, *The present status of ame-*
« *rican linguistics* Cong. int. Arch. Chicago), tant que ne sera pas imprimé
« le dictionnaire écrit au couvent de Motul au milieu du XVIᵉ siècle et dont il
« existe deux manuscrits, dont l'un en mon pouvoir. »

Étymologie du mot Yucatan. — M. Félix Ramos Duarte soutient (p. 443
Cong. Int. Amer. 1895), que ce nom vient de :

Yu, perle ; c, signe du pluriel avec additionnement ; tan, vers l'orient ou
oriental, c'est-à-dire notre perle orientale. L'auteur essaie de démontrer
l'inanité des autres étymologies suivantes :

Yucalpeten, collier de cou de l'île (d'après l'évêque Carrillo y Ancona,
ouv. cité, p. 37).

Matan cubi athan ma t natic a atan matan canyi athan = nous ne compre-
nons pas votre langue ou vos paroles (d'après F. D. L. de Cogolludo, *Hist.
Yucatan*, tom. 1, liv. II, chap. i).

Jolo quin atan = plus loin je vous dis, allez-vous-en (ibid.).

U yu c atan = ce sont les colliers de nos femmes (d'après Padre Zuñiga
cité par Carrillo y Ancona).

Yuca = cassave (en espagnol), itlatli (pour tlalli) = terre (en nahuatl) (d'après
Bernal Diaz del Castillo).

Nous ne voyons pas pourquoi une des dernières étymologies citées ne vaudrait pas celle de M. Ramos Duarte, malgré l'excellence de son étymologie.

CONSIDÉRATIONS GÉNÉRALES SUR LE TERRITOIRE MEXICAIN PRÉCOLOMBIEN.

Origines préhistoriques des races mexicaines. — On ne sait si c'est au VIᵉ
siècle ou avant que les Nahua apparurent près d'Acolhuacan ou Tezcoco.
Leur point de départ supposé aurait été Huehue Tlapallan, ville ou contrée
qu'on n'a encore pu localiser. On donne à ces peuples, pour ancêtres, et cela
sans preuves à l'appui, ces fameux constructeurs de tertres (Moundbuilders),
dont on ne connaît même pas le nom. Car celui-ci, qu'on leur a donné pro-
visoirement, faute de mieux, est fort vague.

Ces constructeurs de tertres eux-mêmes venaient-ils du nord-ouest et de l'A-
sie par le détroit de Bering, comme le prétend la généralité des Américanistes,
ou de la côte orientale de l'Amérique du Nord, comme le soutiennent quelques
savants nord-américains, parmi lesquels le professeur Brinton ? Peut-on
croire à l'existence d'une expédition chinoise maritime, qui au VIIᵉ siècle, aurait découvert le Mexique actuel ou la California ? Cette expédition paraît
problématique, quoique l'hypothèse de son existence soit soutenue par quelques savants. Les recherches de certains lettrés modernes chinois, tels que
l'amiral Tchéou-Meou-Tchi, ancien gouverneur de l'île Formose, pourront

sans doute élucider ces questions concernant les relations préhistoriques de l'Asie et de l'Amérique.

La question des Toltèques (Tolteca) a passionné vivement les Américanistes ces dernières années. M. D. Charnay et autres savants mexicanistes sont d'avis que c'était une race à part qui a répandu la civilisation dans tout le Mexique méridional et une partie de l'Amérique centrale. D'autres auteurs, tels que MM. Brinton et Stoll, qui paraissent être dans le droit chemin, prétendent au contraire que les Toltèques et leur empire fabuleux doivent être considérés comme un mythe. Ce ne durent être qu'une branche des Nahua, les ancêtres de ces Mexica qui bâtirent Tenochtitlan en 1325. Ils auraient habité Tollan. Ce devaient être des commerçants étendant au loin leurs relations : et en même temps des artisans habiles inculquant aux peuplades qu'ils visitaient leurs goûts et occupations artistiques. De quelle façon cette influence pacifique se serait-elle fait jour? Est-ce à la suite des armées victorieuses de leur nation nahuatl? On l'ignore. Quels ont été les résultats de cette influence? Jusqu'où s'est-elle fait sentir? Ce sont autant de problèmes.

Qu'est-ce que la tribu votanide des Vixtoti? on ne sait si ce mot vient de la langue maya ou du nahuatl. Pour les uns, il vient de la première de ces langues et signifie « montagneux », parce que cette tribu arriva au plateau central par les chaînes de montagnes de la Huaxteca. Pour les autres, ce mot vient d'un mot nahuatl altéré signifiant soit « oiseaux » soit « gens du sud ».

Peut-on adopter comme prouvée la théorie de M. Conrado Perez Aranda (p. 356, *Congrès Inter. Améric.*, 1895) consistant dans l'affirmation que toutes les tribus précolombiennes qui peuplèrent le Mexique le firent dans l'ordre chronologique suivant : les Otomi, les Maya, les Chichimeca, les Nahua et les tribus barbares du Nord (Apaches) ?

A propos des Otomi, le même auteur (p. 345/6) leur donne une origine asiatique, se basant 1° sur l'assertion du Père Najera (Fray Manuel de San Juan Crisostomo) dans son ouvrage intitulé : « *De idiomate Othomithorum* » que cette langue et la chinoise ont de grands points de similitude ; 2° sur l'existence de communications ayant pu exister entre la Chine et le Mexique, d'un côté par la voie maritime des courants de l'océan Pacifique sur la California, et de l'autre par le détroit de Bering et la voie terrestre. Les races nahuatl et otomi manquent de dents canines et ont à la place une molaire. Le général Vicente Riva Palacio et le Dr Sanchez n'ont pas, à mon avis, donné la raison de cette singularité. On ignore aussi la cause du vice de conformation du pelvis de la femme mexicaine. Doit-on attribuer ces cas au croisement des races mexicaines ou à toute autre cause? Quelles déductions faut-il tirer de la curieuse déformation en arrière et en haut du crâne commune aux habitants précolombiens du Mexique Central, d'une part, et à ceux des régions bolivienne de Tiahuanaco et argentine du Rio Negro?

Traditions religieuses. — Le dieu Quetzalcoatl des Nahua et le Cukulcan des Maya étaient l'objet d'une grande vénération de la part des peuplades mexicaines. Il s'agirait de déterminer exactement les ruines de temples et édifices divers du Mexique (nord et sud) qui portent des traces de la représentation sur pierre ou autre matière de cette fameuse divinité. On pourrait ainsi retracer l'origine de cette légende. Palenke est-il un témoignage évident de son existence? Ce dieu n'était-il qu'un blanc, qu'un Européen, un moine (papa) gaël, comme le prétend M. E. Beauvois et autres savants? Ce réformateur serait-il venu par conséquent du nord-est de l'Amérique?

Croix. — On n'a jusqu'ici qu'une preuve peu suffisante de l'existence d'une croix sur diverses ruines mexicaines. Car ce signe a été identifié par quelques savants avec le fameux signe swastika qu'on retrouve dans l'Inde, en Chine, et qu'on croit retrouver à Palenke et à Copan (Honduras).

Faut-il voir dans les signes gravés, peints ou sculptés sur monuments et pierres du Mexique précolombien, des vestiges de l'histoire primitive de la religion au Mexique? Le disque solaire en pierre de Mexico (Voir A. Peñafiel, *Monumentos antiguos de Mexico*, vol. 1, pl. 38), indique-t-il, comme le croit l'éminent sculpteur Emile Soldi (*la Langue sacrée*, Paris, 1897), le mouvement de l'astre et de ses rayons, comme celui représenté dans le frontal de la coiffe des femmes de Pont-Labbé (Bretagne)?

Premiers hommes. — Peut-on identifier avec Adam et Eve, Oxomoco et Cipactonal, le premier homme et la première femme, qui auraient été créés par les dieux Quetzalcoatl et Huitzilopochtli?

Industrie. — Le procédé employé par les orfèvres nahua pour fabriquer des figurines en or creux consistant en feuilles minces, sans aucune soudure, n'a pu encore être retrouvé de nos jours. Les plus habiles orfèvres modernes ne savent comment expliquer ce procédé.

Linguistique. — Nous ne connaîtrons jamais le nahuatl, dit le prof. Brinton (p. 337, compte-rendu, *Congrès Int. Arch.* Chicago) tant que ne sera pas publiée la grande histoire écrite en cette langue par le P. Sahagun, dont l'unique manuscrit se trouve à Firenze à la bibliothèque Médicis.

Le Dr Antonio Peñafiel, après avoir (p. 92, compte-rendu, *Congrès Int. Amér.* 1895) donné une remarquable statistique des diverses langues parlées encore au Mexique, confesse que de beaucoup de ces langues il n'existe en 1895 ni grammaires ni même de vocabulaires. On pourrait combler cette lacune, si M. Peñafiel disait quelles sont ces langues qui manquent de documents.

Paléographie non maya (Voir à l'État de Mexico).

Les codices qui existent encore sont en général d'une lecture difficile, même pour les paléographes mexicanistes les plus habiles. Ces difficultés proviennent souvent d'une pagination erronée de ces manuscrits et de l'ignorance où l'on est du côté par où l'on doit commencer leur lecture, soit de gauche à droite, ou vice versa, soit de haut en bas ou de bas en haut. Quelquefois le commencement du codex occupe le centre.

Sous le titre *Codex Becker n° 1 et le manuscrit du Cacique récemment publié par M. H. de Saussure*, le Dr E.-T. Hamy étudie dans le n° 4 du *Journal de la Société des Américanistes de Paris* (1897) ce codex trouvé à Puebla et originaire de la Mixteca. Selon lui, la comparaison analytique minutieuse de chacune des figures du Codex de Darmstadt avec les figures correspondantes des autres manuscrits zapotèques déjà connus fournirait assez vite des résultats intéressants pour l'étude de la race mixteco-zapotèque et de ses affinités ethniques.

Que sait-on des documents originaux connus, peints sur agave ? Connaît-on la date de publication et le nom de l'auteur des documents rarissimes suivants de la collection E.-E. Goupil ?

le document n° 2, donnant la représentation en écriture figurative, avec explication nahuatl en caractères espagnols, des principaux traits de l'histoire chichimèque, depuis Xolotl jusqu'à Nezahualco ; le document n° 4 en écriture figurative, soit codex en croix ou Annales de Cuauhtitlan, expliquant les 3 cycles ; ce document est peint par quartiers avec les caractères des années affectant une forme de croix ; la mappe Quinatzin, en 2 demi-feuilles, ayant trait à la civilisation tetzcucane, depuis la guerre tépanèque jusqu'à la restauration de la monarchie indienne.

On manque de données relatives à ces documents.

M. A. Peñafiel ne connaît aucun document en langues tarasca ou mixteca concernant l'histoire des races qui les parlaient.

Le tonalamatl ou calendrier, appelé Codex Borbonicus, du Palais Bourbon, de Paris, a été consciencieusement étudié par le Dr E.-T. Hamy (séances des 8 novembre et 6 décembre 1898 de la *Société des Américanistes de Paris*). Cependant ce document, d'une netteté extraordinaire, présente certaines lacunes, de l'aveu même du dit américaniste éminent. D'abord, les feuillets du commencement et de la fin du manuscrit font défaut : il faudrait les retrouver. La signification des 13 oiseaux qui y sont figurés est encore mystérieuse. Le jupon étoilé qu'on y voit est-il la représentation de la voie lactée ? Quelle déduction faire du signe chinois *taïki* que porte sur le front une déesse peinte dans ce Codex ?

Qquipu ou quippu. — Il serait bon d'établir une comparaison entre les cordelettes employées par les Mexicains et les Péruviens et les moyens mnémotechniques qu'ils offraient à ces deux peuples pour la transmission de leurs messages à longues distances. Consulter à ce propos le mémoire de M. E. Pihan au Congrès International des Américanistes de Paris, 1890.

Autres moyens graphiques. — Il est incontesté que les tribus de langues nahuatl et maya atteignirent le plus haut degré de développement graphique.

Mais connaissons-nous jusqu'où ce développement est allé? Parmi les documents brûlés, lacérés, détruits par les Espagnols, n'y en avait-il pas dont nous n'ayons plus de spécimens?

Étymologies. — Plusieurs étymologies ont été présentées pour expliquer le nom de la tribu *Chichimecatl*, chichimèque. Aucune ne paraît être la vraie et définitive.

On ne peut s'expliquer comment la liqueur tirée du cactus maguey, jadis connue des Mexicains sous le nom de *octli*, ait pris depuis longtemps la désignation de *pulque*, nom d'origine araucane (E. Reclus).

Nous allons donner ci-bas quelques étymologies de noms de localités mexicaines sur lesquelles planent encore des doutes, malgré les savantes explications de M. Teodoro Juarez (p. 294 compte rendu Cong. int. Amér. 1895) :

Callimayan signifierait = où sont les maisons alignées ou mises en clôture (d'après Orozco y Berra); lieu où se fabriquent des maisons (d'après Ant. Peñafiel) ; (pour *Callimanian*)de mani = être plane, lieu situé en plaine (d'après T. Juarez) ;

Culhuacan, = montagne courbe (d'après Prieto *Lecciones de historia patria*) de *culli*, aïeul, *hua*, adjectif possessif, *can*, suffixe de lieu, lieu où habitent les seigneurs qui ont un aïeul (d'après T. Juarez) ;

Huehuetlapallan (nom de cette antique cité qu'on a, sans preuve, identifiée avec San Francisco de California), terre ancienne (d'après Prieto ouv. cité, p. 17), de *huehue*, vieux, *tlapalli*, indigo, *an*, dans, sur ; dans les vieilles tlapalerias; *tlápáltic*, héros, vaillant, lieu où habitaient les vieux héros (d'après T. Juarez) ;

Huemaixin, celui des grandes maisons (d'après Prieto) ;

Huemaixin (pour *hueyiimatxin*), de *hueyi*, grand, *ima* = 3e personne singulier et *txin*, désinence de respect (d'après T. Juarez) ;

Jalapa (pour *Xalapan*), de *xalli* = sable, *apan* = rivière, rivière ensablée (d'après Macias, *Geografia*, p. 103) ;

Jalapa (pour *xallapa*), de *xalli*, sable, *lla*, abondance, *pa*, sur, « en el arenal » (d'après T. Juarez) ;

Tlacopan = lieu d'esclaves (d'après Macias, *Geografia*, p. 103), de *tlacotl*, vara ou jarilla, *pan*, suffixe, « en el jarillal » (d'après T. Juarez) ;

Tlacotalpan, de *tlahco* = moitié, *tlalli*, terre, *pan*, sur ; sur terre divisée en deux (Macias, p. 109) ; (pour *tlacotlalpan* de *tlacotl*, vara ou jarilla, *tlalli*, terre, *pan*, sur ; « en el jarillal » (T. Juarez).

Noms de localités caucasiennes de consonance nahuatl. — Dans l'essai intitulé « *Affinités asiatico-américaines* (p. 149/162 du Journal n° 3 de la Société des Américanistes de Paris, 1897), le grand voyageur Blanc parle du district caucasien situé dans des vallées élevées, presque inaccessibles, où coulent les affluents supérieurs du fleuve Souliak, tributaire de la mer Caspienne, au sud-ouest de Temir. Chounsaq est la capitale de ce district et Kan-Choura en est une ville assez importante. D'après Dezobry, dans son Dictionnaire géographique, cette région est située entre l'Aksaï, à l'ouest, et le Koïm à l'est. E. Blanc cite les noms suivants de localités de cette région, ayant une consonnance nahuatl :

Dans la partie septentrionale	Dans la partie méridionale
Tsilitl.	Baïtl.
Tlarata ou Xtlarata.	Chounsaq.
Metlelta ou Mtletl.	Coani.
Nigourch.	Gort-Akaltsi.
Gagatl.	Gortl-Kolo.
Andi.	Kholotl ou Kholoxtl.
Achilta ou Achixtl.	Kodontl.
Betl.	Nakitl.
Ikhali ou Icali.	Tchondotl.
Itchitchali.	Tlokh ou Xtlokh.
Nikoalita.	Yetchlé.
Tchanko.	*Plus au sud dans les districts limitrophes*
Tchinkat.	Gogotl-Tcletl.
Tchitl ou Tchixtl.	Ouri-Tlakh ou Xtlatkh.

Ce district du versant nord du Caucase est habité par des Avars, Abars, Obars ou Obres. Est-ce le dernier débris des Avares classiques ? Ce territoire politique porte le nom d'Avarsky-Okrong. Cette peuplade se mêle peu avec ses voisins. Son nombre de 25,000 est en décroissance. Elle a pour chefs des Noutzal. Ce territoire, d'environ 1500 kilomètres carrés, est pauvre, montagneux, peu connu. Les facultés intellectuelles de ces Avars paraissent développées. Leur religion, l'islamisme, est mêlée de vestiges de cultes antérieurs non encore étudiés. Cette tribu est de race Lesghiz et se livre au brigandage. M. Blanc recherche les affinités américaines de cette peuplade et fait les trois suppositions suivantes :

1° une migration se serait produite d'Amérique au Caucase ;

2° cette migration aurait eu lieu du Caucase en Amérique ;

3° deux migrations auraient eu leur région commune en un point intermédiaire et se seraient produites dans deux sens divergents, l'un vers l'Amérique, l'autre vers le Caucase.

La première et la troisième hypothèses paraissent seules soutenables à M. Blanc.

Ces recherches devraient pousser les savants connaissant le russe et le nahuatl à étudier à fond ces questions.

Colliers de pierre. — Brinton (*Science,* 10 mai 1893) discute sur l'usage de ceux du Mexique oriental. Il n'aboutit à rien. Étaient-ils employés pour le jeu de balle tlachtli? Sont-ils distincts de ceux de Puerto Rico ?

BRITISH HONDURAS

Belize. *Hydrographie.* — D'après E. Reclus, « les deux lagunes gé-
« minées de Mariscal et de Bacalar se développent dans la même direction,
« et, si les cartes que l'on possède de cette partie britannique du Yucatan
« sont exactes, d'autres lagunes, Aguada San Pedro, Aguada Concepcion,
« Aguada Carolina, s'alignent également suivant l'axe général, qui paraît
« être celui de la formation des côtes successives. L'exploration géologique
« de l'intérieur permettra de vérifier l'exactitude de cette hypothèse, en
« constatant si, dans ces régions, les rives des lagunes et des rivières paral-
« lèles sont bien composées de roches coralligènes, constituant, de l'est
« à l'ouest, une série de terrasses comme un escalier aux marches très
« allongées. »

Tertres. — Le rio Viejo, à une cinquantaine de kilomètres en amont de Belize, est bordé d'un grand nombre de buttes artificielles non encore explo-rées. Des fouilles méthodiques permettraient de chercher à quelles races ces sépultures ou résidences indigènes ont pu servir.

L'intérieur du Honduras britannique est encore très peu connu, surtout dans sa partie occidentale et méridionale.

Hiéroglyphes. — Le « Bureau of American Ethnology » de Washington possède un coquillage trouvé à Belize et sur lequel sont gravés des hiéro-glyphes maya non encore déchiffrés.

V. ISTHME CENTRE-AMÉRICAIN

Généralités. *Géologie.* — Les études géologiques permettent-elles de dire que l'Amérique centrale formait à l'époque tertiaire ou quaternaire un ar-chipel séparé des deux parties nord et sud du continent américain ?

Grottes. — Pour ce qui est des desiderata de ces cavernes nombreuses et intéressantes de l'Amérique centrale, consulter traduction suédoise, troisième et quatrième cahier de la revue *Imer* (Stockholm, 1889), d'un résumé de mes communications *Sur les grottes de l'Amérique centrale* au Congrès Int. d'Anthropologie et d'Archéologie Préhistoriques de Paris, 1889.

Paléontologie, etc. — Pour les hypothèses que peuvent soulever les débris des races américaines précolombiennes, consulter mon petit article du Journal officiel de la République Française, de juin 1889, intitulé : *Paléontologie, Ethnographie et Archéologie de l'Amérique centrale à l'Exposition Universelle de 1889.*

Influence des vents alizés. — L'Amérique centrale est sujette à ceux du nord-est, qui au printemps soufflent avec une persistance fatale pour l'agriculture, par la sécheresse qu'ils produisent. Quant aux vents alizés du sud-est, en hiver (tropical) ils soufflent dans la direction de l'Ecuador au pôle nord et amènent avec eux des pluies abondantes. Il s'agirait d'étudier l'influence que ces vents ont pu exercer sur la végétation de ces belles régions depuis les époques les plus reculées. La population autochtone réglait-elle les semis de ses plantations agricoles rudimentaires sur la venue de tel vent ou de tel autre? Dans les relations maritimes entre les diverses tribus précolombiennes tenait-on compte de la direction de ces vents en sens contraire?

Migrations successives des races précolombiennes. — J'ai cru, d'après des indices archéologiques, onomatologiques et autres, devoir classer ces migrations (voir mes *Considérations sur quelques noms indigènes des localités de l'isthme centre-américain*, pp. 564 et 584 du compte-rendu du Congrès Inter. des Amér. de Paris, 1890 et mon *Essai de localisation des habitants précolombiens de l'Amérique centrale*, résumé d'une communication au Congrès Intern. des Sciences Ethnographiques de Paris, 1889, 3ᵉ vol. des Archives intern. d'ethnographie de Leyde, 1890). Mais ces classifications ont besoin d'être confirmées et discutées par de nouveaux documents et arguments ; j'appelle la discussion des américanistes sur ces classifications, assimilations et migrations de races que je reproduis ici sommairement :

I. — La branche *orientale* ou *atlantique*, venue du nord-est, comprenant d'une façon générale les constructeurs de tertres (mound builders) du Mississipi, ceux des terramares yucatèques et des grandes levées de terres, funéraires ou défensives, des rives de l'Utzumacinta (Mexique et Guatemala), de la plaine basse de Zapotitlan et de San Andres, de l'île del Cajete, de Tehuacan, etc. (Salvador), des plaines centrales du Honduras (Tenampua, etc.) et des vallées de Chontales (Nicaragua). Cette branche orientale se décomposerait elle-même : 1° en précurseurs des Maya. Ceux-ci seraient de race Talamanca, Misskito, Ulua, Caribe, Maïpoure, Cofachite, ou autre d'affiliation caraïbe Baloué-Bonon. Cette dernière, dont les vestiges se retrouveraient à Pensacola (dans l'Etat du Mississipi et au Nicaragua), aurait suivi la région golfière des États-Unis, la côte orientale de l'Amérique centrale et de la Colombia, remonté le rio Magdalena, parcouru la Colombia et l'Ecuador, et descendu les divers affluents de rive gauche de l'Amazonas. Arrivée à ce grand fleuve, une partie de cette race caribe en aurait remonté quelques affluents de rive droite, le Tocantins et autres, pour aller s'installer dans le centre du Brésil. L'autre partie aurait descendu le cours de l'Amazonas et, s'aidant du courant maritime de direction nord-ouest, aurait côtoyé les Guyanes et serait venue se disperser dans les diverses Antilles.

2° Les Maya, qu'ils appartinssent aux tribus Chorti, Kakchikel ou K'kitché; on en retrouverait les traces dans les monuments de Quirigua (Guatemala), Copan (Honduras), dans le nom de la ferme de Mayapan au Nicaragua, dans les affinités linguistiques de certaines races précolombiennes de l'Ecuador (voir *Historia del Ecuador*, par l'abbé F. Gonzalez Suarez, Quito, 1890 et dans celles reconnues dans la langue k'kitchoua par M. Léon Douay, de Nice, et le Dr Santiago Barberena de San Salvador.

II. — La branche que j'appelle *occidentale* ou *pacifique* venant du nord-ouest et qui peut avoir assimilé les épaves de races asiatiques ou australiennes amenées par les divers courants maritimes de l'Océan Pacifique. Je comprends dans cette classification :

1° Les Falaisiers ou Cliffdwellers de Florida, du Farwest (California, Colorado, Arizona, New Mexico) du Mexique (Sonora, Chihuahua) et du Pérou ;

2° Les Lenca (Amerrisques, Chaparristiques et autres) du Honduras, du Salvador et du Nicaragua et les Cuna du Darien (Colombia) ;

3° Les Mangues, Mazateca, Chapaneca du Mexique, Mankeme, Güetar, Orotiña, Diria, Choluteca ou Chorotega du Honduras, du Nicaragua et du Costa Rica, les Chibcha (Guaymi, Choco et Timote) de Colombia ;

4° Les Nahua (du Mexique) avec branche Sigua (du Guatémala), Pipil (du Salvador), Nicarao ou Nikiran (du Nicaragua).

GUATÉMALA

Régions peu connues. — Quoique fort peuplé et exploré en tous sens aux points de vue scientifique (Garcia Elgueta, Charles Mano, Edwin Rockstroh, Victor Mathen Z., etc.), agricole et commercial, le Guatémala a pourtant encore, même de nos jours, des parties encore peu explorées : la partie nord-ouest touchant au nord de l'État Mexicain de Chiapas, la partie nord confinant avec le Honduras britannique, et la partie nord-est, limitrophe de l'État du Honduras.

Hydrographie. — Quoiqu'on sache que le rio Hondo ou Azul du département d'el Peten prend sa source vers la lagune de Yaxha, qu'il court quelques kilomètres au nord, puis au nord-est, pour déboucher dans la mer

Caribe à la baie d'Espiritu Santo, cependant M. Frédéric Arthès (*El Gua-temalteco*, 31 mai 1893) trouve que le système fluvial de cette rivière et de ses affluents est peu connu.

Grottes. — Il y aurait lieu d'explorer scientifiquement la plupart des grottes suivantes, connues seulement et à peine au point de vue pittoresque :

celle des environs du pueblo de Momostenango près Totonicapan, et celle située en face le cabildo de Pastores, pueblo de Sacatepequez ;

la grotte spacieuse de Jobitzinal, près du lac du Peten ;

celle de San Agustin Lanquin, département de l'Alta Vera Paz, à 12 lieues nord de Coban, sur l'ancien territoire ethnographique kekchi (O. Stoll);

celle proche de Senahu, à 24 lieues de Coban ;

celle de Purula (département de la Baja Vera Paz), à 6 lieues de Salama;

celle de Pajarito, sur le territoire ethnographique k'kitché, étudiée seulement au point de vue de ses dépôts salins, en 1883, par le naturaliste français J. Charles Mano ;

la « Cueva encantada de Mixco », célébrée par l'historien Francisco Antonio de Fuentes y Guzman, dans sa « *Recordacion Florida* ». Elle est située près de Santo Domingo Mixco et à 7 lieues de la Antigua Guatemala. Elle se trouve sur le territoire de « los Cimientos », appelé ainsi à cause des ciments et ruines de vieux édifices indigènes qu'on y rencontre. Son entrée est surmontée d'ornements assez artistiques indigènes. Elle se compose de diverses pièces communiquant par des galeries peu ou point explorées. Cette grotte, d'après la légende, était un lieu d'adoration et de sacrifice consacré à la déesse Cateya, mère de l'eau. Elle communiquait avec le village de Chi(g)naut(l)a, situé à 3 lieues de là. Cette grotte est digne à tous égards de fouilles scrupuleuses ;

la grotte de la vallée de Mesas, entre Amatitlan et Petapa;

la grotte d'« El Salto de Torola », entre Escuintla et San Pedro Martyr, sous le rio Petapa, comprise sur l'ancien territoire des Pipiles. Fuentes y Guzman l'a décrite aussi ;

La grotte de marbre de Comun, à Quezaltepeque (San Luis), à 8 lieues, au sud de Chiquimula ;

celle de Carguiz, parmi les quelques autres qui existent sur l'ancien territoire Chorti, dans la juridiction de Jocotan, village du département de Chiquimula ;

entre autres grottes de l'ancien territoire Xinca, celle d'Atescatempa, sur la rive du lac du même nom, département de Jutiapa (ex Xutiapan) ;

la région montagneuse des environs de Mita, parmi les nombreuses grottes de laquelle il faut signaler (d'après Diego Garcia de Palacio, Antonio de Herrera, Domingo Juarros, G. Squier, von Frantzius) :

celle de Tibulca ;

celle de Peñol, qui s'étendait à quelques lieues sous terre et dans laquelle on a trouvé des débris de mastodontes ;

enfin les fameuses grottes de Mita (Asuncion Mita actuel), ex Micla, Mimilla. Ce nom, corruption du nahuatl *Mictlan*, signifie « ville des morts » ou « enfer. » Ces grottes sont situées à environ 3 lieues du lac Uxaca (Cuija, Güija ou Guijar du Salvador actuel). C'était un lieu de pèlerinage international, quoique ce terme soit impropre pour la période précolombienne. Néanmoins, il peut s'expliquer, puisque des pèlerins de langues Xinca, Pipil, Chorti, K'kitché venaient y faire leurs dévotions et apporter leurs offrandes. Une exploration minutieuse donnerait sans doute des résultats remarquables pour la science.

Races. — On ne connaît que très peu les Lacandones à demi sauvages avec lesquels on ne peut à peine communiquer que par signes. On ne sait exactement à quelle race les identifier. On manque de renseignements ethnographiques détaillés à leur égard : ils fuient généralement devant les blancs.

On ne connaît pas grand'chose non plus des Indiens à demi-soumis, de race maya ixil, distincte comme langue des autres du Guatémala, qui vivent dans trois villages de la Sierra de Nebaj, au nord des salines de la Magdalena.

On ne peut encore savoir avec quelles autres races du Mexique ou de l'Amérique Centrale pouvaient avoir de l'affinité les Popoloca de Conguaco, frontière orientale.

Histoire. — Il serait utile de connaître la date approximative ainsi que la raison de la migration des tribus de race maya-k'kitché sur le territoire actuel du Guatémala. Il y a des probabilités pour qu'elles vinssent du nord, c'est-à-dire du Yucatan, plutôt que du nord-ouest, plateau central du Mexique. Mais peu de documents positifs viennent à l'appui de cette thèse.

On ne connaît pas non plus la raison véritable de la séparation des Pipiles de Salama, des bords du rio Motagua et de Cuajiniquilapa, du bassin du Guacalate et du Michatoya, d'avec leurs frères de Cuzcatlan (Salvador).

Archéologie. — Il serait utile de faire des études plus rapprochées entre la zoolâtrie des Maya-K'kitché et les tertres à formes animales du Mississipi (animal mounds).

Le souterrain del Pino, aldea du département de Huehuetenango, et les ruines des vastes constructions précolombiennes qu'on y trouve, auraient besoin d'être étudiés.

Les Alaguilac du Guatémala occidental ont laissé des ruines non encore explorées.

Sur les flancs du volcan de Agua, à une demi-lieue à l'est de Ciudad Vieja, dans la Finca « Pompeya », on a en 1892 découvert, en faisant des fouilles légères, les traces d'un ancien village indien, dont aucune tradition indigène locale ne fait mention. On y a trouvé des débris de poterie très fine et artistique ; il serait à souhaiter qu'on fît en cet endroit des fouilles méthodiques, scientifiques.

Malgré les remarquables travaux du savant allemand Bastian sur les ruines de Santa-Lucia Cotzumalhuapa, on est encore dans l'obscurité sur l'époque de la construction de ces monuments, sur la race qui les a élevés, sur le but qui l'a guidée dans cette entreprise. Car c'est à peine si l'on a pu nier à ces ruines une origine maya, pour en attribuer la construction aux Nahua d'Escuintla, désireux d'honorer la mémoire d'un de leurs chefs.

Pour ce qui est des superbes ruines de Quirigua (près de Livingston), on ignore même le nom de leur emplacement, car celui qu'elles ont actuellement n'est que celui du village qui les avoisine. Sont-elles contemporaines des ruines de Palenke et Copan ? Ou sont-elles plus anciennes ? On l'ignore. Quant aux constructeurs de ces monuments, on n'est pas sûr que ce furent les Chol, de race Maya, sur le territoire desquels on les a trouvés.

M. Frédéric Arthès donne, dans le « *Guatemalteco* » du 31 mai 1893, une idée sommaire des nombreuses recherches archéologiques encore à faire dans le département de Peten. A chaque pas, au milieu des bois, on découvre maints monticules artificiels et objets brisés d'origine précolombienne. — Les bois de la rive gauche du rio Pasion, à 5 kilomètres à l'est du caserio de Sayarche, cachent les restes d'une ville ancienne inconnue. Sur une étendue d'environ 9 kilomètres carrés défendue par la courbe que décrit le rio Pasion, à 320 mètres d'élévation, au-dessus du niveau de la mer et à 60 mètres de la rivière, se dressent nombre de monuments ou temples et monolithes sculptés remarquables. L'auteur fait la description de onze d'entre eux, sans pouvoir indiquer leurs constructeurs, leur date d'édification et leur objet. Il n'est même pas certain du nom de cette localité. D'après des renseignements défectueux, elle s'appellerait Saxtanquiqui. On expliquerait ce nom par les mots lacandons (?) suivants : sap = éclaircir ou se réveiller ; tan = devant ou avant ; qui = bon ou savoureux.

Que dire des tertres artificiels et traces d'édifices qui couvrent les deux plaines situées au nord de la ville de Flores, à 15 kilomètres du village de San Andres, aux parages de Hobomo et Cantetul ?

Les archéologues ont une ample moisson à faire parmi les nombreuses ruines du département du Peten en général, ainsi que dans l'île où se trouve Flores, au milieu du lac Itza.

On n'a pas encore tout dit sur les ruines fameuses d'Utatlan (Santa-Cruz del Quiché), ainsi que sur les tertres de la vallée de Guatemala, au pied de la Mixco moderne, ruines explorées surtout par des étrangers qui en soustrayaient clandestinement le contenu, au grand détriment de l'archéologie guatémaltèque. Il y aurait encore maintes recherches à faire sur les ruines du Mixco Viejo, malgré la dernière et savante étude du D' Carl Sapper, dans l'*Intern. Archiv für Ethnographie*, de Leyde, relative à cette redoutable forteresse des Pokomam détruite en 1525, par le conquistador Pedro de Alvarado. Les magnifiques découvertes faites ces dernières années par MM. Edwin E. Rockstroh, M' Garcia Elgueta et autres, de Tikal, Pichikil, etc., n'ont pu encore être continuées comme elles devraient l'être par leurs explorateurs, faute de ressources pécuniaires assez considérables, ce qui est fort regrettable.

Linguistique. — Les langues de la partie orientale du Guatemala, appelées Pupuluca [parlée par les Indiens de Jalapa, Yupiltepeque (Yupe)] et Chiquimulteca del Norte (parlée à la côte du Pacifique, à Chiquimulilla, Tezcuaco, Nancinta, Zinacantan, Jumaytepeque), ces langues, dis-je, peuvent-elles être assimilées à la langue Xinca (Sinca), comme le croit le D' Eustorgio Calderon? Cette langue paraît avoir été autochtone; jusqu'à présent, on ne lui connaît pas de rapports étendus avec quelque autre langue-mère d'Amérique. — Doit-on, avec le jeune savant guatémaltèque, considérer les Sinca comme la race aborigène guatémaltèque qui habitait les territoires formant les départements actuels de Jalapa, Jutiapa et Santa-Rosa à l'époque des invasions maya-k'itché et nahuatl? Sans plus de documents à l'appui, cette hypothèse, paraît prématurée, quoique assez vraisemblable. Selon M. Calderon, les Sinca auraient une certaine parenté linguistique avec les Mijes du Mexique [San-Juan Guichicovi (E. d'Oajaca) et Sayula, Oluta et Texistepec (E. de Veracruz)]. — Le D' Brinton avoue ne pouvoir identifier le Popoloca de Conguaco ni avec le Maya, ni avec le Nahuatl, ni avec le Xinca, ni avec le Mixe, ni avec aucune autre langue. En définitive, on ne sait rien sur l'origine et l'histoire précolombiennes et la langue des Indiens de cette partie du Guatemala. De nouveaux documents et des études plus approfondies de linguistique et d'anthropologie permettront seules d'élucider quelque peu cette importante question.

Car l'excellente carte linguistique du Guatemala, publiée en 1893 par le D' Sapper, n'éclaircit pas cette obscurité.

L'abbé F. Gonzalez Suarez explique plusieurs noms de lieux des Indiens Cañari de l'Ecuador (p. 3/4, *Historia del Ecuador*, Quito, 1890), par des mots de la langue k'itché. Y aurait-il lieu d'établir sur cette base des affinités linguistiques entre les K'kitché et les Cañari?

Peut-on aussi établir des rapports linguistiques entre les K'kitché d'une part, et les K'kitchoua, Aymara, et Araucans de l'autre, d'après M. Léon Douay, de Nice, et le D' Santiago I. Barberena, de San Salvador?

Le même docteur a publié dans « *La Universidad* » de San Salvador (avril

1893) un « *Ensayo de comparacion entre las lenguas anamita y quiché* ». Il veut prouver que les 60 mots annamites de similitude k'kitché qu'il a trouvés dans le livre du colonel français Frey, « *L'Annamite mère des langues* », prouvent l'affinité linguistique de ces deux langues. Ces conclusions assez surprenantes ont besoin d'être confirmées par des études plus approfondies de ces idiomes.

On ne pourra jamais apprendre les ressources entières de la langue kak-tchikel, tant qu'on n'aura pas retrouvé le dictionnaire de cette langue par Coto (Brinton, p. 33, *The present status of American linguistics* Cong. int. Arch. Chicago).

Noms de localités. — Le nom de Guatemala a trois ou quatre étymologies. Aucune d'elles n'a encore été considérée d'une façon incontestable la seule unique et vraie.

Que déduire de l'existence d'un village de Chinautla aux environs de la ville de Guatemala et d'une localité de Chinauta située près de Fusagasuga (Colombia) ?

N'est-ce qu'une simple similitude fortuite que celle existant entre le nom de Coban, du Guatemala, avec ceux 1° de la grotte de Sundurli-Koba (Crimée) (voir étude des crânes de cette grotte par le professeur N. Obolonsky au *Congr. d'Archéol. et Anthrop. Préhist.* p. 71, Moscou 1893) ; — 2° de la né-cropole de Koban, en Osséthie, Caucase (voir mémoire de M. Ernest Chantre au même congrès, p. 78 et celui de M. de Morgan sur sa mission scientifique au Caucase, Paris, 1889).

Littérature indigène. — On ignore le nom de l'auteur postcolombien du fameux livre k'kitché Popol-vuh : certains passages de ce manuscrit n'ont pu être encore interprétés d'une façon satisfaisante.

Musique indigène. — On ne sait encore rien sur l'introduction de la ma-rimba au Guatémala. Les uns la prétendent d'importation africaine ; d'autres, comme M. R. Pilet, sans contester qu'il y ait en Afrique des instruments similaires, croient que cet instrument a été inventé simultanément en diverses parties du monde et au Guatémala par conséquent (p. 480, compte-rendu Congrès Int. des Américanistes, Paris, 1890).

Pour mémoire, citons la photographie de négrilles, originaires de la forêt de Mayumbé (Ma-rimba) prise par le R. Père Pringault et reproduite dans le n° 1475 du 10 septembre 1897 des « *Missions catholiques* » de Lyon.

SALVADOR

Régions peu connues ou explorees. — Quoique actuellement l'État du Salvador soit le pays le plus peuplé d'Amérique proportionnellement à son étendue territoriale, on y trouve encore des régions inexplorées, parmi lesquelles nous citerons : au nord-ouest, dans le département d'Ahuachapan, toute la côte baignée par l'océan Pacifique, comprise entre le rio Paz (Pasaco) et la PuntaSantiago, et bornée au nord par la cordillère d'Apaneca ;

la côte du département de Sonsonate comprise entre Acajutla et las Salinas (rio Chiquihuat), quoique faisant partie de la ferme « Tonala ». Ce dernier nom est le dernier vestige de l'appellation générale de toute cette côte, actuellement Costa del Balsamo, et rappelle l'affinité de la race pipile qui habite encore ces parages avec celle qui peuple au Mexique les environs des deux ports de Tonala situés sur les deux océans ;

les deux côtés du chemin menant de Jucuaran à Intipuca, département de San Miguel (notons en passant qu'il existe dans le Honduras central une localité du même nom, sans doute d'origine lenca). Il serait utile d'explorer les environs de ces deux villages pour établir les rapports d'origine qui peuvent exister entre leurs habitants);

les deux côtés de la route conduisant d'Intipuca à Conchagua (département de la Union).

Il y a aussi de nombreux points peu connus existant à la frontière nord-est du Salvador avec le Honduras.

Le rio Lempa, ce mystérieux grand fleuve centre-américain, est loin d'avoir encore révélé une partie des faits précolombiens dont ses rives ont été les témoins. Les anfractuosités des roches escarpées qui le bordent ont-elles été habitées par des races apparentées aux falaisiers de l'Arizona, du Cuzco, etc. ? Quel genre de « balsas » employaient ces riverains du Lempa? Le cours du fleuve salvadorien a-t-il servi de route naturelle aux populations qui, du versant oriental atlantique des Andes guatémaltèques, voulaient se rendre à l'Océan Pacifique? Ces renseignements et bien d'autres ne pourront être obtenus que par l'exploration méthodique, scientifique du cours zigzagué du Lempa à sa source au Guatemala, à Esquipulas, puis à Citala, à la cataracte de Cuisca, à la Escalera del Panal, au lac de Güija, à Masahuat, à Guacoyo, au Valle de Belen, à Chiconhueso, etc... L'ingénieur Francisco Venturini a bien exploré le Lempa d'ordre du Gouvernement du Salvador (consulter le nº du 5 juillet 1882 du *Diario de Centro-América* de Guatemala) — mais sans grands résultats. Peut-être depuis lors une exploration fructueuse a-t-elle été menée à bien par le Dr S. Barberena : mais je n'ai pas eu connaissance qu'un compte-rendu en ait été publié.

Le Dr D. Guzman cite (p. 89, *Topografia fisica del Salvador*) la découverte de restes d'animaux antédiluviens à Ilobasco (dans des couches de gypse), dans les ravins de Sisimico près San Vicente, et aux environs de Suchitoto et du rio de los Frailes. On devrait étudier ces débris de mastodontes et tirer des déductions de cette étude comparative.

Orographie. — Quoique le savant capitaine français Montessus de Ballore l'ait étudiée spécialement, il y a encore beaucoup de points obscurs à éclaircir relatifs aux nombreux volcans, la plupart éteints, du Salvador.

A quel phénomène attribuer l'affaissement du sol survenu le 24 juillet 1897, dans la juridiction du village de San Sebastian, voisin d'Aculhuaca? D'après le « *Diario del Salvador* » du 11 août, qui rapporte cet événement, des grondements souterrains précédèrent de quelques minutes cet affaissement de 180 mètres de long sur 90 de large qui eut lieu sur le versant oriental de la colline « el Salto », contiguë au rio Acelhuate. La terre, les rochers, les arbres sont bouleversés sur le lieu du sinistre ; on y voit un grand nombre de petits soulèvements du sol d'une hauteur d'environ 50 centimètres. Est-ce la menace de l'apparition d'un volcan ?

Grottes. — Passons en revue les diverses grottes du Salvador à ma connaissance dont la plupart, connues assez vaguement, auraient besoin d'être examinées avec soin par une commission de savants spécialistes en géologie, anthropologie et archéologie :

dans le département de Sonsonate, celle située à 4 kilomètres au sud de la ferme Las Lajas et à environ 1500 mètres au sud-est de la base du Cerro Chino, visitée succinctement en 1891 par le Dr D. Gonzalez ;

la caverne de Chan-Ehecatl (abri contre le vent) ;

dans le département de Santa Ana, une grotte dans les environs du village de Refugio, entre Chalchuapa et Atiquizaya ;

une autre très profonde, dans le bas du Cerro del Pinal, à une heure de Santa Ana, sur la route de Chalchuapa ;

la grotte de Trigueros, sur un côté du chemin qui conduit à la vallée de San José, éloignée d'environ 5 milles de la lagune de Coatepeque. On y a trouvé des restes de mastodontes en 1890 ;

la grotte de Tiguama, à l'est de Coatepeque, était hermétiquement fermée en 1891 ;

une autre, d'une extrême longueur, à quelques centaines de mètres du rio Lempa, du côté du village d'Aguacayo, entre Suchitoto et Chalatenango. D'après la tradition, les Pipiles y célébraient leurs cérémonies mystiques religieuses ;

la grotte del Idolo, à Panchimalco, près le port de La Libertad, sur le Pacifique. Elle est surplombée d'une roche appelée el Idolo, où est représentée une figure grossière d'homme. Quelle est sa signification? Qui l'a faite? on l'ignore ;

la grotte de San Miguel, à 2 kilomètres de cette ville, explorée seulement au point de vue géologique par MM. A. Dollfus et E. de Montserrat;

la grotte de Corinto, village du département oriental de Morazan. Ses parois, d'après le Dr Santiago E. Barberena qui l'a visitée, sont couvertes d'innombrables inscriptions peintes en rouge, la plupart d'entre elles, et à une grande hauteur, et de dimensions considérables. Le temps et le manque de soins en ont beaucoup effacé. Parmi celles qui se conservent en meilleur état, le savant Salvadorien en cite une qui représente un homme de grande taille, nu, debout, les jambes arquées. Il y a une multitude de petites figures, de mains isolées, de grandeur naturelle, peintes de diverses couleurs, des hiéroglyphes. Les habitants du pays n'ont aucune tradition sur cette grotte. Les inscriptions sont indéchiffrables jusqu'à présent ; on ne sait qui les a gravées. Seraient-ce les Lenca ou les prédécesseurs innommés de cette race dans cette région ? C'est ce qu'une exploration scientifique de tous ces parages permettra peut-être de découvrir un jour ;

la « Cueva i Fuente de sangre », située sur les bords de la Quebrada d'Amatillo, affluent du rio Lempa et sur les lignes divisant les terres de Nombre de Jesus, du Salvador (département de Chalatenango) et celles du village de la Virtud (Honduras). Cette grotte n'a été étudiée par le Dr Barberena et par Squier qu'au point de vue de la source curieuse de couleur rouge qui en sort : mais elle a été négligée aux points de vue paléontologique et anthropologique.

Archéologie. — Malgré les savantes recherches du capitaine français Montessus de Ballore, la connaissance de l'archéologie précolombienne du Salvador est encore fort réduite ; voir à ce propos ma « *Notice sur l'Archéologie du Salvador précolombien* », t. V. des Archives internationales d'ethnographie, Leyde, 1892.

Le professeur Imendia, en 1892, a fait d'importances découvertes à l'île del Cajete (barre de Santiago, près d'Acajutla, département de Sonsonate). On ne sait à quelles tribus attribuer la fondation de cette localité. Sa destination était-elle uniquement la fourniture d'eau douce, recueillie dans de grands réservoirs en maçonnerie dont on voit les ruines, pour les pirogues qui passaient en vue de l'île dans leurs voyages sur les côtes de l'Océan Pacifique ? Ce lieu était-il en même temps un site funéraire des ancêtres des habitants actuels de Guaymango ? Consulter pour l'île de Cajete, page 579 de mes « *Considérations sur quelques noms indigènes de localités de l'isthme centre-américain* » (compte-rendu, Congr. Int. Américanistes, Paris, 1890), ainsi que mon article du « Repertorio Salvadoreño » (San Salvador, août 1894, p. 552) intitulé : « *La Barra de Santiago* », et le n° du 16 juin 1894 du « Mémorial Diplomatique, Paris », intitulé « *la Barre de Santiago* ».

Les ruines de Tehuacan (en nahuatl = lieu pierreux ou cité de Dieu) ou de la ferme d'Opico (département de San Vicente) sont situées sur le versant est du volcan de San Vicente par 13° 39′ lat. nord, et 88° 48′ 30″ long. ouest. D'après le Dr D. Gonzalez, ce qu'il y a de plus important dans ces ruines, c'est la grande pyramide, entourée de pyramides de petites dimensions, de murailles et de tertres. Les chroniqueurs de la conquête sont restés muets à l'égard de ces ruines. Les indigènes actuels n'ont aucune tradition à leur égard. Elles offrent une certaine analogie avec les ruines de Copan et Quirigua.

Faudrait-il assimiler ces ruines à celles situées sur le flanc sud-ouest du volcan qui la sépare du lac d'Ilopago et dont l'accès a été interdit au capitaine de Montessus en 1885? Depuis 1840, date où un prêtre en a extrait de belles pièces, entre autres un grand puma de pierre, les Indiens des environs ne laissent pas, paraît-il, les étrangers aborder les ruines.

Il y avait aux portes de San Salvador, près de la route de Santa Tecla, de beaux tertres non explorés en 1888.

Dans le « *Censo general de la Republica del Salvador levantado en 1892, San Salvador, 1893* », Georges Dawson se plaint de l'abandon dans lequel sont laissées les sépultures indigènes de Cuzcatlan du département actuel de la Libertad. Ces monuments précolombiens offrent pourtant un grand intérêt archéologique et appellent de sérieuses explorations.

Y a-t-il existé dans le lac Chanmico, situé à la base du volcan de San Salvador, un sanctuaire vénéré des Pipiles, dont les Espagnols conquérants précipitèrent les statues colossales au fond de l'eau ? S'il en était ainsi, des sondages dans ce lac seraient de grand intérêt.

Un autre lac du Salvador, celui de Güija, à la frontière du Guatemala et du Honduras, appellerait des sondages pour retrouver les ruines de la ville indigène qui en occupait le centre.

Des fouilles méthodiques parmi les tertres de la plaine de San Andres et Zapotitlan, amèneraient sans doute de belles découvertes. Le capitaine français Touflet y avait trouvé en 1884 maints produits de l'art céramique des habitants précolombiens du Salvador.

Il y aurait intérêt à débarrasser des broussailles qui le recouvrent le grand roc sculpté de la Quebrada del Idolo près Panchimalco.

Une exploration serait fructueuse à la côte du département d'Ahuachapan, à l'endroit d'où M. Gustave d'Aubuisson avait, en 1892, fait venir une grande pierre sculptée avec représentation du soleil et des caractères laissant pressentir un calendrier nahuatl.

Anthropologie. — Le Dr Barberena a vu en 1888 deux pierres curieuses près de la Cuesta del Gigante, située entre les villages salvadoriens d'Arambala et de Perquin (dép. de Morazan). Dans l'une est creusé un pied humain assez grand et parfait ; à 1m. 50 de distance se trouve l'autre empreinte avec une main ouverte en creux. On n'a encore pu assigner de date à cette empreinte, qu'on peut rapprocher de celle de pieds, des environs de Managua (Nicaragua), et d'Amanalco (E. de Mexico) au Mexique.

Races. — Dans la séance du 6 février 1897 de la Société de géographie de Paris, M. L. Pinart, en parlant de sa tournée minière au Honduras, dit avoir retrouvé la trace des Indiens Amerrisques et Chaparristiques. Selon cet explorateur, ces peuplades auraient été chassées des bords de la Mosquitia, auraient traversé le Honduras où quelques-uns d'entre eux seraient restés, pour aboutir au Salvador, à San Miguel. A ce point, ces bandes se seraient divisées en deux branches. L'une serait passée par Moncagua, Chinameca, Jucuapa et les hauteurs de Tecapa, pour descendre à la côte vers l'embouchure du Lempa. L'autre, suivant les hauteurs de Tigre (est-ce l'île ?), d'Oromontique, passant par le volcan d'Usulutan, se serait rendue à la côte aux environs de Jiquilisco. Quoiqu'on puisse faire de nombreuses variantes à cet itinéraire, on pourrait en principe, à mon avis, en admettre le tracé, mais en sens inverse, c'est-à-dire avec point de départ du Salvador vers le Honduras, le Nicaragua et la Mosquitia, de l'ancienne Taguzgalpa (voir mes *Essais de localisation des populations précolombiennes du Nica-ragua*, Paris, 1888).

Linguistique. — Domingo Juarros, dans son *Historia de Guatemala* (p. 102, t. I) parle de la langue popoloca parlée à Yayantique, province de San Salvador, partido de San Miguel, et s'étendant aux villages de Conchagua et Intipuca. Comme, d'après Brinton, ce nom de langue popoloca est trop général, il s'agirait de déterminer le nom exact de la langue à laquelle fait allusion l'historien guatémalien. Est-ce la langue chaparristique ? est-ce l'amerrisque, comme prétend A. L. Pinart ? je ne le crois pas. J'aurais plus de tendance à lui donner celui de lenca.

Onomatologie. — Parmi les nombreux noms indigènes de localités dont on ne peut déchiffrer encore l'étymologie exacte, il faut citer :

celui de *Cuzcatlan* : signifie-t-il la vallée des hamacs ou le pays des joyaux ou richesses ?

celui de *Paz*, *Paxa* ou *Paxaco*, qui a servi à désigner la rivière qui sépare le Guatemala du Salvador ; que signifie-t-il ? Peut-on l'identifier avec le nom de la ville actuelle d'Ahuachapan ?

L'étymologie du nom de *chapin* donné par les Salvadoriens aux Guatémaltèques viendrait du k'kitché, d'après le Dr Barberena (*La Universidad* San Salvador, janv. 1892) ; il voudrait dire ou flèches pointues ou petite voix ?

Quant au nom de *pipil* donné, paraît-il, par les K'kitché aux Cuzcatleca, il aurait deux étymologies : l'une, nahuatl : petits ; l'autre k'kitché (d'après Barberena) = voix qui gêne. Ces étymologies sont peu sûres.

HONDURAS

Régions peu connues. — Ce pays est un de ceux encore les moins explorés de l'Amérique centrale. Les savants de toute spécialité pourraient y trouver de très nombreux et curieux matériaux. Les parties les moins connues sont, à l'est, celles comprises entre Olancho, la rive droite du rio Patuca et la frontière du Nicaragua ; au sud, la partie de la frontière avec le Salvador, comprise entre le rio Lempa et Chalatenango (Salvador). L'intérieur même du Honduras, à distance des villes et en dehors des routes fréquentées, est peu connu et exploré. Par exemple, les monts de Pija, région montagneuse et boisée comprise entre les sources des divers rios du Honduras central, débouchant dans la mer des Antilles au nord ; la rive droite du rio Calamapa, affluent de l'Ulua, et le rio Aguan, au sud, et enfin Olanchito, à l'est.

Grottes. — L'histoire précolombienne du Honduras gagnerait aux fouilles qu'on devrait faire dans l'île d'Utila (groupe des îles de la Bahia), dans la grotte située à Brandon ridge, près de la « loma » Punkin.

Paléontologie. — A Danli on a récemment trouvé des ossements d'énormes oiseaux fossiles. Nous attendons des renseignements sur cette découverte fort intéressante.

Races. — Les *Jicacos* actuels de la côte Atlantique nord-est se tiennent à l'écart des blancs et ne communiquent avec eux (et cela rarement) que par l'intermédiaire des caciques. Les auteurs tels que G.-E. Squier et Wells, qui nous ont parlé d'eux, ne l'ont fait presque que par ouï-dire. On ignore à quelle race ils appartiennent.

Les *Ulua* (Woolwas), dont on retrouve des débris parmi les Mosquitos du Nicaragua, n'ont laissé de trace de leur passage au Honduras que par le nom d'Ulua attribué actuellement encore à une rivière du centre du pays. Mais d'où venaient-ils ? A quelle race appartenaient-ils ? Personne ne l'a encore dit. Sont-ce les constructeurs des tertres de Tenampua ? L'état d'abâtardissement actuel des débris de cette race au Nicaragua ne prouve pas qu'ils aient dû à l'époque précolombienne être dénués de qualités éminemment utilitaires. Ne pourrait-on pas rechercher si cette race, aux vocables pourvus de voyelles, et dont le vestige se retrouve au Salvador dans le nom de ville Uluazapa (département de San Miguel), venait du nord-ouest, c'est-à-dire de la côte du Pacifique, et si elle eut ou put avoir des affinités anthropologiques et ethnographiques avec les Mangues du Nicaragua ?

A propos des *Amériques* et *Chaporastiques*, dont M. Pinart (Soc. géog.,

Paris, 6 février 1897) dit avoir retrouvé la trace, quoique leur existence ait été maintes fois contestée, on peut consulter mon *Indic. appr. des vestiges laissés par les habitants précolombiens du Nicaragua* (Paris, 1889), où il est question des IndiensAmerriques ou Amerrisques et des Lenca, à la famille desquels M. Pinart rattache ces deux tribus.

Quant aux *Lenca*, de l'extrémité sud-est du Honduras, il y a des raisons pour croire que ce sont les vrais précurseurs des Maya, qu'ils ont construit Copan, qu'ils avaient des affinités linguistiques, si pas d'autres, avec les Chorti du Honduras et du Guatémala au nord, et avec les indigènes occupant actuellement les départements de N. Segovia, Matagalpa, Chontales (du Nicaragua) au sud. Mais les preuves, les points de contact manquent, et il est peu scientifique de reconstituer l'histoire par voie d'hypothèses.

Histoire. — La connaissance des traits distinctifs des races précédentes est aussi peu approfondie que leur histoire. La succession des races au Honduras a-t-elle été la suivante : les Jicacos, les Ulua, puis les Lenca ayant chassé les deux précédentes devant eux, et enfin les Nahua conquérant et s'assimilant les deux dernières races ?

A. L. Pinart (Soc. géog., Paris, 6 février 1897) donne aux migrations des Amerriques et Chaparristiques l'itinéraire suivant : partis des côtes de la Mosquitia, ils auraient passé par les hauteurs de Tegucigalpa, Ojojona, Lepaterique, Aguaguiterique, pour aller habiter les vallées de Paco, del Sana, Torocote, etc. et le Salvador oriental où on les trouve encore. On pourrait peut-être admettre une partie de cet itinéraire, mais en sens inverse, c'est-à-dire de la partie méridionale du Honduras sur le Nicaragua et l'ancienne Taguzgalpa.

Pour ce qui est de l'histoire postcolombienne du Honduras, elle n'est pas si claire qu'on pourrait le croire : un fait seulement, entre tous, le prouvera. Une foule d'historiens et chroniqueurs de l'époque ont soutenu que Cristoforo Colombo avait, en 1502, débarqué sur la côte atlantique du Honduras à la pointe de Caxina, non loin du port actuel de Trujillo. M. M. A. Soto soutient, au contraire, que l'amiral est resté à bord de son bateau et que seul son frère foula le sol hondurègne. Cette question n'est pas encore élucidée.

L'Ile Guanaja ou Bonaca, du groupe des îles de la Bahia (voir mon article sur ces îles à la 3e liv. du Dictionnaire du Commerce, de l'Industrie et de la Banque. Paris, Guillaumin, et Cie, 1898), appelée isla de los Pinos, par C. Colombo, fut, d'après les uns, découverte le 31 juillet 1502, d'après d'autres en 1505. Qui a raison ?

Linguistique, paléographie. — La langue de ces peuplades anciennes, à part quelques bribes éparses de vocabulaires, est inconnue à peu près. Leur écriture l'est totalement.

Archeologie. — A-t-on raison d'attribuer la construction des palais de Copan aux ancêtres des habitants actuels du pays ? Etait-ce une race venant du nord-est ? Son origine yucatèque pourrait-elle être prouvée par la similitude architectonique des édifices de Copan avec ceux du Yucatan et de points intermédiaires tels que Quirigua (au Guatémala) ?

Faut-il admettre avec Geo. E. Squier que les fameux tertres de Tenampua ont été élevés par la même race que celle (Moundbuilders) qui a construit les tertres de l'Ohio et du centre de l'Amérique du Nord ? Des photographies, accompagnées de plans, des formes extérieures des monuments des deux pays, ainsi que des objets trouvés à leur intérieur, permettraient peut-être d'être fixé à cet égard.

Le voyageur Stephens donne la gravure (page 157 de ses *Incidents of travels in Central America*, vol. I), d'un autel circulaire vu par lui dans les ruines de Copan. Le Dr E. T. Hamy (*Essai d'interpretation d'un des monuments de Copan*, Compte-rendu Soc. Géog., Paris, 1886) a découvert sur cet autel la représentation du taïki, le fameux symbole chinois du principe de toutes choses. Que faut-il conclure de ce rapprochement ?

NICARAGUA

Regions peu connues. — Il y a d'abord au nord le territoire contesté avec le Honduras compris entre le Cabo Falso et le rio Patuca. Les parties avoisinant la mer sont quelque peu connues ; mais l'intérieur des terres est encore à explorer, surtout les parties non arrosées par des cours d'eaux. La région septentrionale du département Zelaya et celle touchant au nord-est des départements de Nueva Segovia et Matagalpa est peu connue. Les montagnes qui avoisinent le port de San Miguelito sont encore vierges. La rive du lac de Nicaragua comprise entre ce port et San Carlos, et celle de San Carlos à Tortugas est à peine explorée. La prolongation de cette rive à l'intérieur des terres cache peut-être certaines tribus indigènes et certains monuments anciens : personne ne le sait. Les forêts vierges y règnent dans toute la splendeur de leur végétation luxuriante et inextricable.

Formation géologique des lacs. — D'après M. Salvador Calderon y Arana (*Los Grandes lagos nicaragüenses.* Diario Oficial de Nicaragua, 1er décembre 1896 et n^{os} suivants), l'origine de ces grands lacs doit provenir d'échappements répétés de gaz et vapeurs dans une proportion qui peut-être n'a pas eu d'égale au monde. Le lit de ces lacs offre des caractères distincts de ceux qu'on observe dans le reste de la région : il est formé de matériaux volcani-

ques, les uns compacts, et les autres plus ou moins détritiques et strati-
formes. Aussi ce lit offre-t-il une masse si confuse à première vue qu'il n'est
pas étonnant que les questions géologiques y relatives aient été laissées de
côté ou seulement traitées à la légère et sans grand succès. Comment
coordonner l'origine volcanique de ces énormes dépressions en dehors du
tracé d'un véritable système hydrographique, avec l'absence de ces couches
de matières laviques ou scoriacées qu'on a l'habitude de voir dans les cratères? Comment expliquer la séparation absolue qui existe entre les roches
du bord des lacs et les laves et volcans qui s'étalent derrière en gradins ou
se dressent au-dessus des eaux? — L'auteur admet comme évident que ces
lacs soient de formation antérieure à l'époque des grands froids prégla-
ciaires. Cette théorie une fois admise de l'origine non aqueuse de ces lacs, la
question reste à résoudre du processus de cette formation. M. Calderon
admet quatre hypothèses, en les considérant :

1° comme lit de dépression ; 2° comme résultats de soulèvements et
d'affaissements ; 3° comme lacs cratères ; 4° comme maars ou cratères
d'explosion.

Quelle hypothèse doit-on adopter?

Géologie. — D'après le Dr Bruno Mierisch (*Informe sobre Viage al
Atlantico*, 1892, publié dans le Diario Oficial de Nicaragua des 3-6 juin 1897),
il peut se faire que Corn Island soit d'origine récente, d'après la formation
pétrographique de ses laves. Mais il n'en est pas sûr, malgré sa grande
compétence en ces matières.

Le même géologue allemand, en parlant de la région de Prinzapolka, dit
qu'elle est de formations d'alluvion ou peut-être diluviales, s'étendant de
Prinzapolka jusque près de l'embouchure du rio Cusatac. N'est-ce que là
que commencent les couches qui correspondent probablement à l'époque
tertiaire?

Grottes. — Le Nicaragua en possède un assez grand nombre qui pourraient déceler les traces des plus anciens habitants du pays : mais, pour la
plupart, elles sont abandonnées et peu visitées, par suite de certaines superstitions craintives et surtout de l'indifférence des habitants pour tout objet
ancien ou toute recherche n'offrant pas un but immédiat d'utilité pratique.
Parmi ces grottes, il faut signaler celles proches de Juigalpa et Teustepe
(département de Chontales), celles situées en face Sebaco Viejo (département
de Matagalpa), sur le versant d'une montagne, dans la direction du village
de la Trinidad, celle de Cucirizna, près San Juan del Sur : elles laisseront
connaître à leurs investigateurs futurs les anciens procédés d'exploitation
minière (or) des Indiens encore inconnus qui les habitèrent, le genre de
leurs habitations et celui de leurs sépultures.

Paléontologie. — Dans une grotte située aux environs de Metapa, taillée dans un roc à pic à 20 mètres au-dessus du sol, le minéralogiste américain Crawford a découvert, en novembre 1888, des ossements de grandes dimensions, d'hommes adultes, aux crânes portant une curieuse déformation artificielle. La découverte de ces ossements dans une grotte inaccessible ne pourrait-elle pas évoquer un rapprochement avec les falaisiers (Cliff-Dwellers) du versant Pacifique des États-Unis? N'y aurait-il pas lieu de comparer ces ossements découverts dans les falaises des deux régions éloignées pour tâcher de voir s'il y a affinités entre eux? Quant aux déformations artificielles du crâne, le Dr Delisle, qui a si bien analysé les déformations des crânes trouvés dans le nord-ouest de l'Amérique, ne pourrait-il pas étendre ses recherches jusqu'au Nicaragua et établir des comparaisons entre ceux de Metapa, de la côte nord-ouest de l'Amérique, des constructeurs de tertres (Moundbuilders) de l'Ohio et des Inca du Pérou? Ces études pourraient peut-être donner des aperçus nouveaux sur les premières races américaines.

On trouve au Nicaragua, en dehors des grottes, des empreintes très nettes de pieds d'aborigènes adultes, tracées dans la lave solidifiée ou le tuf constituant une pierre tendre. Elles sont d'une profondeur de 8 à 10 mm. et ont été découvertes il y a quelques années dans une carrière près Managua, sous trois à quatre mètres de couches de stratification. MM. F. W. Putnam (de Cambridge, Mass.), le marquis de Nadaillac (de Paris), et Marcel Blanchard (de Lorient) ont fait de savantes recherches sur ce sujet et ne sont pas d'accord entre eux : ils n'ont pu encore établir exactement le degré d'antiquité de ces vestiges de l'homme, soit par époques géologiques (quaternaire?) soit simplement par siècles (xive ou xve) (?). On croit pourtant que ces empreintes sont précolombiennes : mais ce n'est pas suffisant. Le besoin se fait sentir d'étudier géologiquement ces empreintes dont des spécimens se trouvent au Peabody Museum, dans ma collection, etc...

Races. — On ne sait quelle est la plus ancienne race ayant peuplé le Nicaragua : sont-ce les Lenca, Amerrisques, Diria, Mangue ou Mankéme, Nagrandan, Ulua, Carca ou Rama? La plupart ont disparu de nos jours. Consulter mon *Indication approximative des vestiges laissés par les populations précolombiennes du Nicaragua* (Archives de la Société Américaine de France, Paris, septembre 1888). Les quelques débris qui restent encore sont errants dans les vastes solitudes du département Zelaya et des rives méridionales du lac de Nicaragua. Aussi, comment les joindre pour les étudier sur le vif? Comment et où localiser une tribu qui, comme les Carca, se transportent tous les ans des forêts du versant atlantique vers les coteaux secs du lac de Nicaragua?

L'affinité des Mangues avec les Chapaneca du Mexique méridional est à peu près établie : mais l'est-elle ou peut-elle l'être avec les Tarascos du Mexique central d'une part, et avec les Timotes, du Vénézuéla, de l'autre, comme le prétendent plusieurs auteurs ?

Les Lenca, de Chontales, qui ont des rapports ethniques fort prononcés avec ceux de la frontière orientale du Honduras, et du Salvador, sont-ils les constructeurs des tertres de Tenampua (Honduras) ou des palais de Copan (Honduras) ? Viennent-ils du nord-est, c'est-à-dire du Yucatan et des rives du Mississipi ? Jusqu'où ont-ils étendu leurs ramifications le plus au sud ? Les Lenca ont-ils des affinités avec les Cuna de la Colombia septentrionale ?

Ont-ils des affinités avec les Poa et Toaca de l'ancienne réserve Mosquita, avec les Lacandons, du Guatémala, et les Guatusos de Costa Rica, comme le veut le Dr Carl Bovallius (*Nicaraguan antiquities*, Stockholm, 1886) ?

Les Amerrisques, dont on retrouve la trace à la Sierra de Chontales qui porte leur nom (consulter mon essai « *Sur le nom Amerrisque* » (p. 173 compte-rendu Cong. Int. Amér., Paris, 1890), venaient-ils de la côte atlantique, pour aller ensuite au Honduras et au Salvador, comme le prétend M. A. L. Pinart (Soc. géog. de Paris, 6 fév. 1897) ? Ou bien la direction de leurs migrations n'a-t-elle pas été du nord-ouest au sud-est, c'est-à-dire en sens contraire de celui indiqué par M. Pinart ? (voir p. 574 de mes *Considérations sur quelques noms de localités de l'isthme centre-américain*, compte-rendu Cong. Int. Amér., Paris, 1890). Les Amerrisques sont-ils des Lenca ?

Linguistique. — Le grand philologue français L. Adam, qui a étudié la langue mosquito, ou mieux misskito, à l'aide des divers documents recueillis par les voyageurs Henderson, Alex. J. Cotheal, les missionnaires moraves, etc..., regrette de n'avoir pas trouvé dans ces ouvrages les éléments d'une étude satisfaisante de la phonétique de cette langue. Elle n'est, paraît-il, apparentée, de près ou de loin, à aucune des langues américaines connues, et n'est point mélangée d'éléments caraïbes. Avait-elle des langues sœurs qui ont disparu ?

Herrera avait-il raison de compter comme parlant la langue carabisi les Zuma et Waikna de la côte mosquita ?

A quelle branche linguistique rattacher le vocabulaire de 39 mots, recueillis en 1874 par le Dr Berendt à Matagalpa, appartenant à la langue vaguement dénommée popoluca et que le Dr Brinton a baptisée du nom de matagalpanc ?

Est-on sûr que les langues connues sous les noms de diria, orotina, chorotega (du golfe de Nicoya), choluteca (de Honduras) n'étaient que des dialectes de la langue mangue ou de Masaya, comme le veulent MM. Peralta et Anastasio Alfaro (p. xxi, *Etnografía centro-americana*, catalog. Expos. Hist. Amer. Madrid, 1893) et non des langues à part ?

La langue distincte du nom de nagrandane ou de Subtiaba, avec quelles autres langues avait-elle des affinités?

Que dire de la parenté que le Dr Brinton (p. 615, *Güegüence, the comedy Ballet*) trouve entre les langues mangue et aymara du lac Titicaca?

Onomatologie. — A propos des Indiens Chorotega du Nicaragua et du Costa Rica, le très érudit historien, M. Manuel M. de Peralta trouve (p. ix de ses « *Apuntes para un libro sobre les Aborigenes de Costa Rica* », Madrid, 1893) que le mot de Chorotega ne vient pas de Chololteca, habitants de Cholollan (Cholula), ni de chololtia (fuir), chololtic (fugitif), mais de Xoloteca (habitants du lac de Xolotlan ou Managua (voir page 8 de mon « *Ind. appr. de vestiges laissés par les populations précolombiennes du Nicaragua* », mes étymologies douteuses du mot choluteca, et p. 23 pour le mot Nicaragua). Il donne comme étymologie à ce nom Mangua = pays des Mangues. Mais que deviendrait alors l'*a* de la seconde syllabe de ce nom de lieu? Cette étymologie paraît plausible au point de vue historique, mais non à celui linguistique.

La terminaison *isque* de noms de localités telles que Cunimisque, Quiquisque, Tempisque, etc. peut-elle faire croire à l'hypothèse qu'elles ont été habitées par la race Amerrisque?

On ne sait la signification des noms suivants donnés au lac de Nicaragua :

Cocibolca, par les Mangues et Chorotegan ;

Aguayabo, par les Nahua (Nicarao ou Niquiran).

Le nom de laba = eau, en langue chontal d'Oajaca tequistlateca aurait lieu d'être rapproché : 1° du suffixe *laya*, accolé à maints noms de localités de l'ancienne côte des Mosquitos (actuel département Zelaya) et qui signifierait eau aussi ; 2° du mot *lawa*, *laoua* signifiant cours d'eau en langue boni, des Guyanes. Quelle conclusion peut-on tirer de ce rapprochement?

Peut-on suivre Pinart dans sa proposition de dériver le nom des Indiens Chontales de chonta, sarbacane en palmier, tous les palmiers ayant en k'kitchoua l'appellation générale de chonta?

Pétroglyphes. — Aucune des nombreuses inscriptions sur roches que possède le Nicaragua n'a encore été déchiffrée. Parmi les plus importantes, se trouvent celles multicolores des lacs de Masaya (ancien Lindiri), Acoyapa et de Nejapa, où la figure du soleil est répétée souvent ; les inscriptions de Juigalpa et celle des parois intérieures d'une grotte très profonde située aux environs de Santa Teresa (département de Jinotepe) à la côte du Pacifique.

Archéologie. — Doit-on attribuer aux Lenca la construction d'une ville (?) disparue sous la végétation, à 8 kilomètres d'Acoyapa, sur les flancs d'une colline située entre Juigalpa et El Salto citée par Thomas Belt (*The naturalist in Nicaragua*, London, 1874). Les tertres qui avoisinent n'ont-ils pas d'affinités avec les tertres de Tenampua (Honduras) et ceux de l'Amérique du Nord ?

On ne sait qui a construit les monuments en ruines qu'on rencontre parfois sur les bords du rio Mico. Peut-on trouver une affinité entre les monuments et statues de facture la plus grossière de l'île de Zapatera (lac de Cocibolco ou Nicaragua) et ceux du lac Titicaca (Bolivia) ? Les Nahua ont-ils laissé leurs traces dans les monuments de la même île, mais de modèle plus fini ? Consulter ma « *Notice sur la collection ethnographique et archéologique de Nicaragua à l'Exposition Universelle de Paris 1889* (Revue d'Ethnographie, Paris, 1889/1890).

Histoire. — Peut-on identifier la localité de Cariay, citée par Cristoforo Colombo dans son journal de bord, comme visitée en 1502 par la flotte espagnole, avec l'île actuelle de Pajaro Bobo ou Booby, à l'embouchure du rio Ramaki ? Pour ce qui est de la disparition de nombreux documents indigènes précolombiens du Nicaragua, voir article D. Pector, *les Antiquités du Nicaragua*, séance du 15 mars 1888, Soc. d'ethnographie, Journal officiel de la République française, Paris, 26 mars 1888); voir aussi compte-rendu Congrès International des Sciences Géographiques de Paris, 1889, mon « *Exposé sommaire des voyages et travaux géographiques au Nicaragua dans le cours du XIX° siècle.* »

Est-il vrai que le fameux amiral ne mit jamais le pied sur le continent américain et surtout au Nicaragua ? Après avoir découvert le 14 septembre 1502 le Cabo de Gracias à Dios, parcourut-il lui-même en tous sens la côte des Mosquitos, ou bien se contenta-t-il de rester jusqu'au 5 octobre sans bouger, à Cariari, en vue de l'île de Quiribri, qui serait, plutôt que Cariai, le nom de l'île Pajaro Bobo ?

Il serait intéressant de faire des fouilles sur le territoire actuel de Bluefields, pour y retrouver des traces des populations qui s'y abritèrent contre le vent derrière la barre, lors du passage de Colombo. Il est nécessaire de détruire une fois pour toutes la théorie émise par le professeur Jules Marcou, de Cambridge, que les Espagnols, lors de leur passage en 1502 à Cariay, entendirent parler des fameuses régions aurifères du Nicaragua, sous le nom d'Amerrisque, dénomination qui aurait servi plus tard à désigner l'Amérique ? Il est utile que des spécialistes plus autorisés que l'écrivain des présentes lignes [voir article *Sur le nom Amerrisque*, pages 173/5, Congrès International des Américanistes de Paris, 1890] détruisent cette erreur historique.

Industrie. — La découverte par Thomas Belt de haches de pierres employées par les « huleros » ou chercheurs de caoutchouc actuels du Nicaragua, emmanchées de la même façon que celles qu'on voit sur les sculptures et bas-reliefs des monuments d'Uxmal et de Palenke, cette découverte, dis-je, est-elle une preuve de l'origine maya des habitants du nord-est du Nicaragua ?

COSTA RICA

Régions peu connues. — On connaît à peine la région délimitée par la rive droite du rio San Juan, c'est-à-dire le bassin des affluents de droite de ce fleuve et les forêts avoisinant les rios San Carlos et Sarapiqui, seules routes de cette contrée, puisqu'elles sont naturelles. Il y a aussi toute la partie du Costa Rica à l'ouest de la ville de Cartago, sauf les rivages des deux océans, et les deux côtés des routes allant 1° à l'ancienne province des Talamanca, sur le versant atlantique; 2° à la province colombienne de Chiriqui, sur le versant pacifique. Tout le reste de la partie sud-est et sud-ouest du Costa Rica est peu ou point connu ou exploré. La frontière même de ce pays avec la Colombia est très vague. Aussi les habitants des deux pays, par crainte d'expropriation par l'un des deux États, ou de contestation simplement, préfèrent-ils ne pas s'installer dans cette région qui reste à peu près déserte et inconnue.

Malgré les voyages d'exploration entrepris dans cette contrée en 1891/2 par le professeur H. Pittier [voir *Mitteilungen de Gotha*, 38ᵉ vol., 1ᵉʳ cah., 1892] les « Cordilleras Costeñas » comprises entre la « Montaña de Dota » et Terraba, sur le versant du Pacifique, étaient encore inexplorées en 1891. D'après ce savant suisse, le Chirripo des habitants de la vallée du rio Grande de Terraba, peut-être le massif montagneux du Costa Rica le plus élevé, est appelé à tort Mont Walker par les marins du Ranger et la carte de l'Amirauté anglaise n° 587. Le nom Ujum qui est employé, paraît-il, par les Indiens du nord pour désigner un des sommets de la cordillère principale, est inconnu des Indiens du sud ; M. Pittier ne sait pas sûrement s'il doit être appliqué à un autre massif de montagnes qui se trouve dans le voisinage du Chirripo près des sources des rios Bequis (limites des Sabanas de Ulan vers l'ouest), Achiote, Cañas et Volcan. On observe aussi que, chez les Indiens du nord, le mot u-jum n'est pas un nom propre, mais sert à désigner chaque pic dénudé. Le Pico-Blanco n'a rien d'extraordinaire, vu de la côte du Pacifique et personne ne le connaît sous ce nom. Les nombreuses arêtes montagneuses qui se succèdent au sud-est de ce pic jusqu'au volcan du Chiriqui (Colombia) sont complètement inconnues.

Il y a toujours eu certaines difficultés pour comprendre l'histoire des nations précolombiennes et intercolombiennes du Costa Rica, pour ce qui est de la localisation topographique de certaines localités, principalement du versant atlantique. Ainsi les rios Sicsola, Tilorio ou Changuinola et Estrella n'ont pu être localisés très distinctement. Heureusement que les patientes et savantes recherches de MM. de Peralta et H. Pittier vont bientôt élucider ces questions.

Géologie. — Des jadéites et d'autres pierres vertes, qu'on dit généralement être originaires de l'Asie ou de l'Amérique du Nord, ont été trouvées en grandes quantités à moitié ouvrées dans la provice de Guanacaste, la péninsule de Nicoya, et les environs de l'antique Purapura, près Cartago. Seraient-ce des ateliers de taille de pierres apportées de loin, ou serait-ce plutôt l'indice de la proximité de carrières de ces chalchiuitles ? il y aurait à faire en ces parages des fouilles géologiques. Leurs résultats pourraient quelque peu changer les théories de divers savants sur ces pierres précieuses de couleurs, telles que celles du D^r brésilien Barbosa Rodriguez sur le Muyrakita, et autres du même genre.

Grottes. — Celles voisines du rio Tisate et de l'hacienda « el Jobo », d'une part, et de l'hacienda de « la Culebra », de l'autre, toutes deux dans la province de Guanacaste ou Liberia, ne sont pas explorées par suite de la crainte des habitants de s'y aventurer. On pourrait les explorer et en fouiller le sol et sous-sol.

Races. — On ne sait pas encore le nombre exact d'Indiens non civilisés résidant sur le territoire du Costa Rica : tantôt on l'évalue à 3500, tantôt à 6000.

Parmi ces indigènes, on peut comprendre : les Cotos ou Coctos qui habitaient en 1563 la vallée supérieure du rio Terraba. Sont-ce bien, comme le supposent MM. de Peralta et A. Alfaro (int. p. XIV *Etnologia centroamericana*, Cat. Exp. Hist. Amer. Madrid, 1893) les ascendants des Borucas, Bruncas, Buricas ou Burucas ? Ceux-ci forment la branche talamanca du versant pacifique avec les Terrabas del Sur. M. Pittier ignore à quelle race appartiennent ces indiens, mélange de diverses tribus réunies par les missionnaires espagnols.

On n'a que fort peu de renseignements sur les Talamanca du versant atlantique, tels que les Terrabas del Norte ou Tiribis, les Bribris, Chirripos, Cabécares, Vicéitas.

Il serait à souhaiter qu'on recherchât si l'énergique explorateur nord-américain Lyon, mort en novembre 1891, entouré de l'affection des Indiens de la Talamanca, au milieu desquels il vécut plus de 35 ans, n'a pas laissé de papiers ou documents quelconques sur ces indiens qu'il connaissait si bien. — Il faudrait que le savant évêque Bernhardt August Thiel publiât, en outre des données linguistiques déjà fournies par lui, des renseignements ethnographiques sur les peuplades qu'il a visitées. Il aurait intérêt à être aidé dans cette tâche par MM. Juan J. Ferraz, Dr Anastasio Alfaro, de Peralta, et Carlos Gagini.

Ces tribus Talamanca auraient des affinités ethnographiques soit avec les Caraïbes soit avec les Chibcha ou Muysca. Il serait utile d'étudier de plus près les rapports qu'on dit exister entre ces Indiens et les Guaymies, Dorasques, Changuenas ou Changuenes, Chalivas et Cunas répandus depuis la lagune de Chiriqui jusqu'au golfe du Darien.

Les Indiens de la famille dorasque-changuina avaient presque disparu en 1882. Les Chalivas, qui en font partie, sont perdus dans les montagnes de la Talamanca et il a été impossible à A.-L. Pinart de les visiter ou de se procurer des documents sur leur état et leur langue (A. L. Pinart, *Les Indiens de l'État de Panama*, Paris, 1887). MM. Peralta et Alfaro avouent l'impossibilité de déterminer leurs affinités ethniques. Leurs vocabulaires précolombiens sont perdus.

Les Corobisi ou Corvesi sont ignorés : sont-ce les ascendants des Guatusos ? Il ne reste d'eux que le nom donné à une province précolombienne du Nicaragua au nord-est de Subtiaba et à l'ouest du lac de Managua, et celui du rio Corobici ou Curubici, affluent du rio de la Cañas, qui l'est de celui de las Piedras, tributaire du Tempisque.

Les Guatusos ou Guatuzos parcourent en tous sens les forêts de la rive droite du rio San Juan. On ignore avec quelle race ils ont des affinités : il est peu probable qu'ils en aient avec les Lenca du Nicaragua, ou avec certaines peuplades du Vénézuéla, comme l'a affirmé le Dr Ernst. Il n'y aurait sans doute rien d'invraisemblable à cette hypothèse, dont la solution pourrait fournir des horizons nouveaux à l'histoire des migrations américaines. Mais cette hypothèse aurait besoin d'être appuyée sur des bases solides manquant encore actuellement.

Les Votos, qu'on a trouvés près du village de leur nom, près de la première chute du rio San Juan (torrente del Toro) n'ont laissé de traces ni de leur langue ni de leur civilisation.

Quant aux tribus d'Indiens dénommés Valientes, par les Espagnols, et dont on ignore le nom indigène, elles vivent au sud et à l'est du Pico Blanco et sont encore très populeuses, d'après les renseignements des indiens Viceitas : mais, d'après Pittier, elles n'avaient pas encore été visitées par des explorateurs blancs en 1892.

De la lecture des remarquables « *Apuntes para un libro sobre los aborigenes de Costa Rica* », Madrid, 1893, de M. M^l de Peralta, qui connaît le mieux l'histoire du Costa Rica d'après les archives espagnoles et américaines, découle un aveu regrettable : c'est qu'il y a encore beaucoup d'études à faire pour soupçonner ce que furent avant l'arrivée des Espagnols ces races si intéressantes; leurs débris actuels, ignorants, et dépravés ne conservent presque aucune tradition de leurs aïeux.

Le Dr A. Ernst trouve que certaines langues du Costa Rica, telles que le guatuso, ont des affinités avec celles de la branches timote (de la Cordillère de Mérida, Venezuela), rattachées elles-mêmes à la famille chibcha (le Guaymi). Les preuves apportées jusqu'ici par le savant directeur du musée de

Caracas sont peu nombreuses. Il est nécessaire d'en trouver d'autres.

La langue guatuso moderne aurait des affinités précises avec les langues de la Talamanca, d'après M. Carlos Gagini (*La Universidad*, San Salvador, avril 1894). Quelle conclusion en retirer?

Dans la préface du savant « *Ensayo lexicografico sobre la lengua de Terraba*, por H. Pittier y C. Gagini, San José de Costa Rica, 1892), le grand américaniste et évêque Berlmard Auguste Thiel déplore le manque de grammaires des langues Boruca, Biceita et Guatuso modernes (août 1892).

Archéologie. — D'après MM. Peralta et Alfaro, le champ des explorations archéologiques dans la région des Cotos et Borucas promet de grands trésors, peut-être plus grands que ceux trouvés jusqu'ici à Turrialba et à l'Aguacaliente.

On n'est pas certain du nom et de l'origine des constructeurs des sépultures d'el Guayabo, situé sur le versant oriental du volcan de Turrialba et exploré en 1891 avec tant de succès par le D'Anastasio Alfaro. M. Pittier ne sait à quelle tribu indigène attribuer les sépultures découvertes en 1891 près du Cerro de Buena Vista.

Dans les catalogues de l'exposition du Costa Rica à Madrid en 1892, il est question de sépultures attribuées à des Güetares. On y a trouvé des têtes humaines en pierre de toutes races, jaunes, noires, etc. MM. Peralta et Alfaro expliquent cette singularité par l'hypothèse que c'était la représentation en pierre des têtes des peuples vaincus par les constructeurs de ces tertres. Ceci aurait besoin d'être étudié encore.

L'archéologue A. Alfaro cite (p. 11 *Antigüedades de Costa Rica*, San José, 1896) les ruines découvertes par le D' S. Habel près de Santa-Maria de Dota et celles de M. Garvis près de Buenos Aires. Mais ces bases informes ne laissent guère croire que ce furent des édifices aussi artistiques que ceux du Nicaragua. On peut continuer les recherches.

M. H. Pittier parle (*La Revista Nueva*, S. José C. Rica, 1er janv. 1897), de la vallée du Diquis, si difficile d'accès et si peu connue, des grandes savanes du Buenos Aires actuel ou Hato Viéjo et de ruines situées aux environs. L'explorateur ne sait si ces édifices ont été construits par les Indiens ou par les premiers conquérants espagnols. Peut-être serait-on en présence des fameuses « Ciudades » des conquérants, peut-être de Nombre de Jesus, que le Mis de Peralta place quelques lieues plus au sud, dans les précipices de Boca de Limon. Attendons le résultat des fouilles de M. Pittier et des déductions qu'il en tirera.

Sièges en pierre. — A propos des sièges figurant à la même exposition et provenant des collections J.-J. Matarrita, B. A. Thiel, Arellano, Troyo, et trouvés à Nicoya, je leur trouve des affinités comme formes avec les sièges trouvés à la côte de l'Ecuador. Cette question aurait besoin d'être creusée, ainsi que les conséquences de rapports maritimes entre les deux pays, qui pourraient découler de cette étude.

Il y aurait lieu d'établir des comparaisons entre les « sellos » cachets appelés ailleurs « pintaderas » en forme de parallélogrammes, circulaires ou cylindriques du Costa Rica et ceux du Mexique, de Colombia et de l'Amazonas.

Orfèvrerie. — A propos des objets d'or en forme de grenouilles ou crapauds découverts à Aguacaliente (Cartago), Puriscal, S. Rafael de Heredia, etc. on dit que les Indiens représentaient avec ces animaux en différentes postures les variations de la température. MM. Peralta et Alfaro trouvent qu'en effet il se pourrait que les Indiens se servissent de cet hygromètre naturel pour déterminer les époques auxquelles ils devaient cultiver leurs champs. Je croirais plutôt que c'était un animal symbolique adoré par eux comme divinité tutélaire ; ceci est à discuter.

Linguistique. On ne sait guère encore le nom exact du rio Negro. Est-ce le Sicsola qui, en misskito, voudrait dire « père des rios, rio par excellence », ou bien « rio de los tiburones » en bribri ? Ces étymologies sont-elles indiscutables ? Quelle est la plus ancienne ?

ANTILLES

GÉNÉRALITÉS. *Courants.* — Les courants ayant été, jusqu'au commencement du XIXᵉ siècle, un facteur très important de la navigation maritime, surtout pour les petites embarcations à la voile et à l'aviron, il me semble utile d'appeler davantage l'attention sur la direction des courants des Antilles. Peut-être cette étude, une fois faite avec plus de détails que ceux connus jusqu'ici, permettra-t-elle de comprendre mieux l'histoire des luttes des Caribes, Arrouacs, et alliés de ces deux peuples.

La marche des courants prenant depuis l'embouchure de l'Amazonas une direction générale du sud-est au nord-ouest, pourrait expliquer mon hypothèse de son utilisation par les Caribes arrivés au Vénézuéla du nord-ouest par terre pour aller attaquer leurs ennemis Arrouacs des Antilles. — Quant au petit courant du golfe du Mexique allant du nord au sud, en suivant les côtes pour aboutir au Yucatan, il pourrait aussi expliquer mon hypothèse de l'immigration vers le sud-est des premières hordes caribes que j'appelle précurseurs des Huaxteca et Maya.

On pourra objecter que ces courants, dont nous connaissons actuellement la direction générale, ont bien pu, à l'époque précolombienne, avoir une tout autre direction et, au lieu d'aider, contrarier les incursions des Caribes. Des perturbations souterraines, volcaniques ont pu amener, il y a peut-être peu de siècles de cela, la formation moderne de ces courants. Je répondrai à cette objection que, selon toutes probabilités, l'état de choses actuel a été le même depuis nombre de siècles. Mais, dans le doute, il serait préférable que des sondages fussent pratiqués, sous les auspices des savants tels que M. Milne Edwards, ou le prince de Monaco, pour vérifier, si possible, la structure géologique du bas-fond des petites et grandes Antilles.

Localisation de certaines îles. — On n'a jamais pu savoir au juste la position des îles fantastiques ou non de l'Océan Atlantique, telles que les Sept Cités ou Antilia, l'archipel des Démons, la Man Satanaxio ou Brésil, Royllo et Tanmar. On ne le saura peut-être jamais, pas plus que le nom des Antilles, Bermudes ou autres, auxquelles aurait abordé le fameux moine irlandais Saint-Brandon, lors de ses expéditions vers l'ouest ! à moins qu'on ne retrouve un jour quelque vieux document cartographique émanant des archives d'un cloître retiré de l'Irlande (voir plus loin *Mer des Sargasses*).

Habitat précolombien des tribus. — Dans son remarquable ouvrage « *Races and Peoples* (Philadelphia, 1890), le Dr Brinton dit (p. 268) : « Les Caribes « possédaient beaucoup de la ligne côtière depuis l'isthme de Panama jusqu'à « l'embouchure de l'Orinoco et beaucoup de petites îles méridionales de l'ar- « chipel des Antilles. Ils avaient établi une colonie à Haïti, mais probable- « ment pas à Cuba, et leurs expéditions, aussi loin que nous le savons, « n'atteignirent jamais la Florida. » Il serait à supposer logiquement que les terres non citées plus haut comme occupées par les Caribes durent appartenir aux Arrouagues, ennemis de ceux-ci, ainsi qu'à leurs alliés. Mais rien ne prouve que certaines races, anéanties depuis, et dont on n'a pas connaissance, aient peuplé une ou plusieurs des îles des Antilles, sans avoir pris fait et cause pour les Caribes ou les Arrouagues.

Grottes. — D'après le savant cubain Bachiller y Morales, dans son excellent essai sur les Antilles, p. 153, « les grottes de ces îles ont conservé beaucoup de « restes des indigènes, et même dans les Bahamas on a trouvé des traces que « quelquefois elles ont servi d'habitation aux naturels, avant et après l'ar- « rivée des Espagnols. On a nié la possibilité qu'elles fussent habitées, sans « les avoir même visitées. Les immenses cavernes de Cotilla, Chepa-Lopez, « et beaucoup d'autres de Cuba sont des palais, dont les arcades gigan- « tesques cachent des sentiers et habitations non entièrement explorés ». Il en est de même de la caverne de Jobaba, et de nombre de cavernes de Haïti et des Bahamas auxquelles sont attachées des légendes très curieuses et qui attendent encore des explorateurs scientifiques.

Races. — Est-il avéré que la race Arrouak, douce et inoffensive, persécutée par les Caribes, ait peuplé les Antilles avant ces derniers ? « Les peu-

« plades précolombiennes des Antilles, selon E. Reclus, dans sa *Nouvelle*
« *Géographie universelle*, représentaient des immigrants venus des trois
« régions continentales du nord, de l'ouest et du sud. Bien que ces popu-
« lations aient disparu pour la plupart, il ne peut rester aucun doute à
« l'égard de cette provenance multiple des insulaires primitifs, différant
« suivant les îles et leur proximité de la terre ferme ; quelques indices,
« les récits et les descriptions des chroniqueurs espagnols, les traditions
« et les mœurs des indigènes, le peu que l'on a sauvé de leurs idiomes ont
« permis aux ethnologistes de hasarder, du moins pour quelques Antilles,
« l'histoire des migrations préhistoriques de leurs habitants. »

Le mot « hasarder » employé par le savant géographe français indique bien
l'état incertain dans lequel se trouve actuellement l'histoire précolombienne
de ces îles. En résumé, on ne sait encore que fort imparfaitement le nombre,
la valeur, la localisation, les caractères ethniques, linguistiques et autres
des principales races qui peuplèrent les Antilles.

Linguistique. — En 1492, les Yucayos des Bahamas, les indigènes de Haïti,
de la Jamaica et de Cuba parlaient une même langue, comprise au Yucatan.
Est-ce une preuve que les indigènes du Yucatan et des Antilles cités fussent
d'une seule et même race ? Est-ce une preuve de la civilisation de ces races
possédant plusieurs langues ? ou ne s'agit-il simplement que d'une sorte de
langue franche ayant cours alors dans toutes les Antilles pour la facilité des
transactions commerciales ?

Nombre de langues parlées jadis aux Antilles ont disparu complètement
et sont même à peine connues de nom. Ce ne sont peut-être que des dialectes
de langues sur lesquelles nous avons quelques données.

Pétroglyphes. — On ne sait encore à quelle des nombreuses populations
primitives qui peuplèrent les Antilles attribuer la paternité des nombreuses
inscriptions sur roches qu'on y trouve. Nul n'a pu encore en déchiffrer le
sens. M. A.-L. Pinart, qui a vu une grande partie de ces inscriptions, sur
lesquelles il a publié de très intéressantes monographies, trouve une grande
ressemblance entre les caractères des pétroglyphes de Puerto Rico, de l'île
d'Aruba, de la province de Chiriqui et du département de Panama. Le pru-
dent explorateur français n'ose tirer de conclusions de ces affinités. A d'autres d'approfondir ce sujet.

Mer des Sargasses. — L'aire d'extension et de profondeur de cette mer
si proche des Antilles, citée si souvent dans l'histoire, est encore peu connue
et peu explorée scientifiquement au point de vue des sondages.

On doit attendre beaucoup à ce propos des travaux incessants du savant
prince de Monaco.

Atlantida. — A propos de cette mer, peut-être est-ce ici la place de citer,

au moins rapidement, la légendaire Atlantida ou dernière Tule qu'on peut
localiser, si jamais elle a existé, dans les parages de cette mer des Sargasses.
Nombre de théories fantastiques ont été émises à ce propos. Maints volumineux
ouvrages ont été écrits sur ce sujet depuis Platon. Nous ne citerons que le
dernier ouvrage paru, à notre connaissance, sur l'Atlantida, celui du savant
Mexicain, le licencié Eustaquio Buelna, de Sinaloa, publié, pages 161/203
du compte-rendu du Congrès Intern. des Américanistes de 1895. M. Buelna
soutient que cette île a existé, qu'elle dérive son nom du nahuatl Atlatlan =
près des eaux ou de la mer. D'après lui, les Basques d'Europe avaient des
affiliations linguistiques avec les Nahua : ainsi Tule, Tullan et Tollan auraient
des affinités avec les noms de villes suivants de France et d'Espagne : Tulle,
Toul, Tullum, Toulon, Toulouse, Touloubre, Tolosa, Toledo, etc... Enfin,
la dernière Tule et l'Atlantida qui ne seraient qu'une seule et même île, serait
le berceau des Aztèques ou Chicomoztoc et les Basques pourraient avoir été
leurs frères. Ces affirmations très hypothétiques avaient besoin d'être signalées.

Bahama. — « Il est impossible de dire, déclare E. Reclus, le nombre de
« ces îles, puisqu'il change avec les marées et tempêtes ; lors des hautes eaux,
« tel îlot se divise en plusieurs terres par un réseau de détroits, tel autre dis-
« paraît complètement sous l'inondation ; à marée basse, des terres surgis-
« sent et des archipels s'unissent en un seul corps insulaire. »

Ces changements constants de la topographie de ces îles et en outre le peu
de précision avec laquelle C. Colombo désigne dans ses rapports de mer l'île
de Guanahani, l'une de ce groupe, où il aborda en 1492, ces motifs rendent
très difficile la localisation exacte actuelle de cette île. Aussi cinq îles peuvent-
elles être localisées vraisemblablement sur l'emplacement de Guanahani.
On a pu voir à la section si intéressante des Etats-Unis d'Amérique de
la magnifique Exposition historico-américaine de Madrid des photographies de
ces îles telles qu'elles sont actuellement. Quelle est la vraie ? On l'ignore
encore.

Si donc on ne peut maintenant avoir des données certaines sur la topographie de ces îles à une époque déterminée de leur occupation par des
Européens, encore moins peut-on en obtenir sur la période précolombienne,
les vestiges de temples, les habitations, etc., des peuplades autochtones de ces
îles. On peut, d'une façon générale, en dire autant de grand nombre d'autres
Antilles.

La langue parlée aux Lucayes de temps précolombien était la même,
paraît-il, que celle en usage dans les Grandes Antilles. On n'en a conservé
aucun vocabulaire. On prétend seulement qu'elle était d'origine arraouaque
et que quelques peuplades de Guyane la parlent encore.

Iles Bermudas. — Lors de la découverte de ces îles par les Espagnols, elles étaient inhabitées. En avait-il toujours été ainsi ? N'avaient-elles pas été peuplées soit par des tribus arrouagues, soit par des tribus caraïbes ?

Puerto-Rico. *Grottes.* — Cette île, appelée Borinquen par les Arrouagues, possède un grand nombre de grottes intéressantes. C'est dans le département d'Arecibo qu'on en a découvert le plus contenant des stalactites. Parmi ces grottes, il faut citer celles de « l'Islote », de « los Archillas » de « los Conejos », de « las Planadas », de « la Boquilla », « Mallorquin », de « los Muertos », près Caguana, et la grotte voisine de Bayano. Elles n'ont encore été explorées qu'imparfaitement au point de vue anthropologique et ethnographique.

Pétroglyphes. — Les inscriptions gravées sur les parois des grottes citées plus haut, ainsi que sur la roche « la Carolina », la « Ceiba », « Loma Muñoz », « Piedra Pintada », hauteurs de « Jauco », etc. ont été relevées et étudiées spécialement par A. L. Pinart dans sa curieuse « *Note sur les pétroglyphes et antiquités des Grandes et Petites Antilles* », Paris, 1890. Quoique le savant américaniste trouve une grande ressemblance entre les caractères des pétroglyphes de Puerto Rico avec ceux d'autres Antilles (Aruba, etc.) et même du continent américain (Chiriqui, Panama), on n'a pu encore tirer de ce fait des déductions sérieuses.

Grands colliers de pierre. — On ignore encore le but de la fabrication par les indigènes (et lesquels?) de ces grands colliers de pierre dure dont on admire des spécimens au Musée d'Ethnographie du Trocadéro, à Paris. Ils ont été trouvés dans les fouilles à Puerto Rico. Les uns sont finement sculptés ; les autres sont assez grossiers et plus rares. Sont-ce des colliers destinés à des animaux de trait? On croit que non. Une autre hypothèse veut que ces colliers fussent portés par les prisonniers de guerre avant d'être sacrifiés. D'autres savants enfin, et ceux-là sont les plus nombreux, prétendent que ces colliers étaient portés avec ostentation dans les danses sacrées ou guerrières des indigènes par les hommes les plus robustes des tribus aspirant au poste de chef guerrier : celui qui pouvait danser le plus long-temps avec ce collier très lourd sur les épaules (ils étaient conformés pour les deux épaules) gagnait la palme. Mais aucune des hypothèses précédentes n'a été confirmée d'une façon positive. Consulter à ce propos, l'ouvrage de M. E. Beauvois, *Les Colliers de pierre trouvés à Puerto-Rico et en Écosse*, Paris, 1886.

Ile d'Haïti. *Grottes.* — Les principales grottes de cette île à notre connaissance et que nous citerons sans faire de distinction spéciale entre celles du territoire de la république de Haïti et de celui de la république Domini-

caine, sont les suivantes : — celles de Caxibajagua et Amayauna, toutes deux
le berceau des Cebuncys (habitants primitifs de Haïti), et situées près de la
montagne de Cauta (province de Caunaua), — celle du « Soleil », près Monte-
Christi, — celle de « El Templo », dans la baie de San Lorenzo, près Santo
Domingo, — celles de « El Pomié », à une demi-heure au nord-ouest de la
Toma, de Dubecta (près les Gonaïves), la Selle (près Port-au-Prince), de
Doubon (non loin du cap Français), la voûte sacrée à Minguet et autres du
district de Dondon, el Peñon, el Cotui et Samana, d'Higuey. — Pour ce qui
est de la description topographique, artistique, historique de ces grottes et
de la tradition religieuse qui s'y est rattachée, on peut consulter les intéressants ouvrages de Descourtilz (*Voyage d'un naturaliste*), Bachiller y Morales
(*Cuba primitiva*), H. Thomasset (*Notice sur la commune de San Cristobal,
province de Santo Domingo, rép. Dom.*, p. 29), A. L. Pinart, E. Reclus
(*Nouvelle Géographie Universelle*), etc... Mais ces descriptions, pour la plupart, sont incomplètes aux points de vue géologique, paléontologique, anthropologique et ethnographique.

Races. — L'étude de ces renseignements, manquant pour la plupart
actuellement, faciliterait la recherche de diverses questions anthropologiques
encore douteuses. Les Cebuncys (de l'ouest) et les Arrouagues (du centre et
de l'est) sont-ils les premiers habitants de Haïti? Laquelle des deux tribus
est la plus ancienne? Avec quelles tribus des îles voisines ont-ils le plus
d'affinités? Ces questions n'ont pas encore été élucidées d'une façon définitive.

Derrière Jacmel se dressent des montagnes boisées et abruptes. On
manque de données scientifiques sur la population de cette région ; elle
évite tout contact avec les villes. Quelle est son origine ethnique ?

Linguistique. — Les Cebuncys et les Arrouagues, qui s'unirent en maintes
circonstances pour repousser les envahisseurs Caribes, avaient une langue
commune. Était-ce la langue propre des deux tribus, ou plutôt une sorte de
langue franche? Les quelques vocabulaires qu'on en a pu recueillir per-
mettent-ils d'établir des comparaisons linguistiques utiles à l'histoire des
peuples qui les ont parlées?

Que peut-on déduire de la dénomination arrouague de l'île de « Haïti »
ou terre des montagnes, ou de Quisqueya ou terre grande ou mère des
terres? Pour Juan I. de Armas (*Origenes del lenguage criollo*) les noms de
Quisqueya, Babeque et Bohio attribués à la grande île sont erronés : Haïti
seul serait le vrai.

Quelle est la véritable signification du nom de la fameuse montagne de
Cauta? Désigne-t-il l'Olympe haïtien, la « Sima », localité de Santo-Domingo
où se trouvent les grottes mythologiques de la création de l'homme? ou
bien est-ce seulement la pierre qui en recouvrait l'entrée?

De la similitude du nom de Nicayagua (dénomination indigène du rio

Yaque, de las Cañas ou del Oro) avec ceux de Nicaragua et Nicoya, dans l'Amérique Centrale, sur la côte de l'Océan Pacifique, peut-on baser certaines hypothèses d'histoire précolombienne ?

Pétroglyphes. — MM. Bachiller y Morales et Pinart énumèrent les diverses grottes et localités d'Haïti aux parois et surfaces couvertes de figures sculptées ou gravées, sans pouvoir en indiquer le sens (lac de Jaragua et Monte las Caritas).

Histoire des découvertes. — Est-il prouvé que la découverte de l'île de Santo-Domingo par Sanchez de Huelva avant Cristoforo Colombo ne repose que sur la tradition ?

Cuba. *Régions peu connues.* — Le centre de l'île de Cuba, même de nos jours, est encore imparfaitement connu, et de vastes solitudes séparent Santiago de Cuba de la Habana.

Races. — Malgré les savants travaux de M. Bachiller y Morales et autres illustres Cubains, membres de la Société d'Anthropologie de la Habana, il y a encore beaucoup de lacunes sur les populations primitives de l'île. Qu'a-t-on pu déduire de la découverte d'une mâchoire fossile au sud de Puerto Principe ? et de crânes pétrifiés non accompagnés d'autres objets, découverts en 1890 par M. Toribio Villar dans une grotte de la sierra de Cotillas, près la Habana ?

Les crânes aborigènes trouvés près du cap Maysi ont bien une dépression artificielle du front semblable à celle des hommes représentés sur les murailles de Palenke au Yucatan. Mais il me semble que ce n'est pas une raison suffisante pour déduire de cette ressemblance que forcément les hommes des deux régions en question appartinssent à la même race. Car la déformation artificielle du crâne humain s'est pratiquée et se pratique encore presque de la même façon dans la plupart des tribus indigènes de l'Amérique du Nord et du Sud. Néanmoins cette question pourrait être étudiée avec un plus grand nombre de documents. En effet, d'après diverses données de toute nature, il appert que les Maya du Yucatan sont parvenus d'une direction nord-est et qu'il y a toute probabilité qu'ils soient venus des bouches du Mississipi et de la Florida, en passant par Cuba.

La famille d'Indiens purs, non mélangés, visitée en 1847 par Rodriguez-Ferrer, non loin de Tiguabo, dans une des vallées de la sierra Maestra, du côté de Guantanamo, vit-elle encore ? De quelle race est-elle ? A-t-elle encore gardé ses traditions ? Il serait intéressant de s'en assurer.

Il serait utile d'explorer avec soin les diverses « caneyes » ou tertres de Cuba, qui contiennent des dépôts d'ossements humains et qui ont une grande analogie avec les tertres (mounds) de l'Ohio. Il serait aussi intéressant de visiter scientifiquement les nombreuses cavernes du pays pleines aussi de débris humains. Mais là la tâche est plus difficile, en vue du mélange de restes de nègres « cimarrones » et d'Indiens qui s'y réfugièrent pour fuir les travaux auxquels les astreignaient les Espagnols.

Pétroglyphes. — La plupart de ces grottes et celles proches du cap Maysi contiennent des inscriptions sur roche ; leur sens est inconnu.

ÎLE DE GRENADA. *Pétroglyphes.* — On n'a pu encore déchiffrer les inscriptions de la roche de New River.

ÎLES GRENADILLAS. *Pétroglyphes.* — L'île Bequia contient une roche avec inscription non déchiffrée.

ÎLE DE LA GUADELOUPE. — Les pétroglyphes de Capistère sont toujours un mystère.

ÎLES VIRGIN (VIERGES). — Les inscriptions de Reefbay dans l'île Saint-Jean sont encore une énigme.

ÎLE SAINT-VINCENT. — On ignore encore le sens des trois inscriptions grossières sur rocs de cette île. On les attribue sans preuves aux Caribes.

ÎLE SAINT-JEAN. — Cette île danoise contient des roches avec caractères gravés, non encore déchiffrés, attribués aux Caribes.

ÎLE DE PINOS. — Il y a aussi des pétroglyphes indéchiffrables.

ÎLE DE SAINT-KITT'S (SAINT-CHRISTOPHE). — La signification de la « pierre écrite » de Wingfield est encore à trouver. On l'attribue sans raison aux Caribes.

ÎLE DE LA JAMAICA. — On ne sait que fort peu de choses des habitants précolombiens de l'antique Xaymaca.

Les nombreux Caribes qui furent exterminés, par les Anglais dans cette île, en étaient-ils originaires ?

Il serait à souhaiter qu'on recherchât à quelle race, caraïbe, arraouak ou autre, appartiennent : 1° les débris ethniques de pêcheurs à cheveux noirs et droits de Parottea point ; 2° les ossements recouverts de chaux, dégagés en 1897 de certaines roches de l'île par lady Edith Blake (voir le n° de mars 1898 de la Revue Américaine *Popular Science Monthly*).

ÎLE DE LA TRINIDAD. — Une partie de l'île n'est pas cultivée. Elle est occupée par la forêt vierge qui aurait besoin d'être explorée au point de vue scientifique.

Son nom indien de Yere a-t-il été donné par les Jayos ou Yaos ou par les Nepoyos (de race Caraïbe ou arraouague)? Les anciens habitants ont-ils fui sur la côte du Venezuela, sur le bord de l'Orinoco?

ÎLE DE CURAZAO. *Étymologie.* — Son nom primitif n'était-il pas plutôt Curacoa? Que signifiait-il?

Races. — Que sait-on de ses premiers habitants? N'étaient-ils pas d'origine arrouague?

ÎLE D'ARUBA *ou* ORUBA. — Malgré la monographie intéressante de M. A. L. Pinart, les mœurs, les types, l'histoire des ancêtres des indigènes actuels de cette île sont encore inconnus.

Les hommes de la partie sud-est sont-ils de vrais descendants des Caraïbes, comme le suppose le Dr Meyners d'Estrey (compte-rendu Soc. Géog. Paris, 19 mai 1893)? on l'ignore. Ces peuples habitaient des grottes granitiques où l'on a trouvé des fragments de poterie bien polie et peinte avec soin. Dans les grottes calcaires ou granitiques de la Fontaine et de Carachito se trouvent de nombreuses inscriptions peintes. Le brun et le rouge qu'elles revêtent ont-ils rapport à l'histoire des Indiens, le blanc à celle des Européens et le noir à celle des Africains? comme le prétend M. d'Estrey? Cela paraît peu vraisemblable; mais il faut s'en assurer.— Les caractères non déchiffrés de cette écriture hiéroglyphique correspondent-ils à des lettres ou à des chiffres de l'alphabet grec ancien et aux chiffres de Pythagore? Y a-t-il un rapprochement à faire, comme le demande le même écrivain, entre les inscriptions et celles de l'Afrique occidentale, ou pays des Berbers, des Touaregs, des Kabyles, des îles Canarias et même de Colombia? Ces questions, quelque peu fantaisistes qu'elles puissent être, ont besoin d'être élucidées ou réfutées pleinement.

COLOMBIA (RÉPUBLIQUE DE)

Géologie. — L'isthme de Panama était-il submergé à l'époque quaternaire, comme le prétendent quelques géologues? — Les mers intérieures de Colombia sont vidées depuis une époque inconnue et ont laissé de vastes traces sur les plateaux montagneux. Il serait intéressant d'en suivre les contours. — Seraient-ce ces notions encore assez vagues qui auraient inspiré au baron de Humboldt la crainte de l'effondrement de la Colombia vers le xxe siècle, comme il appert des documents inédits du grand américaniste cités par le géologue Butler? — Une plus longue durée de la saison d'été, des changements notables de température, le dessèchement des cours d'eau du pays, des tremblements de terre fréquents, des affaissements de terre seraient des signes précurseurs de cette catastrophe. Quoique ne partageant pas le pessimisme outré de Humboldt, je souhaiterais que des géologues étudiassent au plus vite à nouveau la constitution intérieure volcanique du pays.

Paléontologie. — On trouve de temps à autre sur le territoire actuel de la Colombia des débris des puissants mammifères qui y vécurent, tels que des mégathériums, glyptodons, taxodons, et chevaux fossiles. « D'après quelques naturalistes, les mastodontes auraient même vécu à une période récente sur les plateaux ; car, non loin de Concordia, à l'ouest du fleuve Cauca, on a découvert le squelette complet d'un de ces animaux dans une saline artificielle de construction indienne. Le mastodonte, couché sur le pavé du réservoir, avait été évidemment entraîné par un éboulement (R. B. White, *J^{al} of the Anthropological Institute of Great Britain*, fév. 1884). Les recherches devraient être poussées avec plus d'activité dans ces régions, et par des spécialistes.

Régions peu connues ou explorées. — Les nombreuses explorations scientifiques faites ces dernières années dans l'isthme de Panama, en grande partie par des Français, ont certainement dévoilé certains mystères de cette région : mais, malgré tout, ce que M. C. D. Griswold disait il y a une trentaine d'années (p. 48 *The isthmus of Panama*, New-York, 1852), est encore vrai de nos jours et peut être appliqué en extension à l'isthme du Darien : « Jusqu'à « une époque récente encore, toute la longueur et la largeur de l'isthme, à de « rares et légères exceptions, est restée la même luxuriante forêt vierge d'ar-« bres immenses et de jungles aux fourrés inextricables qui la caractérisèrent « lors de sa première découverte par les Espagnols ; et la nature, dans toute « sa grandeur, non interrompue et dérangée par la main de l'homme, a « régné suprême dans toute son étendue. »

Quelques parties de la province de Chiriqui, du Darien et du Choco sont encore inexplorées.

Les régions du golfe d'Uraba ou Darien del Norte et du Golfe San Miguel (archipel de 18 îles et plus de 60 îlots habités par des blancs à peine en contact avec le continent) sont encore peu connues et habitées.

Quoique le rio Atrato de l'isthme du Darien traverse une des régions les plus riches du monde, son cours n'était dernièrement encore qu'imparfaitement connu. L'insalubrité de la contrée et le manque presque absolu de population policée sur ses bords ont frappé ce fleuve d'interdit (E. Reclus, *Nouv. Géog. univ.*, p. 271).

« La source du Chagres est toujours restée inconnue, même des anciens Indiens ou batteurs d'estrades de la Cordillère isthmique, et si je ne puis vous annoncer encore que je l'ai enfin trouvée, il m'est au moins possible d'affirmer que je suis sur ses traces. Le Chagres sort vers le 81°30' de long.

7

occ. de Paris, du flanc sud-ouest d'un pic dominant et élevé, assez rapproché de la côte nord. Il est probable que le Mandinga prend également sa source sur le versant nord de ce curieux point de partage ; mais ceci demande confirmation [lieut. Lucien W. B. Wyse, *le Canal interocéanique*, B. Soc. Géog. Paris, mars 1880, p. 275].

Les sierras et rivières de la région du Darien sont d'un accès excessivement difficile, les Indiens mettant des obstacles au passage des blancs et des nègres par leurs territoires (d'après A. L. Pinart, 1890).

Peut-on réellement blâmer ces Indiens de défendre l'accès de leur territoire ? Non, quand on se rendra compte des nombreux sévices que leur font supporter les blancs. Nous en donnerons comme exemple un fait divers, qui se répète souvent : le journal « *Star and Herald* », de Panama, du 3 mars 1892, cite le passage par Panama d'une délégation de 4 Indiens Cuna du Darien envoyée à Bogota au président de la république pour se plaindre des déprédations de soi-disant commerçants étrangers qui visitent la côte caraïbe de cette province.

Quant aux ports de l'océan Pacifique (sauf celui de Baudo), le long de la côte montueuse qui court du nord au sud, parallèlement à l'Atrato et au San Juan, ils sont ignorés des marins (E. Reclus, *N. G. U.*, p. 380).

La vaste région de Motilones formant partie du territoire national de Nevada y Motilones, à part les explorations de sud-est du Dr Rafaël Celedon, le savant évêque actuel de Santa Marta, de MM. Max Uhle, J. Chaffanjon, J. de Brettes, Candelier, etc., a été peu explorée aux points de vue anthropologique, ethnographique et même topographique, à cause des fréquentes incursions des Indiens sauvages.

Le territoire de la Goajira est peu connu au nord et à l'est, malgré les explorations incessantes de M. de Brettes, de 1891 à 1897 avec Taminakka comme quartier général, dans la direction des sources du rio Paperes (antique domaine des Taïrona disparus), du territoire Chimila, dont les habitants sont dangereux d'après les uns, et inoffensifs selon les autres, et en général de la sierra Nevada de Santa Martina.

La vallée du Carare et les bords des rios Opon et Oponsito (territoire de Bolivar) sont d'accès difficile, vu les dispositions peu favorables des Indiens pour les blancs.

La partie centrale et la plaine orientale de l'État de Boyaca contiennent des forêts impénétrables qui s'étendent jusqu'au Vénézuéla et au Brésil.

Une partie de la Sierra Nevada de Chita ou del Cocui (cordillère centrale des Andes, État de Boyaca) est couverte de forêts vierges inconnues.

La Llanura oriental couvre une grande partie de la superficie de la république comprise entre le pied de la Cordillère orientale des Andes et les frontières du Vénézuéla et du Brésil, et comprenant les territoires de Casanare, San Martin, et le district du Caqueta. Cette plaine est peu explorée en vue des difficultés et dangers auxquels on s'expose à parcourir un pays habité par maintes hordes non civilisées, et couvert de forêts épaisses.

On ne connaît qu'imparfaitement la source et le cours des rios Vichada, Guaviare, Codiari, Yary et les sources seules du rio Aré-Aré et de l'Udupes, ce dernier, affluent de droite du rio Negro (lui-même affluent de gauche de l'Amazonas); tous ces rios se trouvent à la frontière du Venezuela.

On ne possède pas de renseignements détaillés sur la Serrania de San Jeronimo, bras principal de la Cordillère occidentale des Andes (État de Bolivar) ni sur son altitude.

On n'a pas encore exploré les versants des forêts vierges sur lesquels s'alimente le rio de Sanquianga (municipe de Barbacoas, Etat du Cauca).

Grottes. — Celle del Tolu (dép. Bolivar) renferme un autel en pierre : on ignore le nom de la tribu qui l'a construit.

On se demande le but des danses et pratiques superstitieuses qui avaient lieu il y a plusieurs années encore le jour du patron saint Antoine, abbé, dans la grotte de sable et pierre du district de Palmito de la province de Sincelejo (E. de Bolivar). Quelles traditions religieuses rappelaient ces cérémonies ?

D'après la nomenclature géographique du savant colombien Joaquin Esguerra O. (1879), la cueva de la Antigua (État de Santander) se trouve à peu de distance de la ville de San Jil à la ferme de Guagua. Dans l'une des deux parties de cette grotte on trouve un carré de trois mètres rempli d'os humains. Les uns croient que les indigènes précolombiens y déposaient leurs cadavres. D'autres supposent que des malheureux indiens, acculés par les conquérants, s'y réfugièrent, préférant y mourir de faim que de tomber en leur pouvoir. On a trouvé dans cette caverne, qui s'étend pendant au moins un myriamètre cinq kilomètres, quantité de macanas, flèches, poteries de terre cuite et autres objets ethnographiques. Dans quelles circonstances y ont-ils été amenés ? Quels furent les premiers habitants de cette grotte ?

La belle grotte de marbre qui forme un pont naturel sur le rio Claro, un des affluents du grand rio Magdalena, a-t-elle été habitée ? (E. d'Antioquia).

Dans l'État de Santander il y aurait encore à explorer les grottes suivantes : celle del Choco ; celle de Santiguaria, près de Matanza (des os humains en obstruent l'entrée) ; — de Mil Pasos ; — celle de Mesa-Rica, située à Aspasica (dép. d'Ocaña) ; — celle del Salado, aux gaz d'acide carbonique.

On ne sait rien non plus de l'origine historique de la grotte assez longue située près de Facatativa (État de Cundinamarca) entre les roches de laquelle se cache le rio du même nom, ni de celle du lac de Chisaca (E. de Cundinamarca) dans les paramos au sud d'Usme. Cette dernière est remplie d'os et de momies. Etait-ce un cimetière ?

Les grottes calcaires de Timana et Tuluni, dans le département de Tolima, situées à une dizaine de kilomètres au sud du Chaparral, n'ont pas encore été explorées ni décrites au point de vue scientifique.

Que faut-il déduire de l'existence en Colombia de nombreuses grottes renfermant des morts par centaines, tous assis en cercles et les mains jointes ? Etaient-ce des grottes sacrées ? Etait-ce un mode et lieu de sépulture propre seulement aux tribus de race tchibcha ?

Races. — A. L. Pinart affirme que l'île du roi ou de Jurarequi du golfe de Panama est le dernier point au sud des migrations des Nahua. Il serait intéressant de rechercher la véracité de cette assertion, car on attribue aux Seguas de l'isthme de Panama, que Pinart ne localise qu'hypothétiquement dans la vallée du Rovalo, une origine nahuatl.

Ont-ils disparu entièrement sous les coups des conquérants espagnols et des flibustiers européens ? Ne pourrait-il pas se faire qu'on retrouvât des débris de cette race plus au sud, soit dans le centre de la Colombia, soit dans les montagnes inaccessibles donnant naissance à l'Amazonas et à ses nombreux affluents ?

On a formulé beaucoup d'hypothèses sur les origines des Guaymi, Muoi et Valientes du Valle Miranda (État de Panama). Ont-ils des affinités avec les Mangues, Tchibtcha, Timotes et autres ? MM. W. Gabb, A. L. Pinart, A. Ernst ne nous fixent pas assez sur ce sujet.

Une des deux branches des Indiens Guaymi-Move-Valientes est, dit A. L. Pinart (1887), absolument rebelle à toute idée de civilisation. Elle est dirigée par un chef, du nom de Supala, qui s'intitule descendant de Montezuma et occupe les montagnes inaccessibles du minéral de Veragua. Ce chef envoie chaque année à Santiago de Veragua, capitale de la province, une députation chargée de protester contre l'occupation du territoire par les blancs ou Colombiens. Cette tribu ne permet que très difficilement et très rarement la visite des blancs et des noirs sur son territoire. Et ce n'est qu'à force de patience et de diplomatie que A. L. Pinart réussit à les visiter.

Les quelques rares Indiens de l'isthme du Darien et des environs du golfe d'Uraba ou Darien del Norte ne sont peut-être pas tous de race Cuna. Les habitants des territoires qui séparent le golfe d'Uraba de l'Océan Atlantique disaient qu'ils n'étaient pas originaires de ce pays et que leurs ancêtres étaient venus d'autres régions. Quelles étaient-elles ?

Les Indiens de famille cuna, tels que les Mandinga, Mendigos, Manzanillos, Chucunaques, Bayamos, Bayanos, ceux de San Blas, les Tucutis, Tula, Yule, en un mot, les Indiens Cuna ou Darienes, vivent très retirés dans les Sierras et rivières de la région du Darien. C'est avec une excessive difficulté que les blancs ou les nègres peuvent se frayer un passage par leurs territoires. Ils vivent encore aujourd'hui dans un état presque complet de barbarie ; ils ne reconnaissent guère l'autorité du gouvernement colombien et n'obéissent qu'à leurs chefs. Aussi, pour donner quelque idée de leurs mœurs et coutumes doit-on recourir à des documents anciens (A. L. Pinart, « *les Indiens de l'État de Panama* », Paris, 1887-1890).

On dit les Cuna d'origine caribe. Il est nécessaire d'établir d'une façon plus exacte cette affinité, en se basant sur les caractères anthropologiques, la linguistique comparée, l'onomatologie des diverses Antilles de la côte des Miskitos, et du bassin de l'Amazonas.

Quoique peu soumis aux autorités colombiennes et peu connus, les Indiens d'origine cuna du territoire ou archipel San Blas, seraient peut-être plus désireux de civilisation, si les blancs et nègres les traitaient mieux. Témoins la députation d'Indiens d'Acanti (territoire de San Blas), citée par l'Estrella de Panama du 28 avril 1892. Composée du cacique ou sesardi indigène Juanaquina et des chefs Bernardo Elmin, Rosendo et Yarza, cette commission venait réclamer au gouvernement de Bogota justice contre des usurpateurs de leurs terrains. Quand les écoutera-t-on? Peut-on les blâmer d'être soucieux de sauvegarder leur indépendance?

De la grande nation des Choco il ne reste plus que de misérables débris qui fuient devant les blancs.

Les Cuno et Choco, d'après Armand Reclus, (*Panama et Darien*, p. 120, Paris, 1881) ont été refoulés dans l'intérieur : ils habitent les hautes vallées de la Tuyra et du Chucunaque ; complètement isolés des Dariénites, ils ont su jusqu'ici défendre leur indépendance, sauf à Paya. Quelques autres tribus occupent la côte de l'Atlantique, où leurs villages sont à la merci du moindre navire de guerre et de la plus petite troupe de débarquement.

Un missionnaire catholique avait visité, en 1885, la région du golfe San Miguel. D'après le récit de son voyage fait par le Dr H. Polakowsky, de Berlin, dans les Mitteilungen de Gotha (32e volume, 25 août 1886, « *Die Cunos oder Tulé Indianern in Darien* »), ce prêtre aurait remonté le rio de Chepigana, appelé aussi Pinogana, Rio Grande ou San Miguel, aurait trouvé les Indiens de Tapaliza plus civilisés que ceux de Paya et n'aurait pu être reçu par ceux de Pueblo Nuevo.

A. L. Pinart fait dépendre de la famille Chocoe les Indiens Paparos du rio Sambu, à l'entrée du rio San Miguel sur le Darien, depuis la pointe Garachine jusqu'à l'îlot du Cauca. Le gouverneur A. de Ariza disait d'eux en 1772 : « Bien que j'aie fait toutes diligences pour découvrir l'habitat « actuel de cette nation, je n'ai pu obtenir aucun résultat. Ce que l'on croit « le plus possible, suivant ce que disent certains vieux Indiens dignes de foi « et connaissant bien ces montagnes, c'est que les Paparos, vers 1740, étaient « en très petit nombre et que les épidémies continuelles de petite vérole les « ont détruits entièrement comme cela a failli arriver aux Cunos. »

Aucun chroniqueur ne dit le nom des tribus qui habitaient les rives du rio

Atrato au temps de la conquête, bien qu'une d'elles réunît 4000 hommes pour défendre son territoire contre Balboa (p. 12, *Estudios sobre los aborigenes de Colombia* por Ernesto Restrepo Tirado, Bogota, 1892). Quelles étaient ces tribus ?

Les Indiens Chiapes qui habitaient l'isthme de Panama, entre la cîme de la Cordillère et la côte du Pacifique, avaient-ils des affinités avec les Chapanèques de Chiapas ?

L'existence encore de nos jours de tribus à demi sauvages dans la province de Chiriqui, dans le Darien, le Choco, l'Atrato et maintes autres régions de Colombia a donné lieu à la formation de missions évangéliques catholiques pour les civiliser (voir la « *Estrella de Panama* » du 12 mars 1891).

Il y avait, en 1879, environ 500 Indiens sauvages dans le territoire de Bolivar, surtout dans la vallée du Carare et sur les bords des rios Opon et Oponsito. Il est difficile de les civiliser : ils haïssent les blancs qui les ont fait souffrir et se cachent derrière les marais insalubres de leur profonde vallée, à l'intérieur des forêts épaisses et accidentées qui les bordent.

« Plus bas, dans la même vallée, vivent les Yarigui, ennemis des blancs, et se gardant soigneusement de leur contact... D'après Camacho Roldan, les indigènes du Carare vivant complètement à l'écart des gens de langue espagnole, ne dépasseraient pas un millier... au nord des plateaux, les vallées de la Cordillère orientale sont abandonnées par les blancs à diverses peuplades peu connues et d'autant plus redoutées. Cependant des voyageurs ont visité leurs retraites, où ils ont été bien accueillis (E. Reclus, *N. G. U.*, p. 306).

La vaste région de Motilones formant partie du territoire national de Nevada y Motilones n'a guère été explorée d'une façon sérieuse que par le R. P. Rafael Celedon ; ses habitants sont tenus en constante alarme par les incessantes agressions des sauvages Motilones.

La crainte de ces Indiens, qu'on dit de race caraïbe, a fait abandonner par les métis espagnols un col qui traversé la montagne entre San Juan de César, dans la vallée colombienne d'Upar, et Perijaa, dans le district vénézuélien de Maracaibo (E. Reclus, *N. G. U.*, p. 306). Les seuls renseignements que M. J. Esguerra put donner, en 1879, sur cette tribu, c'est qu'elle habitait la sierra du même nom, qu'elle était évaluée à 3200 individus, et que leur caractère féroce et les exactions primitives des traitants les avaient rendus ennemis irréconciliables des civilisés. « Quelle est l'origine de ces Arhuacos (Aruacos, Aurohuacos, de la sierra Nevada de Santa Marta), dont le nom coïncide avec celui d'une grande famille de peuples indigènes dans les Guyanes, au Venezuela et au Brésil ? Appartiennent-ils à la même race et descendraient-ils des fugitifs chassés des plaines par les envahisseurs espagnols, ainsi que

le pense Simons ? (F. A. A. Simons, *Proceed. of the R. Geog. Soc.* London,
déc. 1881). Sont-ils des réfugiés d'autre provenance ayant reçu ce nom générique d'Arhuacos appliqué au hasard par les conquérants, comme tant d'autres appellations indiennes ? Le fait est que les Arhuacos eux-mêmes ne se
désignent point ainsi et vont jusqu'à repousser ce terme comme injurieux.
D'après le P. R. Celedon, ils se disent Cœggaba, c'est-à-dire hommes. D'après
W. Sievers, ils seraient peut-être apparentés aux Muysca. Les Arhuacos
n'ont pas de légendes relatives à leur arrivée dans le pays : ils se disent originaires du sol et montrent encore les rochers dont ils seraient issus. » (E.
Reclus, *N. G. U.*, p. 309). On ne saurait leur trouver une affinité avec les
Tairona. Que sont-ils donc ? Et les Tairona, existent-ils encore ? Les habitants actuels des sources du rio San Diego (S. N. de Santa Marta) sont-ils de
cette race ?

Tayrona. — Leur nom, ni aucun qui y paraisse, ne se trouve dans les
vocabulaires des langues goajira, kœggaba, guamaka, chimila, bentukua
qu'ont publiés MM. Uricoechea et Celedon. Mme Soledad Acosta de Samper
en conclut que cette nation disparut réellement sans laisser de traces. Suivant
Antonio Julian, les débris de ces féroces tribus se replièrent sur d'autres nations avec lesquelles elles se mêlèrent.

Goajiros. — Les anciens chroniqueurs ne les citent pas. Les connurent-
ils sous un autre nom ? Lequel ? C'est à peine s'ils parlent, et cela avec une
sorte de crainte, de leurs villes Tucutuca, Canaquinque et Cuanchucane. La
partie nord-est de la péninsule des anciens Guayu est habitée maintenant par
des Goajiros et Cocinas ou Cozinas, pillards évitant le contact des blancs. En
outre, les grandes difficultés qu'offre la navigation des torrents sillonnant
le territoire de ces anciens Tairona ont contribué à en éloigner les explorateurs et à y attirer les bêtes fauves. D'où vient la haine invétérée séparant
les Goajires des Arhouaques que cite le comte J. de Brettes dans son ouvrage
Chez les Indiens du Nord de la Colombie, 6 ans d'exploration (Tour du
monde, 17 sept. 1898) ?

Antioqueños. — L'histoire est silencieuse sur le compte des Nutabé et Tahami
d'Antioquia ; pourtant ils semblent n'avoir pas été inférieurs aux Muysca.
L'oubli dans lequel on les a laissés, dit E. Reclus, p. 304, provient sans
doute de ce qu'ils n'obéissaient point à des rois puissants et ne constituaient
point un empire guerrier.

Dans la vallée de Nore (plus tard Antioquia) les indigènes précolombiens
disaient qu'avant eux avaient vécu en ce lieu des tribus plus riches qu'eux,
disparues depuis. Lesquelles ?

Il faudrait rechercher s'il est vraisemblable qu'il y eût affinités de races
entre les Quimbaya, les Pijaos et les Paeces qui occupaient la vaste étendue
de terre comprise entre les rios Huila et Arma.

On sait fort peu de choses sur les Quimbaya, peuplade disparue actuellement, et qui était voisine des Arma. M. Ernesto Restrepo Tirado qui, en 1892, a publié sur eux à Bogota un remarquable ouvrage intitulé : « *Ensayo etnografico y arqueologico de la provincia de los Quimbayas en el Nuevo Reino de Granada* » explique que cette province, située vers le nord de Cartago viejo, était couverte de forêts de palmiers de pijivacs si impénétrables que, d'après Herrera, on ne pouvait qu'à peine les traverser. Aussi, ce même historien et Cieza de Leon avouaient l'ignorance dans laquelle on se trouvait au temps de la conquête des noms de localités de cette région. Cette petite tribu des Quimbaya n'a laissé aucun document écrit sur son histoire. A peine sait-on qu'ils venaient du nord, du Zenu.

Que déduire de l'existence du nom de Palenque des fameuses ruines mexicaines, de celui de Palenques, attribué par Fr. Pedro Simon aux indiens du département de Santander localisés entre Pamplona et Ocaña, et de celui des Palemques du département de Tolima, vivant, d'après Acosta, sur l'emplacement de l'actuel Ibagué dans la plaine des Lanza ?

Il serait intéressant d'étudier les affinités ethnographiques pouvant exister 1° entre les indiens Achagua des sources du rio Apure, qui, d'après le P. J. Gumilla, disaient être d'origine caraïbe et avoir remonté le cours du Magdalena de concert avec les Muzos ; et 2° avec les indiens d'origine caraïbe de l'Ecuador.

La partie centrale de l'Etat de Boyaca et sa plaine orientale contiennent des forêts impénétrables qui s'étendent jusqu'au Venezuela et au Brésil. Nombre de tribus indigènes doivent y vivre.

Les Muysca non civilisés, Tocaima, Analeima, Anapoima, Coyaima, Natagaima et autres auxquels on donnait le nom général de Panches, et qui vivaient surtout dans les vallées situées au sud de Bogota jusqu'au nœud des plateaux, ne sont mentionnés que par une histoire déjà lointaine (E. Reclus, p. 302).

Il y aurait intérêt à chercher des affinités entre les Quillancinga du département du Cauca et ceux des départements septentrionaux de l'Ecuador.

Le territoire de Casanare est peuplé d'Indiens qui empêchent la colonisation.

Les Indiens Chitareros qui habitent la chaîne de montagnes « Paramo de Chisga », près de la aldea de Betoyes, située sur un petit affluent du Casanare par 6° 15′ 30″ lat. N., sont une tribu sauvage dont on ignore les affinités.

Les indigènes de l'embouchure du rio Aré-Aré, affluent de gauche du rio Guaviare, lui-même affluent de l'Orinoco, sont craintifs et fuient les Européens, autour desquels ils font le vide (J. Crevaux).

La moitié du territoire colombien comprise entre les Andes et la ligne des fleuves Orinoco, Cassiquiare, Rio Negro, est occupée par de nombreuses peuplades bien plus libres encore que les Goajiros, grâce à l'espace immense dans lequel elles peuvent se mouvoir à l'aise. Plusieurs tribus de ces llanos, telles celles des Tunebos ou Tammes, qui vivaient sur les plateaux, se sont retirées dans les plaines pour conserver leur liberté; à l'est de la Sierra de Cocui, une peuplade de Tunebos s'est même retranchée derrière un rempart naturel formé de roches verticales qu'il semble impossible de gravir. Cependant ils les escaladent au moyen d'entailles faites dans la pierre, où ils insèrent leurs pieds et leurs mains; on les voit avec effroi monter et descendre à pic comme naguère les cliffdwellers ou falaisiers de l'Arizona. Ils ne restent indépendants qu'à la condition de rester cachés dans quelque éclaircie de forêt ou de mener une existence de fugitifs; car tout foyer de culture deviendrait un centre administratif. Quand ils aperçoivent de loin un blanc, ils s'enfuient en s'écriant : « Compère, frère, ne me fais pas de mal » (Enrique Arboleda, *Una excursion al Saraté*).

Dans le district de Caqueta, des forêts épaisses y recouvrent le sol et les petites rivières. Il comprend environ 50.000 habitants sauvages, féroces et anthropophages, tels que les Huilotes et Guaques, et les Güitotos du bas Caqueta — tous presque inconnus.

La Llanura oriental, grande partie de la superficie de la république comprise entre le pied de la Cordillère orientale des Andes et les frontières du Vénézuéla et du Brésil, et comprenant les territoires de Casanare, San Martin, et le district du Caqueta, contenait environ 80,000 à 100,000 Indiens non civilisés en 1879.

L'éminent américaniste colombien Ernesto Restrepo Tirado trouve une telle confusion dans les ouvrages consultés par lui pour localiser les tribus du Caqueta, qu'il avoue l'impossibilité dans laquelle il se trouve de fixer les points de l'histoire relatifs à ces tribus.

En résumé, nombre de tribus mi-civilisées au moment de la conquête par les Espagnols sont redevenues sauvages par le fait de la brutalité des conquérants.—Pour arriver à les connaître de nos jours, il faudrait d'abord que les blancs leur inspirassent de la confiance en ne les traitant pas comme des esclaves.

Hébreux. — M. Alejandro Ruiz Olavarrieta (p. 280/2, du compte-rendu, Congrès int. Amér., 1895) reproduit des documents relatifs à un nommé Aaron Lévi, Alias Antonio de Montezinos F. de Hondas, sans rien conclure, ce qui prouve son peu de confiance dans leur véracité absolue.

Cette question des Hébreux à la côte des Antilles de Colombia n'a jamais été résolue définitivement.

Religion. — Bochica, le dieu bienfaisant des Chibcha, qui était venu d'Orient pour aboutir à Sogamoso par une grande voie de cent lieues, peut-il être identifié avec Quetzalcoatl des Nahua, Cuculkan, des Maya, ou avec un moine irlandais quelconque à longue barbe, Saint-Brandan ou autre (voir ouvrages d'E. Beauvois)?

Linguistique. — D'après A. L. Pinart, la langue muoi, le dialecte le plus ancien de la langue guaymi, n'était plus guère parlée en 1886 que par trois personnes.

La langue cuna, quoique un peu différente de la cueva, du sud de l'isthme de Panama, a-t-elle avec elle une même origine?

Que dire de l'affinité des dialectes cuna avec ceux des soi-disants talamanca du Costa Rica?

Malgré les efforts d'Uricoechea, M. Uhle, etc. ce qu'on sait de la langue tchibtcha est encore assez vague. Quelle affinité avait elle avec celles de l'Amérique Centrale?

Peut-on dire que la langue nahuatl du Mexique ait été parlée dans une partie du territoire actuel de Colombia? Peut-on trouver un indice dans le nom de localité de Chinauta, près de Fusagasuga, qui rappelle le nom nahuatl de Chinautla, près de Guatemala, et autres semblables au Mexique?

On a attribué une origine caraïbe aux langues connues des tribus précolombiennes suivantes qui peuplèrent la vallée de Nore (soit le territoire actuel du département d'Antioquia et jusqu'au nord de celui actuel du Cauca, dont les frontières se confondaient) : Noanama, Citaraes, Tatabes, Guacuma, Quinchua (ce nom rappelle celui des K'kitchoua), Tapuya (celui-ci évoque le souvenir d'une tribu guarani du Brésil), Guatica, Nacores, Quillancinga (communes à l'Ecuador), Iroca, Coris, Naratupes, Cartamo, Pirza, Ocuzco (rappelle le nom d'une province péruvienne), Guarina, Coni, Curaca, etc... Et pourtant, dans les dialectes des tribus antioqueñas on a trouvé des mots d'origine k'kitchoua ! Qu'en conclure?

A propos de la langue des Quimbaya, M. Ernesto Restrepo Tirado trouve que l'on n'en conserve que de rares noms propres et un mot qui résume leur existence éphémère : batatabati = jouons, jouissons, passons la vie allègrement !

Le nom d'Apurimac figurait parmi les villes d'origine tahami d'Antioquia. Cette race a-t-elle donné ce même nom au fleuve péruvien situé plus au sud? Qu'en conclure?

On ignore encore le nom indigène du rio Magdalena.

Archéologie. — Où se trouve l'emplacement de l'ancienne capitale des Indiens Tairona, appelée Pocihueca ou Pocigüeica? F. A. A. Simons (Roy. Geog. Soc. London, déc. 1881) dit qu'on l'a en vain cherché dans les forêts épaisses de la Sierra Nevada de Santa-Marta. Le comte J. de Brettes, ayant découvert en 1892 dans la partie nord-ouest de cette même sierra, aux sources du rio Don Diego, près d'une cascade de 200 mètres de hauteur, les ruines d'une ancienne cité indigène, suppose que ces ruines sont celles de Pocigüecica (Estrella de Panama, 3 nov. 1892). A-t-il raison ? Les anciennes routes dallées qu'on trouve en ces parages ont-elles bien été construites par les Tairona ou simplement par les conquérants espagnols ? Il serait bon d'explorer dans le valle de Upar (près de la Goajira) les nombreuses cachettes de trésors des Indiens modernes.

Les ruines de l'ancienne ville de San Juan de los Llanos, sur l'Ari-Ari, ne se retrouvent plus (E. Reclus, *N. G. U.*, p. 327).

Aux environs de Pupiales, district du municipe d'Obando (E. de Cauca), se trouvent des ruines très anciennes dont on ignore les constructions.

Ces monuments sont-ils dus aux fameux constructeurs de tertres ou aux Inca ?

L'historien J. Acosta, à propos des sépultures de la tribu de Finzenu (pays actuel de Zenu ou Sinu, province de Cartajena, dist. de Bolivar) trouve que les objets découverts dénotaient une civilisation très avancée de la part de ceux qui les avaient fabriqués. Les indigènes du temps de la conquête étaient loin d'avoir atteint ce degré de civilisation. On ignore le nom des auteurs de ces sépultures. Dans les montagnes de San Jeronimo qui séparent les bassins des rios Sinu et de San Jorge, on pourrait peut-être, d'après Madame Samper, trouver encore des vestiges du trésor de Finzenu. D'après M. Streffler, ceux qui ont pénétré dans les montagnes où naît le rio San Jorge y ont vu des monuments très anciens. On ne sait qui les a construits.

Les artisans muysca sculptaient en relief les pierres dures, et les collections renferment des plaques de basalte, quadrangulaires et pentagonales, portant des figures symboliques dans lesquelles on croit avoir reconnu les signes du calendrier (E. Reclus, *N. G. U.*, p. 299). D'autres auteurs croient que non.

Entre Guatavita, l'ancien siège d'un puissant cacique, et la vallée de Tenza, lieu de repos d'un zipa de Bogota, au sud-ouest de Macheta, à Pantano Grande, se trouve le lit d'un ancien lac, à 2600 mètres de hauteur, à la cime d'une montagne escarpée. Le Dr Tomas Aldana y a fait des fouilles en 1893. Dans les sépultures il a trouvé des objets d'orfèvrerie remarquable; il les attribuait aux Muysca, et se préparait à faire de nouvelles fouilles en cette localité intéressante. Nous en attendons les résultats.

« On dit qu'une voie magistrale, partant de Sogamoso, se prolongeait jusqu'à cent lieues de distance vers la contrée d'Orient d'où était venu Bochica ; il en restait des vestiges au xviie siècle » (E. Reclus, p. 299). Il serait bon de les rechercher pour voir quelles localités cette voie mettait en communication et trouver en même temps des ruines de localités encore inconnues.

M. Vicente Restrepo trouve que les statuettes en or du trésor des Kimbaya trouvées dans le département du Cauca ne sont que de simples portraits des caciques de cette tribu. Mme Samper au contraire trouve que ce sont des idoles; où est la vérité?

Il y a au village de San Agustin, département del Sur (E. de Tolima) des ruines de temples et des débris d'idoles taillées en pierre, dont les unes de statures gigantesques et d'aspect curieux. On suppose vaguement que c'est là que les prêtres des Andaquis durent résider : mais il faudrait à l'appui de cette assertion des preuves qui manquent encore. D'après Chaffanjon (compte-rendu Soc. Géog. Paris, 3 avril 1894), cette civilisation de San Agustin, si curieuse, est comme isolée au milieu de tribus sauvages. Ces travaux de sculpture ne ressemblent en rien à ceux des Inca ni à ceux des Nahua : faut-il croire que cette civilisation est absolument indépendante et qu'elle est née et disparue sur place?

Qquipus des Goajiros. — D'après M. Félix Serret (*La Goajira et quelques détails sur les Indiens qui l'habitent*, 11e fasc. tome XVII, 1895, p. 950-1 Soc. Géog. Commerc. Paris), ces indigènes se servent encore, pour établir la valeur et la quantité de leurs objets d'échange, de cordons, composés de différentes couleurs et portant des nœuds de grosseurs variables. Ne pourrait-on pas comparer ce procédé de calcul avec celui employé par les tribus précolombiennes du Mexique, de l'Écuador et du Pérou?

Pintaderas. — Il y aurait à faire un travail comparatif entre ces sortes de cachets en terre cuite avec dessins originaux en relief pour tatouer les anciens Chibcha à l'aide de couleurs végétales ou minérales, et ceux d'origine nahuatl (voir État de Mexico) et des bords de l'Amazonas (Indiens Guahahibos). Consulter aussi la collection de pintaderas mexicaines E. E. Goupil et celle colombienne D. Pector.

Pétroglyphes. — On rencontre souvent des inscriptions hiéroglyphiques, mais on ignore presque complètement leur signification et le nom de leurs auteurs : ainsi les inscriptions du département de Panama citées par A. L. Pinart dans ses *Limites des civilisations dans l'isthme américain;*

celles du département de Magdalena, du département du Cauca, province des Quimbaya, près de Pereira;

dans le département de Boyaca, celles de Gameza, puis dans le voisinage, de Boyaca, au sud de Chiquinquira, à une dizaine de kilomètres au nord de Caldas, près du village de Saboya, « se montre, dit E. Reclus (*N. G. U.*, « p. 344), la pierre écrite la plus remarquable de la Colombie, une roche « peinte de glyphes, dont la plupart sont malheureusement cachés par des « lichens. Les indigènes voient dans cette écriture indéchiffrée une indication « relative à des trésors cachés et cherchent à en deviner le sens pour s'enri- « chir soudain. Ancizar et d'autres savants, reconnaissant dans ces figures la « représentation de la grenouille, symbole des eaux abondantes, étaient por- « tés à considérer l'inscription de Saboya comme racontant le déluge pro-

« duit par la débâcle du lac de Fuquene dans la gorge profonde que
« semblent indiquer les peintures. Ce serait le pendant des roches écrites
« de Pandi, à l'autre extrémité de la terre des Muysca. »

La même ignorance règne sur la grande variété de figures ou hiéroglyphes
peints en rouge qui figurent sur les pierres murales des ruines du monument appelé « *iglesia de los Indios* » situé à un kilomètre de Ramiriqui,
district du département del Centro (E. de Boyaca). Il en est de même de la
roche avec pétroglyphes confus, située dans les environs de Salazar de las
Palmas, « villa » du département de Cucuta (E. de Santander).

Dans le département de Cundinamarca on distingue les inscriptions gravées
de Focatativa, Chinauta, Anacuta, Sitio de Pié de la Peña et Pandi :

espérons que les déchiffrements prétendus des pétroglyphes d'Anacuta
et de Chinauta par M. Lazaro M. Jiron jetteront de la lumière sur l'histoire
du pays et permettront de déchiffrer les autres pétroglyphes ;

à Pandi, près de Fugasasuga, se trouvent des hiéroglyphes gravés en rouge
sur d'énormes rochers, parfaitement conservés et attribués aux Indiens
Guanches. Des dessins en ont été pris en 1875 par le professeur français
Edouard André (voir Tour du monde, Paris) ;

ces glyphes de Pandi sont de forme analogue à ceux de Facatativa, ancienne place forte des Muysca.

Il faut citer aussi les inscriptions des Titiribi, reproduites dans la *Geografia* du Dʳ M. Uribe Angel et enfin « las piedras pintadas » d'Aipe et de
Seboruco près Neiva, du dép. de Tolima.

M. Lucien N. B. Wyse écrivait de Bogota, le 23 déc. 1890, à la Société de
géographie de Paris (compte rendu, 6 février 1891, p. 81/2), à propos de la
mission de J. Chaffanjon et de l'étude que cet explorateur allait faire des
pierres hiéroglyphiques non encore déchiffrées de Facatativa, Tunja, Saga-
moso, Pandi, San Agustin (Tolima), etc. : « Il est temps qu'on recueille,
« qu'on moule ou qu'on décrive systématiquement les derniers souvenirs
« laissés par les civilisations aborigènes si remarquables ayant occupé cette
« partie de l'Amérique du Sud ; car ils disparaissent rapidement. Il serait
« à désirer même que la mission actuelle de M. Chaffanjon ne fût que le
« prélude d'une étude plus lente, plus complète et plus détaillée de nature
« à enrichir nos musées jusqu'à présent si pauvres en antiquités colom-
« biennes. »

Le vaillant Dʳ J. Crevaux avait recueilli en 1880/1881, sur le haut Magdalena, des dessins exécutés par les anciens indigènes sur des roches de grès.
Il était frappé (voir Bulletin Société de géog. de Paris, juil. 1881), de la
similitude de ces ébauches enfantines représentant la lune, le soleil et des
hommes aux jambes écartées comme des grenouilles, avec les pierres gravées
qu'il avait trouvées dans ses voyages en Guyane et dans le haut Amazonas.

Quelle conclusion peut-on tirer de ces comparaisons pour l'histoire des migrations des races américaines de l'ouest à l'est ?

M. Ernesto Restrepo Tirado, à la page 172 de ses « *Estudios sobre los Aborigenes de Colombia* » conseille aux Américanistes de ne pas perdre leur temps à chercher à déchiffrer les pétroglyphes de Colombia, qui, pour lui, ne sont que des caprices d'Indiens ou des jouets d'enfants. Pourtant, par ailleurs le savant archéologue colombien émet l'opinion que ces dessins grossiers pourraient être des modèles de dessins sur pierres, d'objets qu'ils voulaient ensuite reproduire à l'aide de métaux précieux, tels que l'or. Nous nous permettons de trouver ces opinions quelque peu hasardées.

Ethnographie. — Quel était le motif qui poussait les Quimbaya à façonner des hommes en bois, de dimensions naturelles, qu'ils plaçaient le visage tourné vers l'est ?

Pourquoi, chez les Colima, les vierges et honnêtes femmes allaient-elles nues, tandis que les prostituées avaient le corps couvert ? Le Fr. Pedro Simon, qui parle de cette coutume à la p. 866, du tome II, n'en donne pas la raison.

Dans le « *Catalogo especial de la rep. de Colombia en la Exposicion Historico-Americana* de Madrid, 1892 p. 6, » on remarque que les savants qui se sont occupés de l'archéologie colombienne ont omis de parler des progrès des tribus de Tierra Firme en orfèvrerie et en céramique. Il serait bon d'étudier cette question.

Industrie indigène. — La matière première qui sert à fabriquer les fameux vernis de Pasto est apportée en cette ville par les Indiens Mocoa qui vont la chercher près du rio Caqueta. De quelle plante ou de quel minerai provient cette matière ?

A propos des plantes médicinales employées par les indigènes précolombiens (voir p. 68 de ma notice historique sur le Dr José Triana, compte rendu n° 6, 1892, Arch. Société Américaine de France), une étude détaillée de la pharmacopée colombienne serait utile.

Points historiques. — Que sait-on de l'histoire des Achagua et Jeona dont les tribus ont disparu complètement (Vergara y Vergara) ?

Il serait intéressant d'avoir des détails sur la façon dont les tribus indigènes précolombiennes passaient en canots l'isthme colombien, du Pacifique à l'Atlantique, par les rios Atrato et Napipi.

ECUADOR

Géologie. — On ignore encore l'origine première des îles Galapagos. Ont-elles surgi du fond de la mer ? Sont-elles un reste de continent immergé séparé violemment du système orographique du Costa Rica et du Nicaragua ?

Orographie.— Quelle est la cause de l'affaissement du sol de la ville de Quito, noté par la « *Gaceta Cientifica* » de Lima, qui en 1740 avait une élévation de 2925 mètres au-dessus du niveau de la mer, d'après La Condamine,

en 1803 de 2917 mètres, d'après de Humboldt,
en 1831 » 2910 » , » Boussingault,
en 1867 » 2902 » , » Orton,
en 1870 » 2850 » , » Reiss et Stübel?

Les altitudes d'autres villes et cîmes de la cordillère écuadorienne ne sont pas encore bien mesurées. Car il y a variété parmi les chiffres donnés par les divers savants.

Région côtière. — Wilson ayant trouvé en 1860, à quelque distance des côtes d'Esmeraldas, dans la mer, des objets anciens en or et en terre cuite, doit-on en conclure que les côtes de l'Ecuador ont reculé en cet endroit? Est-ce seulement l'indice de naufrages ou de jets à la mer pour une raison non connue ? Il appartient aux géologues d'étudier ce fait.

Paléontologie zooloogique. — Le fait de découverte, à Manta et à Santa Elena, d'os gigantesques doit-il permettre de croire à l'existence d'anciennes races de géants, comme plusieurs auteurs l'ont affirmé? MM. Theodor Wolf et Fᶜᵒ Gonzalez Suarez attribuent plutôt ces ossements à des mastodontes. Les savants spécialistes doivent conclure.

Zoologie. — Pour le P. Velasco, les quatre sortes suivantes de lamas ou llamas, auchenia-guanaco, auchenia vicunna, auchenia-lama, auchenia-paco, sont originaires de l'Ecuador. L'abbé Gonzalez Suarez les dit importées du sud par les Inca conquérants. — Les indigènes parlent d'espèces de poissons qui vivaient dans les eaux des hauts bassins; mais ils ne les ont point encore montrées aux naturalistes.

Crânéologie. — L'abbé Federico Gonzalez Suarez (page 281 de sa remarquable « *Historia general de la republica del Ecuador* », Quito, 1890), parle de la déformation artificielle du crâne que pratiquaient les Palta et les Indiens du littoral de l'île de la Puña jusqu'à Manta. Quels rapports peut-on établir entre cet aplatissement du crâne des Ecuadoriens et celui pratiqué par les Aymara de Bolivia, les Maya du Yucatan, diverses tribus caribes des Antilles, les riverains de l'Orinoco et les Omagua du Haut-Marañon? Avec quelles de ces nations les Écuadoriens avaient-ils des rapports ? Pour pouvoir répondre à ces questions, il faudrait d'abord faire des comparaisons pratiques entre les crânes de ces diverses tribus. Or, on n'a pas encore trouvé de crânes de Palta, ni d'autres Écuadoriens, à l'exception d'un seul crâne dolichocéphale, remontant à environ quatre siècles, de Cañari, trouvé près de Chordeleg (Atlas Gonzalez Suarez, p. 55). Mais cet unique spécimen n'est pas suffisant. Quant aux crânes d'Indiens de la côte, l'humidité de la région empêche leur conservation.

Régions peu connues. — On n'a pu encore retrouver des traces de l'ancienne ville de Zamora fondée par les Espagnols de la conquête parmi les immenses forêts vierges à l'est du pays. Une expédition partie de Loja, en mai 1891, avec l'appui du Gouvernement et de quelques particuliers, n'a pu aboutir, faute des ressources pécuniaires nécessaires.

La route allant de Quito à la région de l'Amazonas, en passant par les hauts plateaux de l'Ecuador et en longeant le cours du rio Pastazza, n'a pas encore été suivie par un seul blanc ou Européen. L'explorateur français Marcel Monnier avait essayé de suivre ce parcours en 1886. Mais il dut « renoncer à ce projet, n'ayant pu parvenir à rassembler les Indiens néces- « saires. Ceux-ci manifestent la plus vive répugnance pour cette route « encore inconnue et dont ils s'exagèrent les dangers » (*Bulletin Société géographie de Paris*, 1887, n° 13, page 452).

La carte de Th. Wolf sur l'Ecuador (Leipzig, 1892) a bien fait faire des progrès à la connaissance du pays ; mais les déterminations géographiques ne sont, paraît-il, pas très sûres et correctes. De plus l'intérieur du pays à l'ouest, a encore besoin d'être reconnu (voir *Mitteilungen de Gotha*, déc. 1892, art. A. Hettner). Une fois dépassées les sources des affluents de l'Amazonas prenant naissance du côté oriental des Andes, cette même carte de Wolf n'indique plus qu'en tracé pointillé le cours de ces fleuves.

L'Ecuador et le haut Pérou se partagent le cours du rio Tigre (affluent de gauche du Marañon) ; son cours est marqué en pointillé sur la carte de Bolivia de Bresson (1885).

Les îles Galapagos ont été pour la plupart explorées au point de vue ornithologique ; il reste pourtant encore à explorer plusieurs îles, la grande Albemarle, Hood, Tower, Wenman et Culpeper (*Transact. of the Geological Society, London*, vol. IX).

« Sauf dans les régions du littoral (des Galapagos), les réclamations des puissances limitrophes, telles que le Pérou, ne portent que sur des territoires peu connus ou même complètement inexplorés, habités par de rares tribus d'Indiens insoumis » (E. Reclus, *N. G. U.*, p. 490).

On a bien peu de détails sur la région habitée par les Indiens Abiquira ou Abijira (compris entre les rios Curaray et Tigre), Llameos et Urarina (compris entre les rios Tigre et Pastasa), Orejones (compris entre les rios Amazonas et Putumayo).

Une des raisons générales de l'ignorance dans laquelle on est sur la plupart des contrées habitées par ces races consiste, même encore de nos jours, dans l'oppression où les mettent les blancs (dénoncée énergiquement en 1896 par M. Marcelino Quinzada, directeur du journal « *la America* » de Panama) et qui les pousse à s'enfuir dans les montagnes et à répondre négativement aux demandes des savants.

Phénomène naturel. — Même pendant la saison sèche, dit le « *Grito del Pueblo* » de Porto-Viejo (mars 1897), sur le chemin qui conduit du village de Riochico à celui de Junin à la côte de la province de Manabi se trouve un pré toujours vert. Il est couvert d'une haute et fraîche graminée appelée guinea et s'étend sur une superficie de trois hectares. Tout animal ou être humain qui y séjourne quelque temps y perd ongles et poil. La cause de ce phénomène aurait besoin d'être recherchée par des savants. S'agit-il d'une plante ou d'une substance minérale? Pourrait-on assimiler ce phénomène à celui dont l'illustre Pasteur rechercha jadis les causes dans le sud de la France? Il l'aurait attribué aux rejets de vers de terre provenant de cadavres charbonneux non enfouis?

Races. — M. Gonzalez Suarez (p. 40, ouvr. cité) refuse un caractère scientifique à la classification des races indigènes de l'Ecuador exposée par le Père Juan de Velasco dans son « *Historia antigua del reino de Quito* ». Nous nous baserons pour notre classification autant que possible sur celle de M. Gonzalez Suarez que nous subdiviserons en préincasienne et postincasienne.

Nous classerons parmi les tribus indigènes préincasiennes, c'est-à-dire qui habitaient l'Ecuador avant l'arrivée en ce pays des conquérants K'kitchoua Inca, les :

Quitus ou Quitos. Sont-ils les premières peuplades qui habitèrent l'Ecuador? on l'ignore. L'histoire ne dit pas non plus si les sépultures en formes de tertres ou tolas trouvées dans la province de Pichincha doivent être attribuées aux Quitos ou à leurs conquérants Cara. Ces Quitos ont-ils, comme la légende le dit, une origine commune avec les K'kitchoua? Les raisons données par le P. F. Gonzalez Suarez pour leur donner une origine caraïbe, basées sur la culture chez les deux peuples du maïs et du coton, sur l'emploi du hamac et la toponymie tirée du caraïbe, sont-elles suffisantes?

Les Scyris ou Cara, conquérants des Quitos, et qui, avec les Quinches et les Chillos, habitaient la province de Pichincha et les villes de Cayanbi et Otavalo, furent-ils absolument anéantis et remplacés par les K'kitchoua?

Gonzalez Suarez (p. 254, ouv. cité) émet l'hypothèse d'une origine commune aux Cara et aux K'kitchoua. D'après le savant américaniste, on pourrait ainsi interpréter le passage sur les traditions des Inca rapporté par Garcilaso de la Vega : diverses tribus K'kitchoua auraient émigré du territoire inconnu où elles vivaient, poursuivies par les Tchanca — arrivés du nord, qui les auraient assaillies et opprimées. Ces K'kitchoua, échappés au joug des Tchanca, seraient venus se réfugier en Ecuador. Cette hypothèse mériterait d'être renforcée par d'autres arguments.

Les Puruha attribuaient leur origine aux pics neigeux tels que le Chimborazo. Cette tradition prouverait leur haute antiquité par le fait de leur oubli de leurs migrations antérieures. Auraient-ils des affinités avec les Nahua, par la même adoration qu'eux des grands cônes neigeux de la Cordillère des Andes ? Seraient-ils plutôt, comme le suppose Gonzalez Suarez, d'origine caribe ? Ces questions ont besoin d'être étudiées.

Que sait-on de l'origine des Ambatos, des Tiquizambis, des Palta et Zarza, à demi sauvages, — des tribus moins importantes du nord, telles que les Killasinga, Huaca, Tuca, Tulcan, — des Chimbos, habitant la côte jusqu'à Babahoyo ?

Une légende des Cañari, de la province de Cuenca ou Azuay, leur attribuait Huacay-ñan pour origine : ne serait-ce pas la localité où se trouvent les ruines de Chordeleg?

Les Jivaros (Xibaros, Gibaros) errent dans les forêts, de la percée du Pastaza au Pongo de Manseriche (E. Reclus, *Nouv. Géog. univ.*, p. 443). D'Ortigny, Hamy et autres savants ont rattaché ces Indiens à la famille Guarani. D'après Gonzalez Suarez (p. 300, ouv. cité), les Jibaros faisaient partie de la confédération des Cañari et vivaient dans le territoire de Macas (actuel Gualaquiza). Par leur origine caraïbe ils étaient peut-être la plus ancienne race de l'Azuay. Aussi aurait-on besoin de documents plus détaillés pour savoir à quoi s'en tenir.

Qu'étaient-ce que les Pichunches qui, après avoir habité les parties les plus montagneuses des provinces de Guayaquil et Manabi, ne laissaient déjà plus de souvenir d'eux quelque temps après la conquête ? Peut-être ont-ils été renforcer le nombre des tribus non policées du versant amazonien de l'Ecuador où on les compte encore par dizaines, si l'on mentionnait tous les noms ethniques recueillis à diverses époques par les voyageurs, les missionnaires et les administrateurs : mais, sous ces désignations multiples, il s'agit souvent d'une même peuplade, tantôt avec le nom qu'elle se donne elle-même, tantôt avec celui que lui appliquent des tribus voisines, d'autres fois portant une appellation de fleuve, de montagne, de forêt, ou bien encore un sobriquet tiré de la figure, des modes ou du costume. Quoi qu'il en soit, presque tous ces Indiens, fort clairsemés malgré leur interminable nomenclature, vivent sur les territoires Amazoniens, dans les régions contestées par la Colombia, le Pérou, le Brésil... Ce sont, d'après Alfred Simson, les Infieles (Infidèles) ou Auca, nom que les anciens K'kitchoua donnaient aux populations indépendantes, Orejones, Encabellados, et autres n'usant point de sel.

C'est dans cette même région orientale de l'Ecuador que le bulletin de l'Union Ibero-Americana de Madrid du 1er septembre 1891, p. 3, signale une certaine race d'hommes sauvages. « Ce même type humain (simiesque) est « aussi déshérité aujourd'hui qu'aux temps préhistoriques ; il persiste avec

« cette même forme imparfaite de la tête, avec ce même trait générique du
« tibia, parmi les tribus Pasigüaes, Quini-Quinoas, Potercros, Bugres et
« autres malheureux groupes innommés. Ils mènent la plus grande partie
« de l'année une vie semblable à celle des quadrumanes ; ils sautent de
« tronc en tronc et de branche en branche dans l'épaisseur des forêts vierges
« qui s'étendent sur les marais des rios Otuquis-Otuquis, Tucabaca, Late-
« quirique, et autres affluents du Paraguay, au nord du Chaco, entre les paral-
« lèles 17 et 22, vastes déserts de l'Amérique du Sud, complètement inconnus
« dans le monde scientifique ». A quelle race appartiennent ces hommes des
bois ? Ne sont-ce pas des descendants d'une race relativement civilisée rendus
sauvages par leur vie fugitive devant l'approche des conquérants blancs ? Des
détails anthropologiques et ethnographiques sur cette race seraient désirables.

On peut en dire autant de quelques familles du haut Toachi, les Colorados,
et la tribu des Cayapa, composée d'environ 2000 individus, qui campait
en 1890 dans les forêts bordant la rivière du même nom ; ils se tiennent
soigneusement à l'écart des blancs et des noirs.

Parmi toutes ces peuplades préincasiennes de l'Ecuador, où peut-on
retrouver des traces des immigrations de tribus de race maya-k'kitché ?
D'après Gonzalez Suarez, les K'itché, arrivés du Guatemala, auraient atteint
par mer le golfe de Jambeli, puis la côte de Machala, pour aller s'installer
dans la province de l'Azuay. Quant aux Maya du Yucatan ils seraient restés
à l'île de la Puna et à la côte de Manabi. — Pour le Dr Santiago Barberena
(p. 13-23 « *Origen de las tribus indigenas del Ecuador* » Repertorio
Salvadoreño, San Salvador, mars 1893), les immigrants centre-américains
dont il s'agit ne venaient pas de la branche maya du Yucatan, mais uniquement de la branche k'itché du Guatémala.

Les îles Galapagos, d'après une légende péruvienne, auraient été visitées
par l'Inca Tupac-Yupangui, d'origine k'kitchoua. Mais on ne dit pas si ces
îles étaient habitées lors de cette découverte par des habitants antérieurs.
De quelle race étaient-ils ? Auraient-ils été exterminés par Tupac ? D'où
venaient-ils ? Ou bien ces îles étaient-elles absolument désertes ?

Parmi les tribus, que j'appellerai postincasiennes, il faut compter : 1° les
descendants des K'kitchoua conquérants.

Le village Iloman, à mi-chemin d'Ibarra et d'Otavalo, serait encore, d'après
Édouard André, habité par les descendants des Inca : on les distingue aux
couleurs voyantes de leur costume et à l'arrangement de leur chevelure avec
ailes de pigeon et queue à la chinoise.

Mais ces quelques détails de costumes suffisent-ils à prouver la descen-
dance incasienne de ces Indiens ?

2° Les mitimaes, c'est-à-dire les colons forcés que les K'kitchoua exi-
laient de leurs villes natales pour les transporter au loin. Quelles furent les

tribus implantées de l'Amérique du Sud pour remplacer les Palta, les Cañari, les Puruha, les habitants de Llactacunga et les Caranquis?

Folklore et histoire. — La tradition veut qu'après le déluge, les Quitus ou Quitos abordèrent à la baie de Caraquez et qu'ils s'établirent à la Punta de Sampu (actuellement Santa-Elena). Le fils Quitumbe de leur chef Tumbe ou Tumba fonda Quito et eut pour fils Guayanay. Ce dernier aurait été le père des K'kitchoua du Cuzco. Gonzalez Suarez (page 250, ouv. cité) est tenté d'ajouter foi à cette version de la commune origine des Quitus et des K'kitchoua. Ce qui est encore à vérifier. Autre difficulté : d'où arrivaient les Quitos quand ils débarquèrent à Sampu? Nul ne le sait, pas plus que le motif de leur débarquement : arrivèrent-ils sur cette côte intentionnellement ou poussés par la tempête ou les courants?

Quant aux Scyris, qui se donnaient eux-mêmes le nom de Cara, et qui arrivèrent par mer de l'ouest en *balsas* à la baie de Caraquez, où ils fondèrent Caran, venaient-ils de l'Amérique Centrale, de l'Asie ou de l'Océanie? On l'ignore. Combien de temps restèrent-ils à la côte de Manabi? Quand s'emparèrent-ils de Quito? Peut-on fixer au viiie siècle de notre ère leur arrivée en Ecuador? M. F. Gonzalez Suarez (p. 80, ouv. cité) avoue ne pas savoir élucider ces questions.

Une légende des Cañari voulait qu'ils tirassent leur origine, après le déluge, d'un perroquet (guacamaya ou papagayo) qu'ils adorèrent dans la suite (Père Cristobal de Molina, *Relacion de las fabulas y ritos de los Ingas*, Manuscrit de la Biblioteca Nacional de Madrid). Quel rapprochement peut-on faire entre ce culte au perroquet (ara ou macrocercidus) des Cañari et celui des Maya et K'kitché rendu au même animal, qui pour eux symbolisait la force fécondante du soleil et de la chaleur?

A propos de l'expédition maritime qu'auraient entreprise les K'kitchoua de pair avec leur conquête par terre de l'Ecuador, on ignore si elle a été conduite par Tupac Yupanqui ou Huayna-Capac, son fils. L'inca trouva-t-il dans les îles écuadoriennes des nègres et des peaux d'animaux aussi grands que des chevaux? Pour s'éclairer sur cette question bien problématique, il est bon de consulter l'introduction des « *Tres relaciones de Antigüedades peruanas dadas á luz, en 1879, por el Real Ministerio de Fomento en Madrid* », écrite par le regretté américaniste espagnol Marcos Jimenez de la Espada.

Les chroniqueurs ne sont pas d'accord sur la date exacte de la mort à Quito de Huayna-Capac : ils la placent entre 1525 et 1527. Quelle est la vraie date?

D'après l'historien Montesinos (*Memorias antiguas historiales y politicas del Peru*, Madrid), Quito fut prise par l'inca Huira-Cocha. Gonzalez Suarez, au contraire, soutient (p. 189, ouv. cité) que c'est Cupac-Yupanqui.

On ne sait pas combien il y avait de villes en Ecuador au temps des Inca ni comment elles étaient disposées.

Juan de Santacruz Pachacuti Yamqui (*Relacion de Antigüedades de este reino del Piru*, p. 302) parle de la grande ville que créa Huayna-Capac dans la province de Tomebamba et des grands travaux hydrauliques qu'il y fit. Gonzalez Suarez ne sait pas exactement de quelle ville il s'agit.

La localisation exacte précolombienne des diverses tribus indigènes à l'arrivée des Espagnols est très difficile à connaître à cause des nombreux changements de villages que les Inca conquérants faisaient subir aux vaincus insubordonnés.

Les historiens Cieza de Leon (*Cronica del Peru*, IIᵉ partie, chap. LVI), Montesinos et Garcilaso de la Vega (*Comentarios reales de los Incas*, Iʳᵉ part., liv. VIII, chap. III) sont d'accord sur ce manque de renseignements précis ethnographiques.

Gonzalez Suarez se plaignait en 1890, (p. x, prologue de son histoire érudite) du désordre dans lequel se trouvaient les Archives nationales de l'Ecuador et des difficultés rencontrées ainsi par les historiens du pays. Espérons que depuis cette date il aura été porté remède à ce mal.

Le folklore des anciens indigènes de l'Ecuador avait été recueilli dans des manuscrits très intéressants cités en partie par le P. Velasco. Mais ils ont disparu. Puisse-t-on les retrouver ! Ces documents manuscrits sont ceux de Bravo de Saravia, du P. Fr. Marcos de Niza, de Palomino, de Montenegro, et du Cacique Collahuaso (*Historia de las guerras civiles entre Huascar y Atallhualpa*).

La plupart des rapports relatifs aux provinces de l'Ecuador qui se trouvent dans le richissime « Archivo de India » de Sevilla étaient encore inédits en 1890. Espérons qu'à l'heure actuelle les « *Relaciones Geograficas de Indias* » dont 2 volumes seulement étaient publiés à Madrid en 1890, auront publié de rares documents sur l'Ecuador.

Inscriptions. — M. A. de Longpérier reconnaissait en 1873 que l'on ne comprend pas encore le sens des inscriptions gravées sur bois ou pierre que l'on rencontre dans l'île de Pâques, Vai-hou ou de Davis, sur l'Océan Pacifique. — Il s'agirait de savoir si de pareilles inscriptions existent ou ont existé sur la côte du Pacifique. Ces recherches pourraient peut-être amener insensiblement à détruire ou à corroborer les hypothèses de quelques savants sur les rapports entre l'Asie, la Polynésie et l'Amérique.

Gonzalez Suarez reproduit dans son Atlas (page 108 et pl. XIV) 2 inscriptions sur roches à demi ensevelies dans le sable, sur la rive droite du rio Calaguro (territoire de Santa-Rosa, province del Oro). Elles ont été publiées par Theodor Wolf en 1880 dans les mémoires de la Société d'Anthropologie, Ethnologie et Histoire de Berlin. Des caractères carrés y prédominent. Les environs de ce lieu sont pleins de tertres funéraires ou tolas, identiques à ceux des provinces de Pichincha et Imbabura. Doit-on les attribuer aux Quitus ou aux Cara ? Ces inscriptions, qui sont plus correctes et artistiques que toutes autres des Antilles et de l'Amérique du Sud, et seraient d'origine caraïbe, sont encore indéchiffrées.

Le même auteur représente, à la pl. XXXVI de son Atlas, la « piedra pintada » de là plaine d'Yngües, juridiction del Angel, province del Carchi, ancien territoire des Huaca. Ceux qui ont gravé ces figures d'hommes grossières venaient-ils de l'Atlantique ? Avaient-ils communauté d'origine avec les indigènes précolombiens de Colombia ? Pour le vérifier, il est bon de consulter les ouvrages suivants :

Uribe, *Geografia General y Compendio historico del Estado de Antioquia* (explication de pl. XXXIII et XXXIV).

Zerda, *Estudio historico, etnografico y arqueologico de los Chibchas y de algunas otras tribus* (piedra pintada avec figures symboliques).

Archéologie. — Gonzalez Suarez dans son très intéressant « Atlas arqueologico Ecuatoriano (Quito, 1891) » passe en revue les divers travaux archéologiques des indigènes précolombiens. — Il n'a pu trouver d'autres objets curieux émanant des Killacinga qu'une énorme pierre où sont tracées des figures grossières non encore déchiffrées.

Dans les territoires ayant été habités par les Quitus, Cara et Puruha il n'a presque rien trouvé, sauf des vases (fig. 1, pl. XXI et fig. 2, pl. XXX) attribués aux Quitos et aux Cara de la vallée de Yaruqui du nord de Quito. Ces vases ont quelque ressemblance avec ceux de ma collection de la vallée d'Antioquia (Colombia). Quelle déduction peut-on en tirer ? Il serait bon de fouiller les montagnes actuellement inaccessibles et couvertes de neiges de la vallée de Quito.

Les Palta et Zarza n'auraient laissé aucun vestige.

Pour ce qui est de la côte de Manabi, et des statues de grandes dimensions ornées de mitres, trouvées par les conquérants espagnols et détruites par eux, on ignore qui les a sculptées. On ne croit pas que ce soient les Cara, mais plutôt quelque tribu de l'Amérique centrale, voire même des indigènes originaires de l'île de Pâques ; car en cette île Davis, Roggeween, Cook et La Pérouse virent des statues colossales en pierre appelées angatabori semblables à celles de la province de Manabi, et des Aymara péruviens et boliviens.

Parmi ces statues écuadoriennes, que dire de l'idole de l'île Santa Clara, appelée Maria Mescia, représentant une femme avec un enfant dans les bras et découverte par les Espagnols ?

On ignore aussi l'usage et l'origine de ces pierres quadrangulaires de la province de Manabi avec figure d'iguane l'un, et l'autre d'homme nu, de la planche XIII de l'Atlas de l'abbé Gonzalez Suarez. — La pl. XII représente deux pierres quadrangulaires du village de Picoaza, au pied du Cerro de Hojas, entre Manta et Portoviejo. Nous nous permettons de douter de l'opinion de Gonzalez Suarez qui assimile une figure à nez en trompe de tapir de ces pierres à la représentation du dieu maya Hun-Ahpu-Vuch.

Gonzalez Suarez base ses hypothèses de l'affinité des Cañari avec les K'kitché du Guatémala, non seulement sur la toponymie des localités des deux pays, mais encore sur l'habitude des deux peuples de faire des cartes et plans. Ainsi, de même que les Maya fournirent à Cortes un plan-itinéraire pour son expédition au Honduras, de même un plan de la ville de Tomebamba fait par les Cañari servit au capitaine espagnol Benalcazar lors de la conquête de Quito. — A propos de l'emplacement de cette ancienne ville, le D{^r} Luis Cordero a soutenu en 1890 dans « la Gaceta Cuencana » une opinion contraire à celle de l'abbé Gonzalez Suarez.

L'archéologie et l'histoire n'ont encore guère pu apprendre de la découverte des ruines de Cojitambo.

Quant aux fameuses sépultures de Chordeleg, découvertes en 1853, le grand nombre de tolas qu'on y a trouvées, pleines d'objets riches, la ressemblance de leur construction, l'ordre et la symétrie de leur position, selon un plan déterminé, manifestent que Chordeleg était pour les Cañari un lieu sacré. Fut-ce un temple avec tombes des chefs de toute une région, rangées autour du sanctuaire ? Fut-ce la colline mystérieuse de Huacay-Han dont font mention les fables religieuses des Cañari ? Gonzalez Suarez (p. 152 ouv. cité) l'ignore.

Les ruines qui entourent Cañar sont-elles celles de Hatun-Cañar, qu'on dit avoir été le palais de Huayna-Capac ?

Pour Gonzalez Suarez (p. 278 ouv. cité) le nom des ruines de Hana-Cauri serait plutôt Hanak-huari. Ceci est à voir. Une grande roche en forme de table quadrangulaire se dresse au milieu d'une plate-forme semi-circulaire, entourée de sièges et de vases communiquant avec de petits canaux. On ignore si ces canaux avaient pour objet de laisser couler d'un autel le sang humain, tels que dans les teocalli mexicains. Avaient-ils un autre objet ? Que déduire de la ressemblance des ruines de Hani-Cauri avec le monument péruvien décrit par Desjardins (*le Pérou avant la conquête*, n° 5, monuments) à Concacha, à trois lieues au sud d'Abancay ?

Peut-on prouver le passage des Nahua dans l'Amérique du Sud par le fait de l'existence en Ecuador, en Bolivia, à Tiahuanaco, de temples, « adoratorios », de construction architechtonique semblable à celle des teocalli mexicains ? Cette question est à étudier.

Luinguistique. — Le Père Hervas (chap. v, tome 1, *Catalogo de las lenguas*), dit que la langue ancienne des Quitu, c'est-à-dire celle qu'ils parlaient avant d'être conquis par les Sira, avait de l'affinité avec celle parlée à Panzaleo (district du canton actuel de Machachi), et à Carangue et Otavalo.

Doit-on avec le P. Velasco croire que la langue des Cara était un dialecte du k'kitchoua ? que tirer de ce rapprochement ainsi que de l'observation que

le mot cari veut dire homme, vir, varon, en cara de Quito, en k'kitchoua et
en caribe? Gonzalez Suarez émet bien l'opinion que le k'kitchoua avait emprunté ses éléments à diverses langues; mais il ne dit pas à quelles langues.
Il ne peut expliquer l'origine linguistique de cette langue avec celle des Cara.
Si ces races appartenaient à une même famille, à quelle époque se séparèrent-
elles avant de se retrouver sur le versant du Pichincha?

Il ne reste aucun document des langues ou dialectes des Killasinga, des
Machachi, des Puruha (avec dialectes Pillaro et Hambato), des Cañari, des
Palta et des dialectes de la côte, aussi nombreux que les noms des
villages où on les parlait (Gonzalez Suarez, p. 170). L'évêque de Quito,
Fr. Luis Lopez de Solis, avait, en 1583, décrété l'élaboration de catéchismes
en langues de los « llanos, atallana », cañar, puruhay, des Pastos, killasinga. On ignore si ces catéchismes furent faits et où l'on pourrait encore
en trouver des exemplaires.

Toponymie. — On ne sait quelle est l'étymologie du nom de Quito. Viendrait-il du nom des Indiens Quitus ou Quitos? Son origine serait-elle le mot
tito, d'après Herrera (*Historia de las Indias occidentales*, Ve décade, liv. III,
chap. xiv)? Serait-ce le mot grec, Κύτος, voûte du ciel? Le savant argentin
Lopez (*Les Races aryennes du Pérou, leur langue, leur religion, leur histoire*), 2e partie, chap. ii, explique cette étymologie par la position presque
mathématique de cette ville sous la ligne équinoxiale? Ce nom n'apparticn-
drait-il pas à la langue k'kitchoua? ou à la caraïbe, dans laquelle hito signifie
homme?

Les Cara adoraient le soleil aux environs de Quito sur le cerro de Pane-
cillo au cône de Yavirac (d'après de Humboldt), Yavira (d'après Gonzalez
Suarez), ou Yahuira (d'après Cieza de Leon). On ne sait pas exactement
comment écrire ce nom, à quelle langue il appartenait et ce qu'il signifiait.

D'après Brasseur de Bourbourg, l'étymologie du nom des Cara ou Carios
viendrait du mot caribe cari, qui signifie homme par excellemce.

Gonzalez Suarez (à la page 50 ouv. cité), expliquerait divers noms propres
cara par les affinités caraïbes suivantes :

Le nom Toa, d'une princesse cara, par toa : lait, seins (en caraïbe haïtien);

Ilimpoa, par ilimpoa = lieu des fils;

Locoa, par locoa = lieu noble;

Ficoa, par bicoa = lieu de la vie, de l'abondance;

Aloasi, par aboazie = maison du chef;

Machachi, par machachi = la grande terre vivante;

Quitos, par hito = homme.

Gonzalez Suarez explique les affinités linguistiques de noms de lieux écuadoriens précolombiens avec la langue maya-k'kitché de la façon suivante :

Ile de Puna ou Pugna s'explique par le maya ppucna = maison resserrée;

Bui (ancien port de cette île) par buhi = ici ouverture, port ;

Charapoto par Japoto, ahppotoc = plaine qui se lève pas à pas ;

Choconcha (puits artésien près de Jipijapa) s'explique par le maya chob-conchaac = trou d'eau profond en forme de vase, ou vase profonde avec de l'eau, creusé en forme de trou dans la terre ;

Chade (autre puits artésien entre Jipijapa et Santa Ana), par Chaac-he = ici il y a de l'eau.

Ces rapprochements philologiques indiqueraient à Gonzalez Suarez une nouvelle affinité entre les habitants de la province de Manabi et ceux du Yucatan, où il y a également des puits et peu de rivières.

Le cerro de Boloboc (situé entre les villages de Tambo et Biblian) viendrait du k'itché, bolobic = rond.

Le rio Biblian (actuel rio de Azogues), viendrait du k'itché bilibak = le tortueux, qui ne va pas droit ;

Jocay (ancien nom de Manta), viendrait du maya Hocay = entrée du poison ;

Umiña (déesse de la santé adorée par les indigènes de Jocay) viendrait du maya Uminhah = la véritable aïeule d'elles. Pourrait-on rapprocher ce dernier nom de celui d'Umaña, localité du Salvador se trouvant sur la route de San Vicente à San Miguel ?

Tamal-aycha (nom cañari du rio Jubones), et qui en cañari veut dire mangeurs d'hommes, viendrait du k'itché, tamal = celui qui réunit, recueille ce qui est épars, qui augmente ou met du même nom en usage au Centre Amérique ; et de ichah = nourriture, herbe, toute chose comestible ;

Leo-quina (lac au-dessus du village de Sig-Sig de la Cordillère orientale, en canari = lac du serpent) viendrait du k'itché teuh-can-i-ha = eau où le serpent se refroidit ;

Peleusy (ou vallée del Azogue), en cañari = fleur jaune, viendrait du k'itché uleu = terre, lieu ; zih = arbre de fleurs blanches ;

Zihzic (village de la province de Cuenca) viendrait du k'itché zihzic = droit, lisse ;

Patecte (lieu où l'on trouva la plus riche huaca, découverte du fameux Chordeleg) viendrait du k'itché pateczec = amonceler des choses cachées sous terre, ou trésor ;

Cañari, ce nom de peuple, d'après Nodal (*Traduccion castellana del drama Quichua Ollantai*) viendrait du k'itchoua cañarini = incendiaire ; ou du k'itché, canahri = ceux-ci sont fils du serpent ;

Chordeleg aurait deux étymologies k'itché :

1° Chob-or-he-zek = ils se mettent en chemin en gémissant ;

2° Chob-or-he-zep = percer des trous comme des fours et les arranger dans le sol. Ceci se rapporterait-il au site plein de sépultures creusées en terre, disposées dans un certain ordre ?

Il faudrait vérifier ces diverses étymologies tirées du maya et du k'kitché.

Mode d'écriture. — Les Cara écrivaient de deux façons : 1° par le moyen de petites pierres de diverses dimensions, figures et couleurs. Mais le système et l'interprétation de cette écriture a disparu ; 2° sur des bâtons de bois sculpté et colorié. Gonzalez Suarez cite le bâton très curieux trouvé à Chordeleg ; il est recouvert d'une couche légère d'argent avec gravure de crocodiles aux quatre côtés du plan quadrangulaire, des figures de profil, et une sorte de couronne. Que représente cet objet? Quelle était sa destination ? L'archéologue écuadorien l'appelle le plan de Chordeleg. Ne serait-ce pas plutôt un compteur pour calculs arithmétiques ? Des faisceaux de ces bâtons trouvés dans une même tombe de Chordeleg ne seraient-ils pas des annales ? On l'ignore.

Calendrier lunaire cañari. — Gonzalez Suarez assimile un objet en or encadré sur bois, qu'il reproduit à la planche II de son Atlas, à un calendrier lunaire divinatoire mexicain. Pour confirmer l'évidence de l'affinité de ce document cañari avec le même des nahua, l'auteur se base sur les points blancs et verts de cet objet qui indiqueraient des points cardinaux. Il s'agirait de savoir si cet objet correspond bien aux indices observés par le comte de Charencey dans son ouvrage « *Des couleurs considérées comme symboles des points cardinaux chez les peuples du Nouveau Monde.* »

Pintaderas. — Les Indiens Guahibos de l'Amazonas s'appliquent sur le corps des cachets ou rouleaux imbibés de rocou qui représentent des arabesques. Il y aurait lieu de comparer ces objets avec ceux de terre cuite et de bois originaires de Colombia et appelés pintaderas (voir Musée d'ethnographie du Trocadéro, Paris, et collection D. Pector).

Monnaies des Cañari. — Les quantités considérables de petits coquillages roses, des colliers de petites pierres et des clochettes d'or trouvées dans les sépultures de Chordeleg font prendre ces objets pour de la monnaie par Gonzalez Suarez (p. 164); mais ce ne sont jusqu'à présent que des conjectures.

Masques. — Les indigènes précolombiens de l'Ecuador faisaient un grand usage de masques grotesques. Etait-ce pour des danses religieuses ou fêtes ordinaires ? Quelles affinités pourrait-il y avoir entre ces masques et ceux en usage chez les indigènes d'Alaska et les descendants des Mangues de Masaya (Nicaragua), etc.

Ornements labiaux en terre cuite. — Il serait intéressant de faire des études spéciales sur les ornements en terre cuite de forme arrondie dont on trouve les dessins sur des bouches des planches XV (fig. 2), XX (fig. 4), XXVI (fig. 4) de l'Atlas Gonzalez Suarez. Ces ornements sont posés sur les dessins précités au-dessus de la lèvre supérieure. On n'en voit de pareils sous la lèvre inférieure qu'à la planche XXXIII (fig. 1) représentant un objet trouvé à Cotocallao, de fabrication quito. Il y aurait à étudier l'affinité de ces ornements avec les botoques des Groenlandais et des Botocudos.

Chansons populaires. — Les yaravies ou tonadas populares des Ecuadoriens recueillies par l'éminent américaniste Marcos Jimenez de la Espada et présentées au Congrès intern. des Américanistes, session de 1881, telles que le Masalla, le Jaguay-Jaguay (chant de la femme aveugle), le Yumbo et le Mayordomo, provenant de la région de Quito ont-elles des affinités avec les chansons des régions situées plus au nord, de Colombia et d'Amérique centrale?

Canots. — Que dire des « balsas » avec voiles latines employées par les indigènes de l'île Puna pour aller en pleine mer jusqu'à Tumbez et autres lieux plus éloignés? Etait-ce le même genre d'embarcations employées par les Quito et les Cara pour aborder en Ecuador? Quelles affinités existaient entre ces balsas et celles des Caribes des Antilles, des Purus du lac Titicaca, et des Allentiaks du lac San Juan?

Sépultures. — Que peut-on déduire de l'identité du mode de sépultures des Ecuadoriens et des Guarani du Paraguay dont parle le P. Ruiz de Montoya au parag. 10° de la « *Conquista espiritual del Paraguay, Ritos de los Indios Guaranis*, Madrid, 1639 » ?

VÉNÉZUÉLA

VÉNÉZUÉLA. *Régions peu explorées.* — D'une façon générale, ce pays est peu exploré à ses frontières avec le Brésil et la Guyane anglaise. Cet état de choses provient des questions de délimitations de frontières politiques entre ces divers Etats, pendantes depuis de longues années.

On n'a que peu de renseignements relativement sur le delta de l'Orinoco, depuis la côte de Paria jusque sur les bords de l'Essequibo. Car il est habité par 14 à 15.000 Guaraunos, d'après les uns, ou 40.000, d'après les autres, dont la partie nomade ne reconnaît d'autre autorité que celle de leur chef ou idamo (Jean Chaffanjon, 1885).

La région des Indiens Yaruros, au rapide de Cariben, sur l'Orinoco, non loin de l'embouchure du rio Meta, — le territoire très riche du rio Meta, peuplé de Guahibos, — celui des Quivas, au confluent du rio Meta et de l'Orinoco, — les rives de l'Orinoco et forêts avoisinant San Fernando de Atabapo, — la région de Matarveni, sur la rivière du même nom, en arrière des montagnes riveraines de l'Orinoco, — toutes ces régions, dis-je, sont difficiles à connaître, à cause des habitants sauvages qu'elles contiennent « rebelles à toute civilisation, ou du moins aux procédés qu'elle emploie » (J. Chaffanjon).

Dans la région montagneuse proche des sources de l'Orinoco et habitée par les Guaharibos, réputés anthropophages, Jean Chaffanjon dut en 1885 lutter contre la frayeur de ses guides et contre de nombreux rapides. Aussi, malgré son intrépidité et son opiniâtreté, l'explorateur français ne put-il faire de cette région une exploration minutieuse. Rien ne peut justifier la terreur superstitieuse qu'inspire cette région, si ce n'est l'absence absolue de données sur elle. [Maunoir, d'après Chaffanjon, *Bull. Soc. Géogr. de Paris*, 3ᵉ trim. 1888, p. 416.]

On ne connaît pas encore les sources du rio Ventuario (sud) (J. Chaffanjon, 1887).

Le système montagneux parallèle à la mer des Antilles, entre Coro et la Trinidad, a bien été exploré en 1896 par le Dʳ Sievers au point de vue géographique et cartographique général. Mais, d'après M. Victor Huot (Annales cartographiques, Hachette, 1897), l'orographie proprement dite de cette région est encore à déterminer par un levé précis.

Cavernes. — Les bulletins et mémoires de la Soc. d'Anthropologie de Paris de 1889 et l'ouvrage de M. le Dʳ Marcano : « l'*Ethnographie précolombienne du Vénézuéla* » (Paris, 1890), sur les vallées d'Aragua et de Caracas contiennent une foule de détails sur les fameuses grottes de granit de l'Orinoco (Cerro de Luna, Ipi-Iboto, et de Cucurital) et sur les belles collections d'antiquités et de crânes indigènes, déformés ou non, qu'y a faites le Dʳ G. Marcano. Mais il n'a pu affirmer l'identité de ces débris humains avec ceux d'aucune autre race.

Malgré le voyage récent du chimiste allemand Richard Ludwig, les grottes de l'île minuscule Toas, de l'entrée du lac de Maracaïbo, auraient besoin d'être explorées aux points de vue paléontologique et ethnographique.

La grotte del Guacharo n'a pas encore été décrite scientifiquement.

La grotte d'Arvina, renfermée dans la Punta Cerro, environs d'Atures, contient des sépultures attribuées aux Imos (J. Chaffanjon, *L'Orénoque et le Caura*, p. 183). Mais comme on ne sait rien ou presque rien sur cette race disparue, il est difficile d'affirmer quelque chose de sérieux sur ces données hypothétiques.

A 3 kilomètres d'Atures, se trouve le Cerro de los Muertos qui possède une caverne basse et profonde servant d'ossuaire aux Piarvas du Cataniapo. J. Chaffanjon en donne une description et énumère les divers objets anthropologiques et ethnographiques qu'il y a recueillis. Mais ne sont-ils pas pour la plupart des objets modernes? Peut-être cette caverne n'a-t-elle pas été fouillée assez profondément et sa substructure serait peut-être fort intéressante pour la science. Qui a peuplé cette caverne et en a gravé les parois?

Il serait utile d'avoir de plus amples données sur la grotte sacrée, funéraire, située sous les roches de Barraguan, non loin de l'Orinoco.

Que contiennent les grottes de Caripe, à l'ouest du golfe de Paria, visitées par de Humboldt, — outre les guacharo, oiseaux à graisse appelés diablotins?

A 2 kilomètres environ du hameau de Cuchivero, non loin de la rive droite de l'Orinoco, entre Bolivar et le rio Meta se trouve une petite grotte. Chaffanjon, qui l'a visitée en 1885, en donne une description détaillée. Les indigènes actuels l'appellent raudal de Chicharra. Ses parois intérieures sont recouvertes d'inscriptions hiéroglyphiques non déchiffrées; leur caractère général diffère de celui des pétroglyphes rencontrés par le même explorateur dans la vallée de l'Orinoco. Quel est le peuple qui les a dessinés? Le grand nombre de pierres polies et autres débris trouvés en dehors de cette grotte indiquent l'existence probable d'une grande tribu en cet emplacement : quelle était-elle? On l'ignore.

D'après le Dr Ernst (*Congrès anthropologique*, p. 490) on trouve dans les cavernes des montagnes de Mérida (surtout celle de la paroisse de Guaraque, district de Rivas) de nombreux échantillons d'ancienne céramique, surtout des figures humaines à têtes très aplaties et des petits vases en argile à pied annulaire libre. Or, des objets semblables ont été trouvés près Cartago (Costa Rica). Ce qui indiquerait une affinité entre les races qui habitèrent ces grottes de Mérida et celles qui environnaient Cartago. Mais on n'a pu encore savoir quelles étaient ces races.

Races. — Le Dr Ernst base son hypothèse relative à l'affinité des races des deux régions citées plus haut sur deux causes : 1° la découverte dans les deux pays de vases à pied annulaire libre absolument identiques; 2° le rapprochement curieux entre des mots usuels pris dans les langues bribri, boruca et guatuso, du Costa Rica, d'une part; et dans les langues timote, mirripu, miguri, mocochie (du Vénézuéla), de l'autre.

Le Dr Brinton et autres savants linguistes trouvent cette hypothèse peut-être un peu hasardeuse, vu le peu de données archéologiques, linguistiques et autres que nous ayons jusqu'à présent sur les deux régions en question. Mais elle est fort intéressante à étudier.

On sait peu de choses et il reste peu de données ethnographiques sur les Atures, disparus actuellement. Alliés aux Piaroa, qui vivent encore sur les rives de l'Orinoco, ils se seraient défendus contre leurs ennemis féroces les Imos. Ceux-ci ont disparu aussi. On ne sait si l'on doit leur attribuer les sépultures de la spélonque d'Arvina.

Les rives de tous les affluents de l'Orinoco supérieur sont presque désertes, quelques Indiens disséminés, fuyant les mauvais traitements des civilisés, peuplent seuls ces solitudes (J. Chaffanjon).

On ne sait à peu près rien sur l'ethnographie des Guaharivos de l'Orinoco.

« Les Guahibos bravos du rio Meta sont, encore aujourd'hui, les moins « connus et les plus farouches de cette petite nation, et je n'ai lu qu'une « courte description qui les concerne dans les récits des explorations de « Crevaux » (Dr E. T. Hamy, *Notes sur les collections ethnographiques du Dr Joseph Muneraty.* J[al] n° 6 de la Société des Américanistes de Paris, 1898).

Quant aux Quirisicanos, dont l'habitat paraît être les environs de la montagne de Parimé et de Japiraporo, aux sources de l'Orinoco, ils ont à peine été entrevus par le Dr J. Muneraty et leur nom ne figure ni sur le catalogue des tribus de d'Orbigny, ni sur les cartes récentes de la région.

Parmi les Indiens qui ont gardé un véritable instinct de sauvagerie brutale, il faut citer les Quiva qui n'ont jamais voulu rien accepter des produits de la civilisation : ce qu'ils s'en procurent, c'est par le vol. Ils vivaient autrefois en Colombia, mais leurs rapines et leurs crimes les ont fait expulser de ces régions, et c'est dans le Vénézuela, dans l'Orinoco, à l'embouchure du Meta, qu'ils sont venus se fixer, et sont devenus la terreur des navigateurs (J. Chaffanjon, *Bull. Soc. Géog. Commer. de Paris*, p. 18, n° 1, tome X, 1887). Quelle était leur résidence primitive en Colombia ? Avec quelle race avaient-ils des affinités ? avec les Arhuacos de la Goajira ?

D'après Ehrenreich, les Papiaros, de même que les Bamia, les Yaruros et la plupart des autres peuplades de l'Orinoco moyen, feraient partie du groupe des Maipures. Il en serait autrement des Carizona du haut Yapura, dans lesquels Crevaux retrouva des Caraïbes purs, ressemblant fort à ceux qu'il avait appris à connaître dans les Guyanes. De même les diverses tribus des Uitoto, répandues sur un vaste territoire dans les bassins du Yapura et du Putumayo, appartiendraient à la souche caraïbe. Quant aux Miranha, autre peuplade du Putumayo moyen, ils constitueraient un groupe complètement distinct par le langage (E. Reclus, *N. G. U.*, p. 315). Ces assertions demanderaient à être confirmées par de nouvelles explorations.

Parmi les 60.000 Indiens environ qu'on dit vivre à l'état indépendant dans les forêts et savanes de la région méridionale du Vénézuéla pourrait-on retrouver des traces des Caraca qui donnèrent leur nom à la capitale actuelle du pays des Ayamanes, ces nains en partie exterminés par les Espagnols et que Fredemann rencontra au sud de Barquisimeto, des Guaraunos, des Otomacos géophages, etc...? De nouvelles explorations seraient nécessaires.

Langues. — Comme nous l'avons dit plus haut, il est nécessaire d'étudier avec plus de documents, si possible, la question de l'affinité des langues timote, du Vénézuéla, et talamanca, de Costa Rica.

« Une comparaison assez étendue, dit le grand savant américain Brinton, ne « m'a pas fourni de données positives pour inclure les Lecos dans aucun groupe « linguistique connu. La plupart des analogies que j'ai notées sont avec la « race caribe, et quelques-unes sont frappantes, quoique à peine décisives. »

De Humboldt, dans ses *Monuments et Vues des Cordillères*, parle de la disparition complète de la langue des Atures, des bords de l'Orinoco. Cette langue, à l'époque où l'illustre voyageur visita le Vénézuéla, n'était plus parlée que par un vieux perroquet, lequel en savait dire seulement deux ou trois mots.

Pétroglyphes. — Entre autres inscriptions curieuses hiéroglyphiques existant encore au Vénézuéla, et dont aucune n'est encore déchiffrée, il faut citer : celles de San Fernando de Atabapo, celles de Puebla, de Caicara et Cuchivero, sur les bords de l'Orinoco, où, en 1884, Chaffanjon a vu un soleil, un jaguar et deux autres bêtes, enfin celles d'une montagne près d'Aturo, le « Cerro Pintado ». Cette dernière est inaccessible, à 250 mètres d'altitude ; ses gigantesques et fantastiques inscriptions seraient, d'après la légende, relatives à la création de l'univers, mais on ne peut guère s'en assurer. Vu la position strictement verticale et fort élevée de ces rochers, on se demande comment les Indiens, auteurs de ces inscriptions, ont pu faire ces travaux. Une autre énigme se présente relative aux instruments employés pour exécuter sur ce porphyre granitoïde très dur des entailles aussi profondes et durables. On croit que c'étaient des silex ; mais, pour vérifier l'exactitude de cette assertion, il faudrait faire au-dessus des rochers en question des fouilles qui certainement amèneraient la découverte de débris montrant le degré de civilisation atteint par ces sculpteurs sur pierre, sans doute précolombiens.

Il faut signaler aussi aux recherches des archéologues : les hiéroglyphes presque effacés de la chaîne côtière de Caracas, à 2000 mètres d'altitude, près de la cîme du Naiguata ;

les pierres écrites de la Sierra Nevada de Mérida, dénotant une ressemblance générale avec les pétroglyphes de Colombia. Le fait de les trouver en région Muysca permet-il d'attribuer ces gravures à des membres de cette race ?

Archéologie. — La *Estrella de Panama* d'avril 1897 cite la découverte récente faite dans le lac de Tacarigua, île de Culebra. Dans le flanc d'une colline on a trouvé par hasard une statue colossale en pierre. Elle représente un chevreuil de 2 mètres de large sur 1m. 50 de hauteur. Elle est posée sur une belle pierre en forme de colonne, au pied de laquelle se trouve un serpent de 5 mètres. Dans un trou triangulaire, au pied de la statue, on a trouvé des pierres précieuses ; que signifie cette statue ? quelle race l'a élevée ? à quelle époque ? La nécessité se fait sentir de faire des fouilles spéciales dans l'île en question.

Sur les rives septentrionales du même lac, près de Turmero, vallée d'Aragua, se trouvent 50 cerritos ou tertres funéraires. Leur structure permet-elle d'établir une affinité entre les constructeurs de ces monticules et les races de moundbuilders du Mississipi, et celles du Honduras (Tenampua) ?

Pintaderas. — Quant aux rouleaux en bois dont se servent les Guahibos pour se peindre la poitrine, le Dr E. T. Hamy (dans ses *Études Ethnogra-*

phiques et Archéologiques sur l'Exposition Coloniale et Indienne de Londres, Paris, 1887) leur trouve une similitude absolue avec les pintaderas en terre cuite employées par les Indiens de Cundinamarca. Qu'en peut-on conclure?

GUYANES

Habitants actuels des trois Guyanes. — Dans le livre intéressant du Dr Wilhelm Joest (*Ethnographisches und Verwandtes aus Guayana,* Paris, 1893), on peut trouver des données sur la plupart des Indiens et nègres actuels de la région, sans pouvoir savoir quels furent leurs ancêtres, origine, histoire, langue, etc. C'est à peine si l'auteur estime à 2000 environ le nombre des Indiens inconnus habitant les forêts vierges au sud du territoire des nègres marrons.

Histoire. — Qui a découvert la Guyane? C. Colombo, en 1498, n'en aurait aperçu que le littoral. Ne devrait-on pas plutôt la découverte de cette contrée aux marins français originaires de Dieppe et environs, tels qu'Ango, Cousin, etc.?

BRITISH GUIANA

Parties peu connues. — Dans la région forestière on ne peut quelquefois rencontrer un être humain pendant l'espace de cent kilomètres, les Indiens eux-mêmes ayant disparu, pour des raisons non expliquées... Jusqu'à présent (de tout le groupe de montagnes environnant Roraima), Roraima est la seule montagne dont l'ascension ait été faite et cela encore par au plus deux ou trois personnes, en vue de l'ennui, des frais et des privations encourues dans ce voyage, qui prend environ trois mois. [*Handbook of British Guiana,* par James Rodway, Georgetown, 1893, pages 11-14].

Pétroglyphes. — Presque les seules reliques de l'antiquité sont les roches peintes appelées timehri par les Indiens. On les trouve dans plusieurs des plus grandes rivières, généralement dans le voisinage des rapides ou chutes. Dans quel but ont-elles été taillées et par quelle race? C'est un problème que, même les Indiens, ne peuvent rien faire pour résoudre. Elles sont probablement l'œuvre de quelque tribu maintenant éteinte et peut-être commémoratives. Aucun des aborigènes de la période historique ne semble s'être servi de l'écriture pictographique. Les figures apparaissent comme des représentations conventionnelles d'hommes, d'animaux, du soleil et de quelques autres objets qui ne peuvent être identifiés. Les Indiens modernes les regardent avec crainte (J. Rodway, p. 14). La plupart des inscriptions sur roches trouvées à l'intérieur du pays par M. Im Thurm, en 1878, ont été copiées par le Dr J. Crevaux.

Tertres. — On trouve dans la Guyane anglaise de nombreux tertres à débris de cuisine (coquillages et os) (kjœkkenmœddings ou kitchen middars). Un des principaux est celui de Waramuri. Qui l'a édifié ? dans quel but ? on l'ignore. N'y aurait-il pas certaine relation à établir avec les Sambaquis du Brésil ?

Races. — Les indigènes du pays y sont assez peu étudiés et recensés, surtout ceux qui vivent tout nus dans les forêts, en dehors des villages connus.

Linguistique. — La langue waraus, ouaraous, guaraunos ou warrau est parlée le long de cette région, au nord-ouest de la rivière Pomeroon, à travers et au delà du delta de l'Orinoco. L'éminent philologue français Lucien Adam, qui en a publié une grammaire et un vocabulaire (p. 479, compte-rendu, *Congrès International Amér.*, 1895), dit que cette langue ne paraît être apparentée à aucune autre. Il serait utile de pousser les recherches plus avant à cet égard.

NEDERLANSCH GUIANA

Rivière Surinam. — Très peu d'Européens ont remonté le cours de cette rivière plus haut que le Sara, son affluent de droite. — Quant à sa source, elle se trouve probablement à une altitude considérable dans les montagnes de Tumuc-Humac. Car, jusqu'en 1880, personne, pas même les nègres marrons, n'étaient parvenus à la découvrir. [Capitaine hollandais G.-P.-H. Zimmermann, *Bulletin Société de Géographie de Paris*, août 1880, p. 99].

M. W.-L. Loth, arpenteur officiel de Suriname, a publié, dans le bulletin de la Société Royale Néerlandaise de Géographie d'Amsterdam du 17 février 1893, un travail sérieux intitulé : *Verslag van eene Reis naar de Lawa tot het verkennen van het terrein tusschen die rivier en de Tapanahoni en van dat tusschen de toso en de Sara-Kreek* (janv.-mai 1892). La carte qui accompagne ce travail présente plusieurs lacunes : ainsi, est marqué en pointillé le cours des rios : Grankreek, affluent de rive gauche du Maroni (Marowÿn) avant son confluent avec le Tapanahoni ; Jaï of Oppegon, affluent de gauche du Tapanahoni ; Pratiekreek, affluent de droite du même fleuve.

Les sources du Tapanahoni étaient encore inconnues en 1889, d'après Henri Mager. On peut lire sur cette région l'intéressant article *de Grenzen van Nederlansch Guiana* du Dr H. D. Benjamins (Tijdschrift van het Kon. Ned. Aardrijkskundig Genootschap, n° 6 du 31 décembre 98, Amsterdam) tout en faisant des réserves sur certaines considérations relatives aux frontières avec la Guyane française.

Noirs marrons.— Ces nègres, qui occupent le cours supérieur des rivières de la Guyane hollandaise, interdisent le passage aux blancs. Cette raison empêche de connaître les régions qu'ils habitent. Espérons que l'ouvrage méritant du Dr W. Joest permettra à d'autres Européens de tenter l'aventure.

GUYANE FRANÇAISE

Régions peu connues. — Malgré les fréquentes et remarquables explorations de ce pays par M. Henri Coudreau, la partie de la Guyane du Sud comprise entre l'Oyapock et l'Araguary, à l'embouchure de l'Amazonas, territoire contesté depuis 1713 entre la France et le Brésil, est encore, de l'aveu même de l'explorateur, fort peu connue. Les sept huitièmes des rivières Cachipoux, Counani, Carsevenne, Mapa Grande, le Fréchal, le Cujubim, les deux Tartarougal (petite et grande) et une foule d'autres petites rivières débouchant sur l'Atlantique, au nord de l'embouchure de l'Amazonas, ne sont ni connues ni explorées. — Il en est de même des deux tiers du grand rio Araguary. « C'est, dit M. Coudreau (compte-rendu de la *Société de* « *Géographie de Paris*, 4° trimestre 1891), une contrée en formation et « déformation incessantes ; des lacs se comblent, d'autres se forment qui « n'existaient pas auparavant, des arroyos s'obstruent, d'autres s'ouvrent, « d'autres coulent du sud au nord, après avoir coulé du nord au sud, ou « inversement; on trouve fréquemment des traces du mouvement oscilla-« toire du sol. Le régime hydrologique de la contrée n'est pas encore fixé. »

La région située entre l'île de Maraca et l'embouchure du rio Araguary, comprenant les lacs côtiers du cap de Nord, est à peine connue.

Espérons que les membres franco-brésiliens de la commission préparatoire de délimitation du Contesté, arrivés sur les lieux en janvier 1899, changeront cet état de choses, grâce à leur sérieuse étude topographique de la contrée. Nous fondons le même espoir sur la publication prochaine par M. Georges Brousseau, revenu en France à la même date, de son relevé topographique de la région du fleuve Oyapock au fleuve Araguary fait au cours de sa mission (1894-1898).

Hydrographie. — Les sources des rivières Itany, Marouini, Araoua, Inini Abounami, affluents du Maroni, n'ont pas encore été reconnues.

La source de la rivière Approuague n'a pas été explorée, et le cours de la plupart de ses affluents de droite n'a pas été relevé (Mataroni, Ireni, Iboni, crique J. Hansen, crique Saint-Arroman, Paripou). Le cours d'une foule de petits et grands affluents de droite et de gauche de la rivière Oyapock n'a pas encore été exploré.

Orographie. — H. Coudreau assure n'avoir relié que par une triangulation approximative, au théodolite ou à la boussole, les principaux sommets des monts Tumuc-Humac et mesuré au podomètre les distances parcourues (p. 15, *Explorations en Guyane*, Rouen, 1892). Il ne croit pas qu'on puisse faire de ces régions une topographie beaucoup plus exacte jusqu'à ce que la contrée ait été en partie déboisée.

Le Tapürangnannawe est, d'après les Roncouyennes et les Oyampis, une grande montagne mystérieuse, où les rivières Kouc et Couyary, d'une part, Kerindioutou, Yaroupi et Camopi, de l'autre, prendraient leurs sources. Cette montagne n'a été vue par aucun des Indiens actuels de la contrée ni par Coudreau (p. 1, Aperçu général des Tumuc-Humac. Bull. Soc. Géog.; Paris, 1er trim. 1893).

D'après le même voyageur (p. 31, ouv. cité), il est difficile de démêler les directions générales du massif de l'Oyapock. On peut en dire autant du massif de Maritowe.

Cartographie. — Dans la partie orientale de la carte de la Guyane hollandaise publiée dans le bulletin de la Société Royale Néerlandaise de Géographie d'Amsterdam du 15 février 1895, par M. W. L. Loth, arpenteur officiel de Suriname, et dans la partie occidentale de la carte de la Guyane française publiée en 1892 par J. Hansen par les soins de la Société de Géographie de Paris, on remarque de grandes différences de degrés. Le cours du Maroni (Marowijne) n'est pas le même dans les deux cartes. Les mêmes observations sont à faire sur le cours et le nom de l'Aoua (Lawa). L'Itany de la carte française est-ce le Gonini rivier de la carte hollandaise, tracée en pointillés ainsi que les affluents Wilhelmina et Emma rivier?

Races. — Si les rivières, seuls moyens de communications possibles dans ces régions tropicales, sont pour la plupart inconnues ou inexplorées, on comprendra facilement que les diverses populations indigènes qui en bordent les rives doivent être aussi inconnues. Ainsi des Indiens « bravos » ou sauvages habiteraient les hauts du Yaoué, le plus important affluent de droite de l'Oyapock ; mais on ne les a pas encore rencontrés. — D'après Coudreau, les Coussaris étaient encore peu connus en 1893. Deux tribus cannibales, les Eleliana et les Toussari vaguent dans les solitudes à l'ouest des monts Tumuc-Humac et faisaient la terreur des Roucouyennes en 1888.

Les Indiens Amikouanes (cités par le P. Lombard, *Lettres édifiantes*, 20e recueil, année 1731, p. 223) étaient appelés aussi Indiens « *à longues oreilles* ». Sont-ils les descendants des Oyaricoulets ou Oyacoulets? Coudreau ne l'ose affirmer. Consulter à ce sujet p. 27 du *Journal de la Société des Américanistes de Paris*, n° 5, 1898, à l'article « Une faute d'impression », etc., par Henri Froidevaux.

H. Coudreau (Bull. Soc. Géog. Paris, 3e trim. 1890, p. 308) ne croit pas que l'on puisse évaluer à moins de 100.000 individus le nombre total des indigènes du territoire contesté franco-brésilien. Ces tribus sont vierges encore.

Ni les colons français, ni les colons brésiliens n'ont pénétré jusqu'à elles. Sur le cours du haut Yapura (Vénézuela) Crevaux trouva chez les Indiens Carizona des types de caraïbes purs, ressemblant fort à ceux des Guyanes. Y a-t-il lieu d'établir une commune origine à ces deux races?

Les Caribes ou Caraïbes, qui ont laissé tant de souvenirs en Guyane, où maintes tribus ont de leur sang, ont besoin d'un nouvel historien clairvoyant qui puisse résumer les résultats des dernières investigations à leur égard. — Venaient-ils de Florida, occupèrent-ils la côte orientale du Mexique, de l'Amérique centrale, les Antilles, le Vénézuéla, la Colombia? descendirent-ils le cours de l'Amazonas et arrêtèrent-ils leurs derniers débris en Guyane et aux sources des affluents de droite de l'Amazonas? Ou bien ont-ils eu pour berceau la côte orientale de l'Amérique du sud; suivirent-ils le courant maritime se dirigeant de l'embouchure de l'Amazonas en Guyanes, dans les Antilles, vers les côtes de l'Amérique centrale, côtoyant le golfe du Mexique et se confondant avec le Gulf Stream, dès la Florida, dans sa course vers la direction nord-est? — Employaient-ils des caractères gravés sur roches? (Voir *île Saint-Jean*, Antilles).

Toponymie. — Le nom étrange des monts Tumuc-Humac est encore inexpliqué (p. 1, *Aperçu général des Tumuc-Humac*, H. Coudreau, Bull. Soc. Géog. Paris, 1er trim. 1893). Son étymologie ne serait pas tirée des langues indigènes du pays : il aurait une apparence mexicaine ou péruvienne. Qu'en conclure?

Pétroglyphes. — Les inscriptions sur roches des anciens habitants du pays et des Roucouyennes actuels du rio Yary représentent souvent la grenouille. Quel sens donnaient-ils à cette représentation d'un animal dont ils affectionnent particulièrement la chair? Était-ce une raison de gourmandise ou une idée religieuse qui les poussait à faire ces dessins?

Le Dr J. Crevaux n'avait pu ni déchiffrer le sens ni savoir quelle tribu avait gravé les pétroglyphes trouvés par lui en 1878 (Bull. Soc. Géog. Paris, p. 79), à 45 kilomètres de l'embouchure du fleuve Maroni, sur une roche de granit. — Il avait trouvé sur le haut Magdalena, en Colombia, des pétroglyphes représentant les mêmes signes que ceux des Guyanes et du haut Amazonas.

Histoire. — La question actuelle du contesté franco-brésilien a soulevé nombre de points historiques non encore résolus absolument. Ainsi on ignore le point exact du débarquement du navigateur Vicente Pinzon. Avec quelle rivière actuelle peut-on assimiler le rio Vincent-Pinzon ou Japoc? Pour les Brésiliens, qui n'apportent aucune preuve à l'appui, ce serait l'Oyapock actuel (ex Wiapoca). Pour le prof. G. Landes, p. 282, 4e fasc. t. XVIII, 1896, Soc. Géog. Com. Paris), ce serait le Jourdon, soit le bras nord de l'Araguary, réclamé dès 1856 par la France comme frontière avec le Brésil. Voir dans le même fascicule les controverses de M. Romanet du Caillaud et

4ᵉ fasc. de 1896, sur le même sujet, ainsi que sur la position du Cap Nord —
qui serait l'actuelle Ponta Grossa des Brésiliens. — Les Brésiliens le placè-
rent d'abord plus au nord comme promontoire des îles Tarpory, Carpoery
ou Carpory, — puis, toujours plus au nord, au Cabo Raso do Norte, à la
côte de l'île Maraca. — Le rio Macary est placé par Landes au nord, par
Coudreau au sud du lac de Jac.

Pour élucider ces questions, il serait bon de les faire étudier par des géologues qui étudieraient la modification de la forme des côtes par suite du travail de la mer et du cours des diverses rivières qui s'y jettent, Amazonas et
affluents.

Linguistique. — Que déduire de la similitude des mots *laoua* et *laya*,
signifiant rivière, en langues misskito du Nicaragua et boni de Guyane ?

BRÉSIL

Rio Negro. — Cet affluent de gauche de l'Amazonas offre ceci de curieux
que dans sa partie supérieure il est uni à la fois et au système de l'Amazonas et à celui de l'Orinoco ; quand il pleut au nord des montagnes divisant
les deux grands bassins, le rio Negro court du nord au sud ; mais quand
les eaux de l'Amazonas sont en croissance, le courant du rio Negro va du
sud au nord. Des études hydrographiques spéciales devraient être faites sur
ces phénomènes naturels singuliers.

Territoires peu explorés. — Le fleuve Amazonas compte une dizaine d'affluents qui n'ont pas leurs égaux en Europe et qui pourtant sont encore peu
connus et à peine explorés. Aussi, ce qu'Elisée Reclus disait en 1862 du bassin des Amazones (*Revue des Deux-Mondes*, 15 juin 1862) est encore vrai
de nos jours : «... et pourtant ces régions fertiles sont inoccupées, ce ma-
« gnifique bassin fluvial est le plus désert de l'Amérique ! Il faut en chercher
« les raisons dans le climat trop souvent mortel à l'Européen, dans la pré-
« sence des bêtes sauvages, des reptiles et des moustiques de mille sortes qui
« en rendent le séjour intolérable, enfin et surtout dans l'exubérance même
« de cette richesse et les violentes manifestations de la nature tropicale. »

Mentionnons rapidement quelques-uns des territoires inexplorés au nord-
ouest de la République brésilienne :

celui compris entre le rio Negro, ses affluents Parana et Piyuna, d'une
part, et le rio Yapura, de l'autre, à la frontière de Colombia. Le Yapura ou
Japura est le nom brésilien, et le Caqueta est le nom colombien de cet
affluent des plus grands et des moins connus de l'Amazonas. La nature et
les habitants s'y conjurent pour anéantir les audacieux qui cherchent à en
violer les mystères (Crevaux, 1879). Le rio Piquery, affluent de droite du
Parana, est connu, mais le rio Cantu, son affluent de droite, ne l'est pas ;

celui compris entre le 70° lat. et le 75° et le 2° longitude (dans le département d'Amazonas) ;

l'explorateur français Ch. Wiener a eu, en 1880, en venant de l'Écuador, de grandes difficultés à descendre le rio Napo, affluent de l'Amazonas, les missionnaires des « Misiones de Oriente » lui ayant opposé la résistance la plus opiniâtre. Car, sur leur ordre, les Indiens s'étaient tous retirés dans les tambos, huttes qu'ils possèdent au milieu de la forêt, dans des sites souvent inaccessibles ;

les terrains avoisinant les ruines des tributaires du Marañon, du Napo, du Morona, du Postaca, de l'Ucayali et du Huallaga sont entièrement vierges et ignorés des gouvernements et des individus de l'Amérique du Sud ;

le territoire bordé par le rio Ucayali (Pérou). Ce dernier, grand affluent de droite de l'Amazonas, s'appelle aussi Yacarana et forme la frontière entre le haut Pérou et le Brésil. Ses deux rives sont presque inconnues, surtout celle de droite bordée par la « Region de los Bosques » et les sources des rios Yarua, Purus et Yucarana ;

dans la comarca de Solimoes, figurent, sur la carte de MM. Raymundo A. Nery et Bernardo Ramos (Paris, 1885) comme régions inexplorées :

1° celle comprise entre la rive droite du rio Xiguirana, affluent de droite du rio Javary, lui-même affluent de droite de l'Amazonas, et la rive gauche du rio Jutahy ou Hiutahy, grande rivière assez peu connue ; à propos du Javary, la commission brésilienne chargée de la délimitation de la frontière bolivienne a visité en octobre 1897 sur le prolongement de cette rivière, les sources du rio Jaquirana habitées par les Indiens Capanos ;

2° celle comprise entre la rive droite de Jutahy et la rive gauche du Jurua, ou Hyuruhi, lui-même de grande étendue et peu décrit ;

3° celle des sources des rios Jurua, Teffé et Coary, sur la rive gauche du haut Purus ;

sur la comarca du rio Purus on trouve le territoire inexploré compris entre la rive droite du Purus et la rive gauche du rio Ucavari ou Madeira.

Il en est de même de la région comprise entre la rive droite du rio Madeira et la rive gauche du rio Tapajoz.

Les géographes ne savent absolument rien sur les affluents de l'Amazonas compris entre le Parou et le Trombetta ou Trombetas. Le Trombetta, lui-même, n'a été aperçu qu'à son embouchure et à ses sources, qui sont voisines du rio Blanco.

La vallée du rio Paranapanema est encore relativement peu connue. Sa source vers la serra Paranapiacaba est encore marquée en pointillé dans la carte du Dr Henry Lange (*Mitteil.* Gotha déc. 92) ainsi que le cours de ses affluents de droite : rio Pardo (son cours supérieur à partir de Santa-Barbara), rio Turvo, rio de Pary, rio Jaguarete, Laranja Docc, das Anhumas da Baixe ;

ses affluents de gauche : rio Apiahy (cours supérieur), rio Itararé, das Cinzas, Tibagy (entre Jataby et ses sources). Le rio Ivahy, affluent de droite du Parana marqué en pointillé dans la même carte, sauf à sa source.

L'intérieur de la province de Bahia elle-même n'est que peu connu à cause de sa nature accidentée et de son manque de cours d'eau importants, de routes et de chemins de fer. Ces circonstances ont permis à l'apôtre-brigand Antonio Maciel, dit le Conselheiro, de s'y isoler longtemps (1897).

Le Mamoryba grande, le Panymira et l'Inauynim, principaux affluents de rive gauche du haut Purus, n'avaient pas encore été explorés en 1883.

« Malgré toutes les explorations effectuées, il n'est pas encore possible de « préciser le point exact où se trouvent les sources du rio Purus ; cependant « certains voyageurs assurent qu'il prend naissance dans le lac Rogagualo, « court de l'ouest à l'est, et se jette dans le Solimoes, à 45 lieues au-dessus « du rio Negro » (*Journal officiel de l'empire du Brésil*, 1er mai 1883).

Quant aux sources du rio Jamary ou Javary (voir plus haut) dans la province de Matto Grosso, elles sont aussi inconnues.

Sur la carte du Brésil du Dr Ehrenreich est marqué en pointillé, c'est-à-dire comme incertain, le cours du rio Paranatinga, affluent de droite du Tapajoz, — celui du Kuliseu et du Kuluene, bras de la source du Xingu, — celui du bras du Yapura coulant parallèlement au rio Negro sur la rive gauche de l'Amazonas, ainsi que celui du Sao Manoel.

De denses forêts vierges non explorées entourent le rio Yguazu et ses fameuses chutes. Ce fleuve est formé par les nombreux cours d'eau qui viennent d'une part de la Sierra de las Misiones (république Argentine), de l'autre, des montagnes de Santa Catharina et de Sao Paulo, et se jette dans le haut Parana.

Bonne chance nous souhaitons à l'expédition ethnographique allemande partie dans le courant de 1898 pour explorer le Brésil Central et la région des rios Xingu, Atelchu, Romuro, Paranayuba, etc..., sous la conduite du Dr H. Meijer, assisté des Drs Mansfeld, Pilge et Koch.

Topographie. — « La carte de l'Etat de Rio Grande do Sul n'a été relevée « que par parcelles, dit l'ingénieur civil Max Lyon (dans le Bull. de la Société de Géographie Paris 20 nov. 94), comme du reste celle du Brésil ; ce « dernier, étant terra incognita, dans ses limites extrêmes du nord et de « l'ouest, a peu tenté les géographes explorateurs modernes ; pour le gouver-« nement brésilien, c'eût été une opération bien coûteuse que de dresser la « carte du pays faite tout d'une pièce, vu l'étendue des vastes régions com-« prises dans ses limites. Dans le rio Grande do Sul, comme presque par-« tout ailleurs au Brésil, c'est à peine si l'on a relevé le cours des rivières « principales au moyen de la boussole et déterminé astronomiquement l'em-« placement des centres de population les plus importants ; les diverses

« cartes qui ont été publiées ne donnent donc qu'une image de la contrée.»

On peut en dire autant de nos jours pour le tracé topographique des llanos et selvas du centre du Brésil, en dehors des rives des affluents de l'Amazonas.

Géologie préhistorique. — « On présume que, par suite de l'empiétement « continu de la mer sur le corps continental, le fleuve des Amazones a perdu « de 700 à 800 kilomètres en longueur : l'ancien rivage serait indiqué main-« tenant par la ligne des fonds qui marque 200 mètres... Les irruptions « de l'Océan décomposent le grand bassin fluvial en bassin secondaire » (E. Reclus, *N. G. U.*, p. 33). Peut-on calculer les dates de ces grandes transformations?

M. Ch. Maunoir (dans le Bull. de la Société de Géographie de Paris, 2ᵉ trim. 1885, page 238) résume ce problème dans les termes suivants : — « M. Gor-« ceix a été amené à reconnaître que le soulèvement principal du centre du « Brésil, dirigé N.N.O., S.S.E s'était encore fait sentir pendant l'époque ter-« tiaire. La grande serra d'Espinhaçao, qui sépare les bassins du rio Doce et « du rio Jequitinhonha de celui de Sao Francisco, a dû certainement conti-« nuer à se former pendant cette période à la fin de laquelle existaient, tout « autour du massif central d'Ouro Preto, de grands lacs entourés d'une « puissante végétation, très semblable à celle des forêts actuelles. Comment « ces forêts ont-elles disparu en partie? Quelles corrélations lient la flore « actuelle à la flore tertiaire? Voilà des problèmes qui relèvent du savoir « spécial de M. de Saporta, et pour la solution desquels les matériaux re-« cueillis par l'éminent directeur de l'école d'Ouro Preto seront d'un pré-« cieux secours. Ces problèmes avaient déjà préoccupé le Dʳ Lund... »

Cavernes. — Pour ce qui est des cavernes brésiliennes, voici ce que MM. Zaborowski et baron de Rio Branco en disent dans la Grande Encyclopédie (Paris, 1889, p. 1086/7, 173ᵉ liv.) :

« Le savant danois Lund rencontre dans les cavernes calcaires de la « vallée du rio das Velhas des restes d'animaux éteints et dans six de ces « cavernes une certaine quantité d'ossements humains (1841/1843). Celle « de Sumidouro, entre les rivières das Velhas et Paraspeba, à trois lieues « de la ville de Santa Luzia, lui a fourni à elle seule des restes de trente « individus plus ou moins pétrifiés, recouverts d'une brèche très dure, « et, parmi les débris, 16 crânes dont 5 en bon état. Il n'y a pas d'exemple « d'os humains quaternaires trouvés en si grand nombre dans des cavernes. « Ces ossements gisaient dans le plus grand désordre, mêlés avec des restes « de plusieurs espèces d'animaux, les unes encore vivantes, d'autres éteintes « ou émigrées, ce qui exclut toute idée de sépulture. Plusieurs crânes mon-« traient un trou de même grandeur et de forme oblongue, évidemment « produit par un instrument de pierre à bout pointu. Lund a émis l'opinion

« que les individus en question auraient été des prisonniers de guerre mis
« à mort d'un coup de hache de pierre sur la tempe. Il y avait des mâchoires
« inférieures, écrivait-il quelque temps après (28 mars 1844, lettre à Rafn)
« qui n'étaient pas seulement dépourvues de toutes les dents, mais qui
« étaient tellement usées, qu'elles ressemblaient à une plaque osseuse, épaisse
« seulement de quelques lignes. Cela indiquerait déjà l'usage du fameux bo-
« toque des Botocudos. — M. Gaudry croit qu'il faudrait distinguer dans
« la caverne de Sumidouro deux couches quaternaires : la moins profonde,
« caractérisée par les espèces les plus récentes et par les ossements humains,
« serait contemporaine du renne de l'Europe occidentale ; — la couche
« inférieure, caractérisée par les espèces éteintes, correspondrait à l'époque
« du mammouth. Selon lui, l'homme fossile de Sumidouro existait à coup
« sûr à l'époque du renne, mais il manquait peut-être à celle du mammouth.
« Quoi qu'il en soit, ces crânes offrent un haut intérêt pour l'anthropolo-
« giste. Ils diffèrent de tous les crânes fossiles de l'Europe par plusieurs
« caractères, dont le plus frappant est la grande hauteur de la voûte (hyp-
« sisténocéphalie), jointe à une excessive dolichocéphalie. Ils diffèrent aussi
« de ceux de l'homme précolombien des Sambaquis, qu'on trouve dans les
« provinces méridionales du Brésil. »

Il reste donc encore beaucoup d'études à faire sur les premiers habitants
de ces grottes.

Races. — La question des races est excessivement complexe au Brésil,
plus qu'en aucun autre pays d'Amérique. Elle est due à l'immensité de son
territoire, à l'hypothèse très probable de l'envahissement de ses diverses parties
par des races de toute origine, à leur acculement les unes sur les autres et
enfin à leur mélange presque forcé devant l'acheminement progressif des
blancs vers les régions centrales du Brésil, de l'Uruguay, du Paraguay, de
l'Arjentina, du Pérou, de Bolivia, de l'Ecuador, de Colombia, du Vénézuéla
et des Guyanes.

La tribu des Manaos qui, vers le xvie siècle, occupait les rives du rio
Negro vers son confluent avec l'Amazonas, a-t-elle eu des rapports quelconques avec les tribus qui construisirent Manayuñh (dans le Michigan,
États-Unis), Manao ou Managua (hameau de l'île de Cuba, près la Habana),
ainsi que Managua, la capitale du Nicaragua ? Ne sont-ce que des similitudes
de noms sans affinités ? Ces diverses localités ont-elles été toutes habitées
primitivement par des membres de la grande famille Arrouage, mi-arrouak
ou maïpoure et occupées dans la suite par leurs ennemis de race caraïbe qui
les en auraient délogées ? On n'a que peu de documents à cet égard.

La question du peuplement des Antillles par les tribus d'origine caraïbe
venues du sud-est, du centre du Brésil, prend chaque jour plus de consistance.
Elle paraît fort probable d'après les renseignements ethnographiques re-

cueillis par le Dr Paul Ehrenreich aux sources du Xingu et l'existence d'un courant marin partant de l'embouchure de l'Amazonas, suivant la côte des Guyanes et prenant la direction nord-ouest pour aboutir aux Antilles. Il est très vraisemblable que les Caraïbes des affluents de la rive droite de l'Amazonas aient profité de ce courant pour attaquer leurs ennemis Arrouagues des Antilles. Mais, en admettant l'exactitude de cette hypothèse, il reste toujours la question de savoir comment ces tribus caraïbes étaient arrivées au centre du Brésil. Il y a tout lieu de croire que leur point initial était au nord-ouest. Venaient-ils du golfe du Mexique, en suivant la côte Atlantique de l'Amérique Centrale ? Attaqués, refoulés par les Arrouagues, ont-ils été acculés aux contreforts des Andes pour de là envahir le bassin de l'Amazonas ? C'est ce que les Américanistes devraient rechercher, c'est ce qu'ils ne pourront faire qu'une fois que l'exploration minutieuse de cette immense contrée aura été faite.

Le Journal officiel de l'empire du Brésil du 1er mai 1883 dit, à propos des populations indigènes du Brésil : — « Outre les 18 tribus d'Indiens sau- « vages, plus ou moins connues, on en compte encore sur les affluents du « Purus beaucoup d'autres. — On peut évaluer le nombre des Indiens qui « composent les tribus connues à 5.000 et 7.000 à 8.000 indigènes environ « errant au milieu des forêts. »

Nous allons maintenant donner les quelques renseignements détachés suivants, sans lien apparent, sur les diverses tribus peu ou point connues encore du Brésil. Pour ce faire, nous mettrons pas mal à contribution les renseignements que le voyageur allemand Dr Paul Ehrenreich a eu l'obligeance de nous envoyer par correspondance, ou que nous avons trouvés émanant de lui, soit dans les Mitteilungen de Gotha de 1890-1891, soit dans sa conférence à la session de Paris (1890) du Congrès international des Américanistes :

c'est à peine si l'on sait quelque chose des Indiens nomades et anthropophages, les Porentintin, habitant les contrées sauvages situées entre le Madeira et le Purus inférieur ;

dans le bassin de l'Amazonas, les Mura, nomades, les Juri, sur le bas Yapura, les Tecuma, à la frontière péruvienne, les Ouaoupe, sur la rive droite du rio Negro, n'ont pu encore être assimilés d'aucune façon avec aucun des grands groupes dans lesquels on peut tant bien que mal faire rentrer les principales tribus du Brésil.

Crevaux vit sur les bords du Yapura des Indiennes de la tribu des Tamas originaires du rio Caguan. « Elles ont, dit-il, un air de famille très frap- « pant avec les femmes de la Guyane. De plus, elles ont des habitudes que « nous avons observées chez les Galibis. Ainsi elles portent une grosse « épine noire dans le lobule du nez et une autre dans la lèvre inférieure.

« L'une d'elles est occupée à broyer du maïs avec une grosse pierre ayant
« tout à fait la forme d'un croissant ; cet ustensile de ménage est commun
« dans l'Içà... J'ai trouvé une pierre semblable aux environs de la ville de
« Para où elle était employée par les anciens indigènes (p. 707).

« Les Indiens Carijonas et Coreguajes ont les mêmes traits, la même
« langue, les mêmes usages et emploient les mêmes dessins que les Rou-
« couyennes de Guyane (p. 708).

« Plus je vais, plus je trouve des rapprochements entre les indigènes du
« Yapura et ceux de la Guyane. Je commence à croire qu'ils appartiennent
« tous à une même famille (p. 710).

« Les Indiens Orejones des bords de l'Içà (nom brésilien) ou Putumayo
« (nom colombien) sont anthropophages (p. 687).

« Les Indiens du haut Amazone, comme ceux des Guyanes, fuient la grande
« rivière pour se réfugier dans les affluents ; la pêche et la chasse y sont
« plus faciles, et ils ne sont pas tracassés par les blancs qui veulent exploiter
« leur travail et leur ravir leur liberté (p. 696). Cela se comprend aisément :
« car sur le Yapura il y a des blancs qui se montrent plus sauvages que les
« Indiens (p. 698).

« Les Indiens Trios, qui occupent le tiers supérieur et les sources du rio
« Tapanahoni, inspirent de la frayeur aux Indiens avoisinants de race rou-
« couyenne (p. 673). »

« Il serait périlleux de s'aventurer chez les Oyacoulets du haut Maroni et
chez les Indiens de la Crique Conyari, qui, bien qu'appartenant à la même
famille (roucouyenne) sont restés absolument isolés à la suite de guerres
avec leurs voisins. — N'est-il pas étrange de trouver à moins de cent lieues
de la côte de la Guyane française des gens qui en sont encore à l'âge de
pierre ? Tels sont les Oyacoulets qui font la terreur des nègres Bonis ; ils
sont si sauvages qu'ils ne connaissent pas encore la fabrication des pirogues »
[p. 668 de l'*Exploration des fleuves Yary, Parou, Içà et Yapura, affluents
de l'Amazone* (1878-1879), par le Dr J. Crevaux, Bul. Soc. Géog. Paris,
4e trim. 1882].

Dans les parties non civilisées de la province du Para, il y a encore une
tribu Tupi considérable à l'état libre. On n'a que quelques renseignements
sur la partie orientale de cette population, les Tembe des rios Acara et
Capim supérieurs. Par contre, on ne connaît à peine que les noms des Tupi
sauvages de la rive gauche du Tocantins des régions supérieures des fleuves
débouchant à Portel : ce sont les Pacaja, les Jacunda, les Anta ou Tapiraua.

Dans les immenses territoires arrosés par l'Amazonas et ses importants
affluents sur les plateaux de l'intérieur du Brésil, il existe de nombreuses
tribus ayant encore échappé complètement à la civilisation et connaissant à
peine l'existence des blancs.

L'intérieur du Brésil est encore un monde inconnu, plus encore peut-être que l'Afrique actuelle : nous ne connaissons presque rien des pays situés entre les grands tributaires de l'Amazonas et on y peut rencontrer à chaque pas des tribus complètement inconnues. « Même dans les *régions du Haut* « *Xingu* que nous avons visitées, m'écrivait, en 1891, le Dr Ehrenreich, il « y a encore une quantité de tribus mal connues ou complètement inconnues, « comme les tribus Nahuqua sur le Kuluene. Les Suya, les Manitsaua, les « Coustenao et les Vaoura ne sont aussi connus que superficiellement. Mais « il n'est pas même nécessaire de pénétrer dans ces contrées éloignées et peu « accessibles : il y a encore assez à faire à la côte, spécialement sur tout le « territoire du Para. »

Le nom est encore inconnu de cette race qui, tout le long des côtes du Brésil, a laissé des sambaquis ou débris de cuisine. Appartenaient-ils au groupe Gès (Botocudos) ou bien sont-ce des Pampéens? Y a-t-il un rapport à établir entre la botoque des Botocudos, celle des Groenlandais et la grosse épine noire que s'insèrent dans la lèvre supérieure les Galibis de la Guyane française et les Tamas du rio Caguan (région du Yapura-Caqueta)?

A propos des Botocudos, le Mis de Nadaillac m'a exprimé, par note manuscrite, sa croyance, mais pas sa certitude scientifique, que les os trouvés par Lund à Lagoa Santa pouvaient être attribués à cette tribu.

Les Indiens des villages voisins des rivières Andira et Maués (province de l'Amazonas) n'ont guère été visités. C'est non loin d'eux qu'a trouvé la mort le vaillant Dr Crevaux. Cette région mériterait d'autant plus d'être soigneusement visitée que ses habitants cherchent plus à la cacher aux regards des gens civilisés.

Les Tapirape du bassin de l'Araguaya n'ont pas encore été visités par des explorateurs.

On n'a pu encore assimiler à aucune des grandes familles brésiliennes les tribus suivantes, qui restent encore tout à fait isolées :

sur le territoire de la côte orientale, la tribu presque éteinte des Kiriri-Sabuja (y a-t-il similitude de nom avec les ruines de Saboya, en Colombia?), habitant le rio Sao Francisco ;

dans le Matto Grosso et le Goyaz, les Trumai, aux sources du Xingu, les Caraya sur la rive droite de l'Araguaya moyen et du Xingu, les Boroto, entre le Haut Paraguay et la source de l'Araguaya ; enfin, les Guato, sur le haut Paraguay ;

on ne possède encore aucun vocabulaire des hordes Kayuma, vivant entre l'Araguaya et les bras orientaux des sources du Xingu ;

la masse principale des Cayapo libres du nord habite actuellement les contrées sauvages inconnues, comprises entre le bas Araguaya et le Xingu moyen. L'influence européenne n'est pas encore arrivée jusqu'à eux. Ils auraient besoin d'être visités par une expédition civilisatrice ;.

les Akoué ou A-kuen, véritables Chavantes, se trouvant sur la rive gauche du rio das Mortes, affluent de l'Araguaya, où aucun Européen n'a encore été les voir;

près de la ville de San José dos Campos novos de Paranapanema campent des indiens sauvages Cajues ou Cayua, Corvados ou Coroados et Chavantes. Leur domaine comprend également les Campos et les forêts aboutissant à la rive droite du Paranapanema, où l'homme civilisé n'avait pu encore pénétrer en 1889. La coutume des Cayua d'entretenir des feux toujours, où qu'ils se trouvent, est-elle spéciale seulement à ce peuple et aux Indiens de la Terre de Feu? Cette particularité pourrait-elle être un indice probant des affinités ethniques existant entre les Cayua et les Fuégiens? ou bien cet usage est-il commun à tous les habitants indigènes de l'Amérique? Le Dr Henri Lange (déc. 1892) dit qu'il est très difficile d'évaluer le nombre des indiens sauvages vivant dans la vallée de Paranapanema.

Quant aux Canoeiros, on ne sait rien sur leur compte; on ignore même si c'est leur vrai nom. Ils doivent habiter vers le nord-est des Bororo. Les Indiens Chunchus ou Sirionos sont restés indomptés et sauvages et se sont opposés à toute expédition se proposant de descendre le Madre de Dios. Ils habitent entre le Tono et l'Inambari, sur les dernières pentes des Andes (pages 253 et 259). Les Indiens Tuyuneres des environs du confluent des rios Tono et Piñi-Piñi sont sauvages et attaquent les explorateurs européens (p. 256 de l'article : *Le Madera et les rivières qui le forment (Beni, Madre de Dios, Orton et Abona)*, par le Dr Juan Francisco Velarde, Bull. Soc. Géog. Paris, 2° trim. 1887).

On n'a aucun document linguistique sur les Arara ou Yuma qui s'étendent du bas Xingu aux rios Madeira et Purus. D'après le voyageur français André Bresson (*Bolivia*, p. 507), ces Arara vivent sur les limites septentrionales du Brésil avec la Bolivia, sur les rives du rio Madeira, près du rapide d'Araras. Cette tribu belliqueuse est de nombre réduit. Retirés dans les forêts, ils ne font que des apparitions fugitives, mais dangereuses du côté de la rivière. La façon redoutable avec laquelle ils manient de grands arcs et des flèches démesurées empêche de les approcher et par conséquent de les connaître. Les Indiens Ouitotos, de la rivière Arara, sont appelés ainsi, c'est-à-dire ennemis, dans la langue des Carijona et des Roucouyennes. Les habitants de l'Amazonas les appellent Miranhas. Eux-mêmes se nomment Macoushis. Il est très bon de noter l'analogie de ce dernier nom avec celui de Macusison de la Guyane anglaise (J. Crevaux, 1878-1879). La province de Spirito Santo que traverse le rio Doce, était l'une des moins connues du pays, en 1888. Les indigènes de la vallée du rio Doce, rebelles à toute civilisation, sauvages comme leurs ancêtres, et de plus anthropophages, inspirent une terreur traditionnelle qui a contribué à tenir à l'écart les émigrants et les spéculateurs. Les pays qui bordent le rio Sao José, tributaire septentrional de la lagune Inparana, sont sauvages, couverts d'épaisses forêts et peuplés de hordes d'indiens nomades.

Les Indiens Bugres, qui vivent dans les montagnes de Santa Catharina, dans la région des sources du haut Uruguay et du Rio Tubarao, n'ont pas encore été visités. Jusqu'à présent, on n'a pu encore entrer en rapports avec eux. On ne connaît pas leur langue.

Peut-on dire que les Indiens Gès du Brésil remplissent toutes les conditions de probabilité permettant de croire à leur autochtonisme?

M. de Sta Anna Nery (p. 33 de l'art. *Le peuplement de l'Amérique chaude*, n° 5, Journ. Société des Américanistes de Paris, 1898), a trouvé dans une seule chronique manuscrite d'un missionnaire flamand, le Père Jean-Philippe Bettendorf, les noms d'une vingtaine de tribus dont aucun auteur ne fait mention. — Voir cette liste à la page 34 du dit Journal. De quelles races étaient-ils?

Histoire. — D'après le Dr. D. G. Brinton (*Races and peoples*, 1890), des données positives manquent sur les premières migrations des Tupi-Guarani; mais, malgré cela, l'évidence tend à montrer qu'elles furent dans la direction du sud vers le nord et que les Tupi déplacèrent un peuple antérieur dont le type physique était différent et dont le degré de civilisation était inférieur.

Selon la tradition et les mémoires de Dieppe, de Desmarquets, L. Vitet, etc. il paraîtrait que le Brésil a été découvert par des Français, avant le Portugais Pedro Alvarez Cabral. Ce serait Jean Cousin de Dieppe qui aurait, en 1488, découvert l'embouchure de l'Amazonas. Le savant publiciste brésilien baron de Santa Anna Nery et le professeur Paul Gaffarel, qui se sont tous deux fort occupés de la question, ne se prononcent pas à ce sujet. C'est que, jusqu'ici, aucune preuve vraiment authentique, aucun document officiel de tout repos n'a été trouvé de ce voyage et n'a confirmé l'affirmation des mémoires et légendes des Dieppois. C'est que le grand fleuve supposé découvert par Cousin peut avoir aussi bien été l'Amazonas qu'un autre fleuve du littoral compris entre la Guyane et le Rio de la Plata.

Le Castillan Martin Pinzon, compagnon du premier voyage en Amérique en 1492, de Christoforo Colombo et de son associé, ne serait-il pas le même qui, après avoir louvoyé sur les côtes du Brésil, avec le Dieppois Jean Cousin, fut cassé en 1489, déclaré impropre à servir dans la marine dieppoise, et apporta à Colombo le résultat de ses connaissances nautiques sur le Brésil septentrional? Ce ne sont que des hypothèses vraisemblables, mais non basées sur des documents; on aurait pu les rechercher dans les archives de la ville de Dieppe, mais malheureusement elles ont été maintes fois brûlées et mises au pillage.

Le même sort est réservé à la tradition vraisemblable, mais non documen-

tée, de la découverte des plaines de Piratiningua et de la tribu des Guayna-
zes près Sao Paolo, par le Portugais Joao Ramalho en 1490.

El Dorado. — Quant à la localisation de la région légendaire, lieu de
toutes les richesses, dénommée El Dorado, et recherchée avec rage par les
aventuriers de diverses nationalités, elle est très difficile à faire. Les uns la
placent près de la ville de Manoa, plus tard Manaos. D'autres, comme le
Dr. J. Crevaux, la rapprochent de la Guyane française ; l'existence de grottes
formées par des roches micacées aurait servi de base à cette légende de
l'homme doré, s'enduisant les cheveux et le corps, non de paillettes d'or,
mais bien de cette poussière connue sous le nom de sable d'or ou or des
singes.

Ville enchantée. — Que dire de la ville enchantée perdue au milieu des
forêts vierges que recherchent les savants depuis longues années ? Cette ville
serait sur la ligne de l'équateur. D'après la version hypothétique de la première expédition faite en 1753, et publiée dans le 1er volume de la *Revue de
l'Institut Historique de Rio de Janeiro*, non loin de ces ruines se trouvait
une inscription en un dialecte mi-égyptien, mi-grec archaïque. En 1840,
le chanoine Benigno de Carvalho fut chargé d'élucider cette question. Ce fut
en vain. En 1883, M. Spinola fit le même effort, inutilement, d'après nos
renseignements ; il faut éclaircir enfin ce mystère.

Linguistique. — La plupart des langues parlées jadis par les tribus éteintes du Brésil sont ignorées. Il en est de même de celles encore parlées
actuellement. Ce n'est pourtant qu'après connaissance approfondie et comparaison attentive de leurs lexiques et grammaires avec les mêmes documents
d'autres parties d'Amérique qu'on pourra se faire une idée vraie des migrations
diverses des nombreuses tribus qui peuplèrent le vaste territoire de la république brésilienne.

Que faut-il conclure de la similitude à plusieurs centaines de kilomètres de
distance des langues parlées par les Roucouyennes de Guyane, d'une part,
les Carijona et Coreguajes, de l'autre, dans lesquelles le feu est indiqué par
le mot « tata » et l'eau par « touna » ?

Nous en donnerons un exemple par la langue des Tucanos, du rio Negro
et de l'Amazonas supérieur. Le Dr Franz Pfaff, qui les a visités vers 1889,
ne peut avec assurance leur assigner une affinité quelconque de races avec
quelque autre tribu. Néanmoins le Dr Brinton assimile cette langue au groupe
linguistique betoya. Le savant linguiste nord-américain considère comme
très importante cette langue tucano. Il déplore l'absence de matériaux suffisants pour déterminer l'extension de ses affinités au nord et à l'ouest. Il se
contente de signaler quelques similitudes entre des racines betoya et choco
et d'observer que cette langue emploie les mots *uma* et *ome* pour homme, et
ira pour femme, rapportés par les premiers explorateurs vers 1515, comme

en usage le long de la côte nord du Venezuela et de l'isthme de Panama. Ces mots certainement appartenaient à la langue betoya. Quant à la région en question, elle part du golfe d'Uraba jusqu'à Punta de Nombre de Dios, le long du rivage de l'isthme de Panama. Cette affinité est-elle une preuve de l'origine nord-ouest des tribus des bords du rio Negro? ou bien est-ce seulement une similitude fortuite ?

La langue zeona ou seone comprenait plusieurs dialectes. Elle était parlée entre le moyen Putumayo ou Iça, au nord, et le bas Napo et l'Amazonas, au sud. Cette langue a disparu et sa parenté avec la langue betoya eût pu être d'une grande utilité, si l'on eût eu d'elle certaines données. Le Dr Brinton signale l'existence d'un ouvrage ancien unique, publié sur cette langue, ainsi que la nécessité de sa reproduction pour le faire connaître au public savant. Espérons que le vœu du Dr Brinton se réalisera !

Sémantique.— L'origine du mot Amazonas est absolument incertaine : est-elle d'origine indigène ? A-t-elle été donnée par les premiers explorateurs européens, et est-elle tirée du grec ? Dans ce second cas, il y a encore deux interprétations : ce mot viendrait-il de Ἀμαζων, sans mamelle, ou de ἅμα, ensemble et ζωνα, ceinture, femmes ayant des ceintures, ou femmes liguées, réunies? nul ne le sait. Si le nom Amazonas est d'origine européenne, quel serait le nom indigène précolombien du principal fleuve sud américain ?

On ignore encore l'étymologie exacte du nom du rio Marañon, Maranhao, Maranham ou Maragnan, celle de Maraña (fleuve aux eaux sales et rapides) étant fort douteuse.

Les trois dernières syllabes du nom de la vallée méridionale du Brésil : Paranapanema et le nom de Panama, chute d'eau du rio Parou, qui signifie : papillon, dans la langue des Apalaï et des Roucouyennes, ces deux noms de localité, dis-je évoquent leur rapprochement avec le nom du fameux isthme central de l'Amérique et ses diverses étymologies (voir à *Colombia*) et celui de la tribu Panamakas du Nicaragua. Y aurait-il des rapports linguistiques à établir entre ces noms divers?

On ignore le nom primitif indigène de l'île Fernando Noronha, située à environ 290 milles au nord-est de Pernambuco. On aurait aussi besoin de savoir les noms indigènes d'une foule d'autres localités anciennes.

Religion. — Comme nous ne connaissons que très imparfaitement un très petit nombre de langues indigènes du Brésil, il va sans dire qu'il est encore plus difficile de saisir les idées générales qui dominèrent l'esprit de ces populations, surtout celles ayant trait aux croyances, pratiques religieuses, leur origine et le but qu'elles recherchaient. Néanmoins, M. Santa Anna Nery, dans son remarquable « *Pays des Amazones* », Paris, a pu démêler les considérations suivantes (p. 261) : « Tout en maintenant pour le reste du pays des « Amazones et pour la plus grande partie des tribus indigènes l'existence

« d'un fétichisme primordial, il est permis d'admettre que certains groupes
« d'Indiens se sont élevés à un système religieux moins rudimentaire.

« Ici deux suppositions se présentent à la pensée : ou ces naturels privi-
« légiés ont atteint d'eux-mêmes, par des causes internes et externes non
« encore déterminées, ce degré de religion effective qui se traduit par
« des œuvres d'art et par un ensemble de rites publics; ou bien ils ont
« emprunté ces progrès à des étrangers. Tout semble recommander la der-
« nière hypothèse.

« Il est possible que des migrations mexicaines soient venues se fixer, à
« des dates reculées, dans les îles de Marajo et de Pacoval; il est possible
« aussi que les contacts fréquents et probables des Indigènes du haut
« Amazonas avec ceux du Pérou aient introduit chez ceux-là certaines formes
« religieuses plus avancées. »

Sambaquis. — Les débris de cuisine trouvés sur les rives de l'Océan
Atlantique n'ont pas été encore explorés aussi scientifiquement qu'ils auraient
dû l'être et, malgré les travaux divers de Lund, Wiener, Nadaillac et autres,
ils doivent faire l'objet de nouvelles études approfondies. Il y a aussi à établir des comparaisons entre ces kjœkkenmœdings et ceux de Waramuri en
Guyane Anglaise.

Archéologie. — On ne sait pas grand' chose sur les monuments architectoniques laissés par les populations primitives du Brésil.

Pétroglyphes. — Le passage ci-joint de l'ouvrage de MM. Zaborowski et
Rio Branco (page 1088 de la 173ᵉ livraison du *Dictionnaire d'encyclopédie*,
Paris, 1889) donne un aperçu des principales inscriptions sur roches du
pays, sans pour cela en indiquer le sens, qui est encore à déchiffrer : « Les
« inscriptions sur rochers se trouvent presque toutes dans la vallée du
« Sao Francisco et de l'Amazone. Elles sont taillées sur les rocs, quelques-
« unes présentant des traces de peintures diverses, d'autres simplement
« coloriées en rouge. Ce sont des arabesques, des signes variés, des figures
« humaines, des animaux, des soleils, des flèches. Elles paraissent indé-
« chiffrables et ne représentent peut-être que le caprice des artistes indiens.
« La seule qui pourrait avoir une interprétation est celle que les natura-
« listes Spix et Martius ont publiée dans leur atlas de voyage, plus connue
« par une reproduction peu fidèle de A. Debret. Elle se trouve dans la Serra
« do Anastacio, entre Monte Santo et le Sao Francisco. On croit y voir l'histo-
« rique d'une bataille commencée la nuit. Non loin de cet endroit on trouve
« d'autres inscriptions, à Tiuba (Pedra das Lettras, entre Monte Santo et
« Villa Nova de Rainha), à Grota Funda, près de Jacobina, à Talhada, Pé
« da Serra, Salgado, Brejo (en face de Piranhas), à Olho d'Agua do Casado
« (Alagoas, près de Piranhas), dans le Panema, affluent du Sao Francisco,
« etc... En dehors des zones que nous avons indiquées (Sao Francisco et

« bassin de l'Amazone), on connaît des inscriptions dans le versant oriental
« de la Serra do Bacamarte (Parahyba), à Ceara, au Maranhao, et, plus au
« sud, dans la Serra da Onca (rio Doce), et à Rio Grande du sud. Dans le
« bassin de l'Amazone ces inscriptions sont nombreuses à Itacotiara, pierre
« peinte, dans le rio Negro, le Madeira, le Xingu, le Yapura, etc...) Une
« inscription avait été découverte dès 1774 par Cabral d'Almeida. »

PÉROU

PÉROU. *Régions inexplorées ou peu connues.* — Ce grand pays comprend
encore une foule de régions peu explorées, malgré le nombre relativement
considérable d'explorateurs de toutes nationalités qui les ont parcourues ces
dernières années.

Ainsi le territoire compris entre le 10° longit. et les 76° et 67° latitude,
entre les rios Madeira et Purus, est peu connu. On peut en dire autant :

de la source du Purus et de ses affluents parallèles allant vers les sierras de
Ticumbinia et de Piñi-Piñi, région habitée par les Indiens Pucapacuris et
Tuyneris ;

des forêts vierges s'étendant entre le rio Ucayali et la Sierra Purus,
entre le rio Beni et le rio Mamore, et avoisinant le rio Amaru-Mayu ou Madre
de Dios, ainsi que les affluents rapprochés de sa source vers la vallée de
Caravaya ou del Crucero.

D'après M. H. Guillaume, le rio Tahuamanu (appelé aussi Datimanu, de
la Tortuga, ou Orton), affluent de la rive gauche de rio Amaru-Mayu, n'avait
pas encore été exploré en 1890 jusqu'à sa source, qui se trouve probablement située entre les 11° et 12° 30 latitude sud et à environ 70° 10' longitude ouest de Greenwich. Du reste, cette rivière et toutes les autres qui
lui sont parallèles et vont aboutir dans la direction de la Sierra de Paucartambo, sont presque toutes inconnues.

Le grand américaniste Geo. E. Squier déplorait en 1868 que les contours
supposés du lac d'Aullagas défigurassent les cartes, à la confusion des géographes du siècle. Espérons que Squier n'aurait plus actuellement à formuler
de telles plaintes.

Toute la région des Andes Péruviennes comprise entre le Marañon, la Cordillère centrale et le rio Huallaga est occupée par la « Montaña », région des
forêts vierges. D'après M. Marcel Monnier (*Du Pacifique au Para*, Bull. Soc.
de Géog. de Paris, 4ᵉ trim., 1889), malgré les explorations au xviiᵉ siècle du
P. Raimondo, du P. Castrucci en 1845, de l'Allemand von Tschudi en 1874,
et ses propres explorations en 1886/7, malgré tout, l'exploration complète
du bassin du rio Pastaza, affluent de l'Amazonas, reste encore à faire. « Le

« peu qu'il m'a été permis d'observer, dit M. Monnier, pendant une navigation
« très hasardeuse de près d'un mois sur le cours inférieur de cette importante
« et très curieuse rivière, m'a démontré l'intérêt qu'en pourrait offrir l'étude
« entreprise avec des moyens d'action et un personnel suffisants. »

Mais si M. Monnier, si le Dr James Orton, qui a parcouru en 1876/1878 les Andes, l'Amazonas, le Marañon et ses tributaires, si tant d'autres explorateurs après eux (parmi eux M. O. Ordinaire) ont pu à peine explorer le cours des rivières, unique moyen de communication dans ces contrées, et rapporter sur elles des renseignements quelquefois fort vagues, que dira-t-on des territoires s'étendant au delà des rives de ces cours d'eau? Nous savons fort bien que la Montaña péruvienne a été depuis quelques années très visitée par les Caucheros, chercheurs de caoutchouc. Nous n'ignorons pas que ces mêmes pionniers agricoles ont ces dernières années dévoilé le mystère qui enveloppait le Pajonal, citadelle de l'indépendance des Indiens Campa (O. Ordinaire). Mais malheureusement, ces hardis explorateurs ne se préoccupent nullement du parti que la science pourrait tirer de leurs découvertes. Ils ont même intérêt à faire le silence sur des régions, sources de richesses pour eux et où ils ont soin de ne pas attirer des concurrents.

Sur la partie des hauts plateaux péruvien et bolivien, qui s'étend d'Arica à la Paz, et de Mollendo à Cuzco, il y a des voies ordinaires de communication. Mais, en dehors de ces lignes, s'étendent d'immenses contrées inexplorées ou à peine connues.

La Quebrada de Ccosñipata, située dans les vallées de Paucartambo, et ses environs, sont peu connus (*El Anunciador*, Cuzco, 1er juin 1896), par suite de la crainte inspirée par les Indiens sauvages qui y font souvent irruption.

Les combes aurifères des montagnes de Carabaya dans le bassin de l'Inambari, ne sont connues que par les récits des anciens chroniqueurs (E. Reclus, page 491 *N. G. U.*).

Le cours supérieur du rio Madre de Dios est absolument inconnu, de même que le point exact où il se jette dans l'immense affluent de l'Amazone (Chs. Wiener, 1879). Le colonel Baltazar Latorre, préfet du Cuzco, fut tué traîtreusement en tentant l'ouverture de ce fleuve en 1873, par les Indiens sauvages Sirineyris, parlant le huachipairi, près du parage dangereux Ccoñecc (hervidero). Il se plaignait (journal *El Anunciador* du Cuzco, 28 juillet 1896), que les cartes du Pérou marquassent inconnu ce que le Pérou a de plus riche; « inconnu, ce qu'il y a de plus admirable dans les trois règnes de la nature! inconnu, ce qui renferme le véritable avenir, l'agrandissement du pays! »

Sur les bords du rio Puca-Mayo ou Colorado, qui se détache de la Cordillera oriental, ont été battus il y a de longues années par les sauvages des yankees venus dans cette vallée dangereuse pour y extraire la cascarille (*El Anunciador* Cuzco, 15 juil. 1896).

Pour donner une idée du petit nombre d'explorations faites sur le rio Ucayali, ses affluents et ses deux rives, il suffit de dire qu'une barque appartenant aux missionnaires Déchaussés qui suit tous les ans la voie du Palcazu et du Pachitea dans les deux sens, forme, avec un voyage par an et deux ou trois voyageurs, toute la navigation de ce fleuve (E. Reclus, p. 596).

Les abords de l'île San Lorenzo et l'île Sacrée de Pachacamac, au sud du Callao, non loin de Lurin, ont perdu de leurs dimensions, sous l'action volcanique et la poussée de la mer (E. Reclus, p. 506). Ne serait-il pas intéressant de fouiller ces côtes de l'océan Pacifique ainsi que ces îles avec des scaphandriers? On pourrait ainsi peut-être retrouver des renseignements sur les habitants primitifs de ces régions et leurs habitations envahies par la mer ou détruites par des tremblements de terre.

La seule région notée comme inexplorée sur l'excellente carte d'Albert F. J. M. Viellerobe, publiée en 1896, à Lima, est celle comprise dans le département de Puno, à la frontière nord-ouest de la Bolivia, dans la région des Indiens Cuarayos.

Climatologie. — On a discuté les causes de la sécheresse qui, dans le Pérou méridional, a fait place à la période pluvieuse. Le professeur A. E. Douglass, de l'Observatoire d'Arequipa (*the Science*, 21 oct. 1892), attribue cette disparition des pluies à une augmentation considérable dans l'élévation des Andes, lors de récentes époques géologiques. Pour M. Sereno E. Bishop, (*the Science*, 7 av. 1893), ce serait la période glaciale qui aurait été la cause de l'antique humidité du climat péruvien. A cette époque, le Pérou était sous le coup des mêmes vents d'orient que ceux qui actuellement soufflent, accompagnés de fortes pluies, dans le Chili méridional et la Patagonia.

Géologie. — On ignore ce que la pampa del Tamarugal, du Pérou méridional, a pu être à l'époque préhistorique. A ce propos, deux hypothèses se présentent : ou bien, à son origine, elle a été un lac d'eau douce comme le lac Titicaca, par exemple, ou bien a-t-elle été plutôt un bras de mer, à cette époque éloignée où les côtes du Pérou se trouvaient en grande partie submergées au-dessous du niveau de la mer. Il appartient aux géologues de décider.

Le sol des environs du port du Callao est-il de roche éruptive? Les tremblements de terre qui le 26 octobre 1674 et le 20 octobre 1746 ont ruiné ce port laisseraient supposer que se trouve dans la baie un volcan sous-marin. Des travaux scientifiques spéciaux seraient nécessaires.

Grottes. — Il serait utile de faire une exploration méthodique des nombreuses grottes du Pérou aux points de vue : géologique, pour connaître le sol et le sous-sol ; anthropologique, pour savoir à quelles races appartenaient les morts qu'on y trouve; ethnographique, pour rechercher quels divers modes de sépultures employait telle ou telle tribu, comme par exemple l'enfouissement en un sac de paille tressée de la momie dite aymara, trouvée à Anta

(Cuzco), etc... Ces grottes, disséminées sur tout le territoire péruvien, et à toutes les altitudes, renferment des sépultures, murées et situées en des lieux inaccessibles. M. Wiener se demande comment on a pu transporter des morts en ces endroits escarpés et comment les Indiens ont pu arriver à cette hauteur sur un mur de pierre souvent vertical. Il explique ainsi ce fait : les Indiens chargés des funérailles auraient détruit derrière eux les sentiers étroits par lesquels ils étaient venus. Ne pourrait-on pas aussi supposer l'emploi de cordes et l'ascension des sites verticaux à la façon des falaisiers de l'Arizona ? Les amateurs de fouilles auront un vaste champ d'exploration dans les grottes dont les noms suivent, citées par M. Wiener et d'autres voyageurs : celles du cerro de la Horca, dans les domaines de Paramonga, de Cajamaraca, Cajabamba, Huamachuco, de Taparaco, Chavin, Huanuco-Viejo, cerro de Pasco, de la Hermita Mateo Salados (des environs de Chorrillos), de la Cordillera, de Tarma ou Tarmatambo jusqu'à Jauja, Lircay, du sud de Huancavelica, de Vilcas-Huaman, d'Ocros, de Sondor et Cotahuacho, près d'Abancay, des domaines de Concacha et de Sayhuite (département de l'Apurimac), sur les bords de l'Apurimac, dans toute la région du Cuzco, montagne de Piedra Grands, des hauts plateaux de Vilque, du cerro de Pisace ou Pachach (à l'est de Recuay, à l'extrémité sud de la vallée de Santa), du Sacsaïhuaman, etc...

Système des eaux. — Doit-on ajouter foi aux assertions du major anglais Orton Kerbey, qui soutient que l'Ucayali serait l'Amazonas et que la source de l'Urubamba serait de 1.000 kilomètres plus éloignée du confluent que celle du Marañon ?

Races. — A propos des momies trouvées dans les grottes péruviennes, E. Reclus [p. 542, ouv. cité] émet les considérations suivantes fort justes :

« On suppose que les déformations artificielles des crânes trouvés dans
« les sépultures précolombiennes du Pérou, présentant plusieurs types inva-
« riables, suivant les diverses tribus, étaient ordonnées par les gouvernants.
« D'après cette hypothèse, exposée par quelques anciens auteurs, les diffé-
« rentes formes que l'on donnait à la tête, allongée, aplatie, pyramidale,
« rejetée en arrière, ou latéralement déprimée, auraient eu pour but de
« modifier d'une manière décisive le caractère et les aptitudes des sujets. Si
« telle fut la conception des Incas, qui paraît fondée à nombre de physiolo-
« gistes modernes (Gosse, *Déformation des crânes*; Ch. Wiener, *Essais sur*
« *les institutions de l'empire des Incas*), les opérateurs qui pétrissaient les os
« encore mous de l'enfant décidaient en même temps de sa vie morale à venir.
« N'était-ce pas simplement un moyen purement matériel des gouvernants
« de distinguer à première vue, sans se tromper, de quelle tribu ou région
« étaient leurs sujets ? Pour contrôler l'exécution des décrets voulant qu'au-
« cun indien d'une région ne passât dans une autre ? Quant à l'assouplissement

« des races par celui des crânes, comme moyen de gouvernement, il ne
« nous paraît pas prouvé. »

On ne sait quelle interprétation donner à l'ouverture, évidemment posthume,
que portent soit au front, soit à l'occiput, la plupart des momies trouvées
dans les tombeaux de la montagne de Piedra Grande, dans le haut Pérou.

On ignore à quelle race appartiennent les nombreux cadavres murés dans
des cavernes de la cordillère avoisinant le Cuzco ou Ccozcco. Il serait utile
de pouvoir établir avec preuves l'histoire des couches successives probables
des populations qui habitèrent cette région. Peut-on placer en premier lieu
les constructeurs des monuments cyclopéens de la ville de Ccozcco ? puis les
Purhua, les Amanta et enfin les Inca ? A quelles races appartenaient ces
groupes ? comment se succédèrent-elles ?

L'antériorité des Aïmara sur les K'kitchoua ou des K'kitchoua sur les Aïmara dans les régions Andiennes est-elle bien établie ?

Serait-il vrai que des descendants des Inca fugitifs devant les conquérants espagnols aient été s'installer et vivent encore vers le confluent du
Huallaga et du Marañon, là où se serait élevée la puissante cité de Pay-
titi, appelée aussi Yurac-Huasi (maison blanche)? (E. Reclus, *N. G. U.*,
p. 542/3).

Quelques auteurs soutiennent que les Inca du Pérou descendent des
Maya qui auraient colonisé le pays, mais à des époques préhistoriques si
reculées qu'on n'en peut rien dire. D'autres, avec plus de chances de probabilités, sont pour une origine aymara.

Qu'étaient les Yunca, habitant le long de la côte, dans les vallées chaudes
du Pérou ? Ces races civilisées étaient-elles supérieures aux K'kitchoua par la
civilisation et la portée intellectuelle, comme le croit E. Reclus (p. 544)?
Avaient-ils des affinités ethniques avec les Yunga du versant oriental de
Bolivia ? Quelle est leur histoire, comment ont-ils disparu ?

On n'a plus trace non plus des Indiens Bracamoros, des bords du haut
Marañon.

Il existe encore des Indiens « bravos », indépendants et sauvages, au
Pérou, dans les forêts de la base orientale des montagnes de Carabaya.
Leur nom collectif est Chunchos = barbares, nom donné par les K'kitchoua. On
ignore le nom qu'ils se donnent à eux-mêmes. D'après Theodor Waitz
(*Anthropologie der Naturvœlker*), ces Indiens seraient probablement de
souche antisienne.

D'après Paul Marcoy, les représentants actuels les moins mélangés de
l'ancienne nation des Pános, indigènes déchus et très réduits en nombre qui
constituèrent jadis une grande nation sur le bas Ucayali et le haut Amazonas,
seraient les Sensi, qui vivent à l'orient du bas Ucayali, sur un plateau qu'entourent des forêts, et se tiennent éloignés des blancs et des métis.

Les Iquitos et les Peba, vêtus de feuilles, ont presque disparu (E. Reclus, p. 550).

Les Mayoruna qui se trouvent au sud d'Iquitos sur la rive droite du fleuve Amazonas, dans les forêts bordières de l'Ucayali et du Yavari, sont fort dangereux pour les blancs qui se hasardent sur leur territoire [E. Reclus, N. G. U., p. 550/1]. Pourquoi ce nom k'kitchoua « Mayo-Runa » : hommes du fleuve, donné à une nation de chasseurs, vivant au milieu des forêts et ne possédant ni pirogues ni radeaux ? Peut-être venaient-ils de la région des sources d'un fleuve « innavigable », par exemple du Mayo, au bord duquel les Espagnols ont fondé le Moyobamba?

La carte de Vieillerobe (Lima, 1896) signale encore des Omagua au sud d'Iquitos, sur la rive droite de l'Amazonas. Ont-ils des affinités avec les Amahuaca? (voir plus bas).

Olivier Ordinaire, qui a visité la région des sources des sous-affluents de l'Ucayali, entre 10° 11' lat. N. et 77° 78' long. O., n'a pu visiter les Lorenzos, indigènes de la Pampa de Palcazu. Ces Indiens sont grossiers, vivent nus, fuient les autres Indiens, et plantent en terre, dans les passages conduisant à leurs retraites, des épines de palmier chonta, moyen de défense assez efficace. D'après Ordinaire, les parages sont peu explorés et connus où se trouvent les Indiens harpies de l'Ucayali (Piros, Conibos et autres). Ils sont anthropophages et font la chasse à l'homme pour le compte de certains aventuriers blancs.

Que dire du nom de la race, de la langue des Aguarana qui occupe actuellement la région comprise entre le rio Marañon et la vallée de Moyobamba?

On est aussi peu renseigné sur le compte des Conibos qui habitent les deux rives du rio Ucayali entre son confluent avec le Marañon et les environs d'Aguas Termales.

Il en est de même des Schipibos ou Sipivos qui occupent maintenant la rive droite de l'Ucayali, entre Aguas Termales et le confluent du rio Pachitea.

Les Cachibos ou Caschibos, au sud des précédents, ont pour repaire les montagnes comprises entre la rive gauche de l'Ucayali et la rive droite du rio Huallaga, au nord de Tingo Maria. Leur nom, d'après Calvo, aurait, en langue pana, le sens de « vampire ». Ils ont gardé quelques pratiques d'anthropophagie. De là, leur éloignement de tous les blancs qui les redoutent, et qui augmentent leur férocité en massacrant ceux qu'ils rencontrent. De là aussi la complète ignorance où l'on est de leurs mœurs.

Les Amahuaca occupent les versants de la rive droite du rio Ucayali et partie de ceux du rio Urubamba, ainsi que les montagnes avoisinant la source du rio Yurua, affluent de droite de l'Amazonas. Ils sont sauvages et très grossiers ; de là le nom d'Ipitencres dérivé de ronsoco (sorte de javali) que leur donnent les Indiens Piros. D'après Carlos Fry, dans son ouvrage

« *La Gran region de los bosques o rios Peruanos navegables* » (Lima, 1889),
les Amahuaca étaient peu nombreux à cette époque. Craignant les blancs,
ils vivent dans les arbres ; aussi a-t-on peu de renseignements sur leur
compte. Sont-ils une branche de la tribu des Omagua (voir plus haut) dont
le nom aurait été corrompu ? D'où viennent-ils ?

On trouve des Piros ou Chontaquiros « absolument indépendants et sauvages » (Alex. Ross. *Proc. R. Geogr. Society*, London, juin 1892) le long
des rios Urubamba et Ucayali, sur un espace de plus de 500 kilomètres, et
dans la région montagneuse au nord-ouest du département du Cuzco,
comprise entre les sources des rios Purus et Tarahuauca.

Les Campa, Thampa (Chascosos), Machiganga ou Antis de l'intérieur,
c'est-à-dire des régions éloignées des rives des rios Urubamba, Apurimac,
Eni, Tambo, sont presque sauvages et fuient les blancs. Il y a encore beaucoup à apprendre sur leur origine et leurs caractères ethnographiques.

On ignore les origines exactes des Indiens Semirinches habitant les pampas
situées sur la rive gauche du rio Madre de Dios et les sources du rio Aquiri
(département du Cuzco).

Les Indiens Guarayos, qui habitent les montagnes où prennent naissance
les rios Madre de Dios et Madidi, inspirent une terreur profonde aux autres
Indiens ainsi qu'aux blancs de la plaine : tout le monde les fuit. Aussi,
d'après M. H. Guillaume, sait-on fort peu de chose sur le compte de ces
Indiens féroces.

Il est difficile d'avoir des renseignements exacts sur les Indiens Urus
vivant sur la frontière de Bolivia sur le lac Titicaca dans des canots (balsas).
Ils sont plus foncés de couleur que les K'kitchoua et Aymara qui les entourent
et avec qui ils évitent le moindre rapport. De quelle race peut-on les rapprocher ?

Il serait intéressant de tirer des déductions anthropologiques et ethnographiques du travail remarquable de MM. Manuel Antonio Muñiz et W. J. Mac
Gee (*Primitive trephining in Peru* 16.ᵗʰ An. Rep. Bur. of Amer. Ethnol.
1894/5) sur la trépanation de crânes précolombiens trouvés à Huarochiri,
Cañete, Cuzco, Tarma et Pachacamac.

A propos des objets d'orfèvrerie fine du temple dont les ruines ont été
découvertes en 1891 aux environs de Huàraz, le Dʳ R. Verneau « serait
« tenté de les attribuer aux tribus qui, à une époque plus ancienne, semblent
« avoir atteint jusqu'à la Patagonie. Les découvertes de M. Moreno tendent
« chaque jour à faire admettre de plus en plus l'existence de ces vieilles ra-
« ces, dont la civilisation était plus avancée que celle des gens des pueblos
« de l'Amérique du Nord. Certes il serait téméraire de vouloir trancher
« la question à l'heure actuelle ; mais des horizons nouveaux s'ouvrent
« devant nous, de nouvelles idées se font jour sur le passé de l'Amérique

« Méridionale et il est bon de recueillir avec soin tous les faits qui permet-
« tront peut-être un jour de résoudre des points encore fort obscurs ».

Linguistique. — La langue qquichua ou kechua (prononcez k'kitchoua) a,
selon quelques linguistes, des affinités avec le maya. Mais les quelques mots
similaires des deux langues peuvent-ils appuyer cette thèse ? Que dire des affinités trouvées aux noms suivants de personnages du fameux drame k'kitchoua Ollanta avec la langue maya-k'kitché (consulter l'article publié au tome
VIII, n° 445 du « *Repertorio Salvadoreño*, San Salvador, 1893, p. 140/4,
par l'éminent philologue salvadorien, professeur D. Santiago I. Barberena
et intitulé « *Los Personages del Ollanta* »). Ainsi les noms k'kitchoua
suivants s'expliqueraient par le k'kitché :

Pachacutec (ancien roi) s'expliquerait par pach-qu-tec = il la garda cachée
dans le palais ;

Cusi-ccoylur (princesse, fille de l'Inca Pachacutec) viendrait de qut-tzic-
coy-lor, = montrer les dents, ils marchent, ou sont endormis ;

Ima-suma (fille d'Ollanta), viendrait de ib-mak-xumah, fille du péché ;

Tupac-Yupanqui (fils de Pachacutec) de to-pach-yu-ban-qui, défendu par l'armée, plus haut, fit beaucoup ;

Pitu-salla (nourrice d'Ima-Suma) de pit-tu-tzap-lag, celle qui l'enferme, une
maison ;

Mama-ccacca (vieille vestale) de man-qaqak, vieille recueillie ;

Ollanta (général d'Auti-suyo) de vy-am-tah, vaillant, vieux chef ;

Rumi-ñahui (général d'Antisuyo) de rumi-ñahui, de beaucoup de poigne
pour lancer des pierres ;

Huilca-huma (grand-prêtre) de huch-il-ca-uma, prophétise de nouveaux
malheurs ;

Anco-allin-anqui (vieillard) de huanco-yin-an-qui, fait vite les trous, creuse
et sème beaucoup de récoltes ;

Orrco-huaranca (général) de or-kob-va-ram-ca, trou, bouillir, pierre de sou-
fre, le numéro mille ;

Maratu (capitaine) de ma-ra-toh = ne craint par le malheur ;

Ccoya (mère de Cusi-ccoylur), de qu-yah = fontaine, parties secrètes.

Peut-on admettre ces étymologies et affinités ? si oui, qu'en conclure ?

Quant aux affinités du k'kitchoua avec l'aymara, elles sont beaucoup plus
probables, d'après le Dr Middendorf et le professeur H. Steinthal. Le Dr Brinton est aussi de cet avis ; mais il trouve en même temps qu'on aurait besoin de
plus de lumière pour élucider pleinement cette question. Car on pourrait
ainsi être renseigné en même temps d'une façon positive sur la civilisation
péruvienne et l'archéologie de la région avoisinant le lac Titicaca. On n'aurait qu'à rechercher la plus ancienne, donc la plus pure forme de ces deux
langues. De la comparaison de la langue à formes archaïques avec celle de

composition relativement plus moderne, jaillirait la lumière. Pour Geo. E. Squier, les Inca étaient des Aymara par l'origine ou du moins par la culture. Peut-être la langue de la cour était-elle l'idiome aymara ? mais pourtant la langue du peuple péruvien fut le k'kitchoua.

Il s'agirait de savoir s'il existe encore un exemplaire imprimé de la grammaire que publia au milieu du XVIIe siècle l'espagnol Fernando de la Carrera d'un dialecte de la langue yunca usité dans les environs de Trujillo.

On ne peut encore savoir si la langue des Indiens Urus du lac Titicaca est primitive ou simplement un dialecte de la langue aymara.

Il est bon de rechercher un plus grand nombre de documents permettant de corroborer l'hypothèse du Dr Brintou (*Güegüence, the Comedy Ballet*, p. 15), de l'affinité de la langue mangue chiapanèque du Nicaragua avec l'aymara du lac Titicaca.

Toponymie. — Le rio Viru, qui arrose un étroit liseré de cultures, du sud du rio Moche, serait, d'après quelques étymologistes, la fameuse rivière de Biru ou Piru dont le nom aurait été défiguré en celui de Peru (E. Reclus, p. 562). Ch. Wiener et A. Raimondi contestent cette étymologie.

Quel sens attribuer au nom de « Andes » (Cordillère des)? Est-il dérivé de la nation des Antis, qui habitait les pentes orientales des monts et qui a laissé la désignation d'Antas à l'une des régions de la Bolivia ? [Bernabé Cobo, *Historia del Nuevo Mundo*, publiée et commentée par le savant américaniste espagnol M. Jimenez de la Espada]. Ce mot est-il une abrévation d'Antasuya, « Montagne de métal », ou « du cuivre », mot qui d'ailleurs serait si bien justifié ? [E. Reclus, p. 493.] De Humboldt repousse cette étymologie. Quelle serait alors la vraie ?

Dans son excellent ouvrage « *Pérou et Bolivie* » (Paris, 1880, page 365), Ch. Wiener dit que le nom géographique du rio Ucayali est inconnu dans le pays. Le cours d'eau change de nom une centaine de fois. Cependant le nom que l'on entend le plus souvent est Paro, qui signifierait « cours d'eau ».

Le nom de la ville de Jequetepeque, située presque sur le bord de la mer, au nord-est de Pacasmayo, n'est-il pas d'origine nahuatl ? Serait-ce un indice du passage de conquérants nahua en cette région ? Ou bien n'est-ce qu'une colonie qui s'y est formée avec des Indiens mexicains accompagnant des conquérants espagnols ?

Le nom de k'kitchoua, qui signifierait « climat tempéré », servait d'abord à distinguer les régions habitables du plateau, par contraste avec la puna déserte des montagnes neigeuses. Puis cette désignation géographique fut appliquée par extension à toute une race d'hommes. D'après une autre étymologie, les K'kitchoua seraient les « hommes qui savent», ou ceux « qui parlent bien » (E. Reclus, p. 530).

Direction première des migrations des K'kitchoua, basée sur la linguisti-

que. — « L'affirmation des Incas de la cour du Cuzco qu'ils venaient des îles et des rivages du Titicaca méridional ne ferait-elle pas présumer que l'aymara était leur langage ? » (E. Reclus, p. 531).

Le professeur Brinton, dans ses « *South American Native languages* » (chapitre : Dialects and affinities of the Kechua, p. 52/58) passe en revue les différents dialectes du k'kitchoua considérés généralement comme les plus anciens et devant donner une indication des traces des premières migrations de ces peuples. Ce seraient, d'abord :

le chinchasuyo, chinchasuyu ou chinchaya, parlé aux environs de Lima ;

le lamaño, parlé aux environs de Lamas, près de Truxillo ;

le quiteño, parlé aux environs de Quito ;

le calchaqui-tucumaño-catamareño parlé aux environs de Tucuman ;

le cuzcuaño ou cuzceño, parlé aux environs du Cuzco.

Quelques auteurs tiennent le cuzceño pour le plus pur et le plus ancien. Par contre, pour von Tschudi, Brinton et d'autres K'kitchouistes, ce serait au quiteño qu'on devrait attribuer l'origine la plus ancienne. Cependant, Brinton, à la suite de son vocabulaire moderne des dialectes inga, manoita et mayna des bords de l'Ucayali, émet l'opinion que ces dialectes sont aussi purs que le classique cuzceño et plus purs que le quiteño. — Rien ne serait donc prouvé, mais je pourrais fort bien expliquer la pureté des dialectes ucayaliens en question par la présence dans ces parages d'habitants fugitifs du Cuzco.

Représentations scéniques de sujets de l'histoire précolombienne. — Il faut féliciter sincèrement l'archéologue et linguiste Dr José L. Caparo Muñiz des représentations qu'il a eu l'initiative de donner sur la scène de sujets historiques de l'époque des Inca, tels que « Ttito Ckosñipa » joué au Cuzco en 1896 (voir *El Anunciador* Cuzco 15 mars, 5 juillet 1896). Cette initiative devrait être suivie pour d'autres régions du Pérou et de l'Amérique.

Histoire. — L'histoire des Inca du Pérou, dit F. Gonzalez Suarez (*Historia del Ecuador*, Quito, 1890), a été écrite par beaucoup d'auteurs ; mais, à peine y a-t-il une histoire plus incertaine ou plus discordante que celle des anciens souverains du Cuzco. Chaque historien la raconte à sa façon et il n'y a aucune conformité entre eux. Manco-Capac, le premier des Inca, fut-il bien le civilisateur des K'kitchoua ? Il y a contradiction à propos du testament de Huayna-Capac : les uns, disent qu'il partagea son empire, les autres qu'il le laissa en entier à son fils Huascar. Les historiens espagnols ne sont pas d'accord sur la guerre civile qui éclata entre les chefs inca Huascar et Atahuallpa, bien qu'elle eut lieu à l'époque inter et post colombienne. Quel était le véritable motif de cette guerre, de quel côté était la justice ? Combien de batailles furent livrées ? Qui déclara la guerre le premier ? Quel était le nombre des combattants ?

Religion. — Il est fort difficile d'avoir quelques données exactes sur les rites religieux des Indiens précolombiens du Pérou, les Espagnols conquérants et les prêtres qui les accompagnaient ayant toujours tenté le possible et l'impossible pour en faire disparaître toute trace. Aussi, dans la crainte d'être molestés, les Indiens, même contemporains, cachent-ils avec soin tout ce qui pourrait faire connaître leurs diverses cérémonies religieuses. Comme exemple de ce fait, nous donnerons celui des Indiens Pacaguara ou Chacobos, cités par M. H. Guillaume. Ces indigènes déjà à demi civilisés, qui habitent la région comprise entre le rio Madre de Dios et le rio Beni, cachent soigneusement aux étrangers leurs traditions et rites religieux.

Qquipu ou *Quippos.* — Les cordelettes à nœuds étaient la seule écriture des Péruviens à l'époque des Inca. Chaque couleur, chaque caprice dans la forme des nœuds avait sa signification. Il était, dit-on, possible de faire avec ces nœuds des combinaisons analogues à celles des alphabets modernes ; mais malheureusement on n'a aucune donnée à cet égard. On ne connaît pas la méthode exacte employée par les Inca pour en faire comprendre la signification. Quelles étaient les relations des nœuds et des couleurs ? D'après M. Philippe Berger (*Histoire de l'écriture dans l'antiquité*, Paris), les courriers chargés par le gouvernement péruvien de la transmission des nouvelles ou des ordres ne portaient point sur eux de cordelettes nouées, mais devaient apprendre par cœur la dépêche, qui se répétait de relais en relais jusqu'à destination. D'autres auteurs disent au contraire que c'étaient les cordelettes elles-mêmes qui étaient transmises de relais en relais. — Où est la vérité ? Comparer avec les qquipus mexicains.

Wiener ne voit pas dans les quipos un art aussi perfectionné que le suppose Garcilaso de la Vega qui y voyait une série de nombres et annales historiques. « C'était un système de comptabilité assez ingénieux, mais primitif ; « il se réduisait à une méthode d'addition et de multiplication. Il y a des fils « de différentes couleurs. Chaque couleur présente un objet constituant un « élément de contributions générales » (Wiener, *Pérou et Bolivie*, Paris, 1880, p. 777).

Il y avait une autre écriture, figurative celle-ci, sur bâtons, au moyen de lignes et autres signes. Cabello Balboa (*Historia del Peru*, chap. xiv) cite le testament de Huayna-Capac fait en raies de toutes couleurs sur un long bâton confié ensuite à la garde d'un quipo-camayoc. A-t-on gardé le secret de ce genre d'écriture ? Sa création fut-elle contemporaine des qquipos, ou antérieure à leur usage ?

Montesinos (chap. iv et xiv de ses *Memorias Antiguas del Peru*) dit qu'à l'époque antérieure au règne des derniers Inca connus de l'histoire, on écrivait sur des feuilles de bananes sèches et sur la pierre, avec des lettres ou signes graphiques ; un des souverains du Pérou aurait défendu l'emploi dans son empire de ce genre d'écriture. Garcilaso de la Vega, dans ses *Comentarios reales* parle aussi de cette prohibition. Mais ni Montesinos, ni Garcilaso de la Vega ne disent le nom de l'inca en question. Aucun chroniqueur n'explique le procédé exact de cette écriture. On ne sait pas non plus si cette défense a eu son effet et si les indigènes ne continuèrent pas à se servir de cette écriture en cachette.

Inscriptions funéraires sur tissus. — Au-dessus de la tête postiche des momies dans leurs tombeaux d'Ancon, Chancay, Mansiche, Pachacamac, dit Ch. Wiener (p. 650 ouv. cité), sont attachées parfois et recouvertes d'un filet qui les maintient, des pancartes carrées faites d'une étoffe blanche de coton grossier tendue sur un écran en roseaux et couverte de dessins rouges et noirs, ou rouges et bleus. Les inscriptions funéraires de ces pancartes avaient-elles un sens spécial pour chaque catégorie sociale de morts? que signifiaient-elles?

Pétroglyphes. — Le Pérou contient beaucoup d'inscriptions sur roches non encore déchiffrées, témoin celles de Pintados, gravées sur des rochers formant partie des collines à 24 kilomètres au sud de la Noria, sur le côté occidental des Pampas du Tamarugal (provinces méridionales). Ni les légendes ou traditions locales, ni la science des américanistes n'ont pu jusqu'à présent assigner à ces pétroglyphes la moindre interprétation, voire même une date quelconque, quelque vague qu'elle soit.

Les ruines de Tiahuanaco sont presque les seules au Pérou où l'on trouve des gravures de signes symboliques (voir travaux de L. Angrand et Ch. Wiener). « Mais, en dehors de ces quelques signes, dit Wiener (p. 760 « ouv. cité), gravés dans le porphyre, auxquels on pourrait encore ajou- « ter ceux qu'on observe sur la tête de Collocollo et sur un petit modèle, « propriété de M. Léonce Angrand, retrouvé par d'Orbigny, quelques « bas-reliefs, sur le jambage droit de Vilcas-Huaman, les bas-reliefs de « Cabaña, de Huaras, etc., il est certain qu'il ne subsiste sur les vestiges « architechtoniques du Pérou aucune inscription proprement dite? Est- « ce que cela prouve qu'il n'a pas existé d'écriture? Nous ne le croyons « pas. »

Les peintures hiéroglyphiques trouvées à Sicasica et à Paucartambo et qu'on peut voir aux musées de La Paz (Bolivia) et au Cuzco, et dans l'ouvrage de C. Wiener (p. 774-775) ne m'inspirent qu'une médiocre confiance au point de vue précolombien : car les nombreuses croix trouvées sur ces inscriptions dénotent la présence de prêtres catholiques espagnols et leurs moyens mnémo-techniques d'enseignement religieux.

Archéologie. — Les Indiens du Pérou respectent beaucoup les tombeaux de leurs ancêtres et réussissent à soustraire par leur silence aux archéologues une foule de richesses archéologiques des temps précolombiens.

C'est à des races antérieures aux K'kitchoua qu'il faut sans doute attribuer la construction des monuments de la région de la côte. Quelles furent-elles ?

Faut-il admettre avec Ch. Wiener et le sculpteur Soldi que « le seul ins-« trument mis en mouvement par les constructeurs des monuments gigan-« tesques cyclopéens et autres du Pérou devait être la pierre même ? (Ch. « Wiener, p. 476).

Dans la haute vallée du Marañon on voit les restes de cités considérables : telle, sur un affluent occidental du Marañon naissant, Colpa ou Huanuco Viejo, que l'on dit avoir eu trois lieues de circonférence. La ruine principale appelée Castillo par les indigènes, est une énorme construction de galets empâtée dans l'argile, ornée à l'extérieur de figures d'animaux. (E. Reclus, p. 585). A quelle civilisation appartiennent ce château, ces palais, temples, et thermes de Colpa ?

Chavin de Huantar, au bord d'un autre affluent du Haut Marañon, con-tient aussi des restes d'anciennes constructions. Une d'elles a une pierre sculptée, qui représente un homme monstrueux, à la chevelure de serpents et tenant des couleuvres dans ses mains. Raimondi voit dans cette idole le « Génie du Mal. » Elisée Reclus trouve plus probable qu'elle représente le « Dieu de la foudre » (E. Reclus, p. 585).

Le baron de Santa Anna Néry confirme notre opinion quand, dans son « *Pays des Amazones,* » à la page 262, il dit : « On sait... que l'Ucayale, l'une « des branches de l'Amazone, a ses rives peuplées de niches, de grottes « artificiellement agrandies, de mausolées tenus par des piliers, couronnés « d'un linteau, et de sépultures. C'est aussi sur les bords de l'Apurimac, « une autre branche de l'Amazone, que se dressait la forteresse de Chocce-« quirao, résidence des héritiers de la couronne des Incas. Ce fut là l'asile « des derniers survivants de la race Manco-Capac. Mais, une excessive pru-« dence est de rigueur toutes les fois qu'il s'agit des monuments de la civili-« sation indienne au Brésil, » et au Pérou, ajouterons-nous.

Au sud de Chachapoyas, près du village de Cuelap, E. Reclus cite (p. 588) les ruines d'une nécropole à deux étages. Son mur a 100 mètres de haut et est percé d'innombrables niches. Ceci prouve combien était populeux le pays de Mainas de la Haute Amazonie, maintenant presque désert.

Les ruines immenses de la ville du Chimu, capitale d'un empire antérieur aux Inca, s'étendent au nord-ouest de Trujillo, sur le bord de la mer. Qui avait fondé cette ville ? Comment a-t-elle disparu ? Quoiqu'on y ait pratiqué de nombreuses fouilles archéologiques, il y a encore beaucoup d'explorations à y faire.

Qu'était jadis le plateau, situé en face de la ville de Huaraz, sur les pentes de la Cordillera Negra, où se trouvaient maintes pierres sculptées, d'ori-gine ancienne, représentant des hommes à membres difformes et à figures grotesques? Ces pierres forment en partie le mur d'enceinte du cimetière de Huaraz? (E. Reclus, p. 563). Etait-ce un temple, un palais, de construction inca, yunca ou autre? Quel usage assigner aux nombreuses richesses de ce même édifice énumérées par la « *Estrella de Panama* » du 25 mai 1891 (chaînes, tuyaux, feuilles laminées, petit drap en or d'une flexibilité remarquable, etc.)? Quels étaient les procédés de fabrication de ces véritables chefs-d'œuvre?

Les grands réservoirs souterrains trouvés près de Chancay ont-ils servi de greniers aux Inca, selon la tradition? (E. Reclus, p. 566).

Il s'agirait de vérifier l'authenticité de la légende qui veut que le palais, dont on voit les ruines sur une des terrasses du Cuzco, et qui s'appellerait Colcampata, a été construit par Manco Capac.

Sur la route de la Paz (Bolivia) à Puno (Pérou), entre Llave et Ancora, on voit diverses « chulpas » ou « torreones », sortes de tertres sépulcraux des habitants précolombiens. On trouve parmi ces monticules une sorte de cromlech de 5 mètres 50 sur chacun de ses quatre côtés et de 2 mètres de haut. Le sommet ou toit est en pierres. Etait-ce la sépulture d'un chef notable? Mais quelle époque donner à ces monuments, quels en furent les constructeurs? Y a-t-il lieu d'établir une comparaison quelconque entre les populations qui construisirent ces tertres et celles qui ont laissé des traces de monuments semblables, sur les bords de l'Ohio, au Guatémala, au Honduras, au Nicaragua, etc.?

Pour ce qui est des magnifiques ruines de Tiaguanaco, on est encore en conjectures à propos des moyens de transport employés pour y mener les immenses blocs de pierre qui les composent. Les carrières d'où ces pierres ont dû forcément être extraites sont éloignées du lieu des ruines. Le professeur français Th. Ber admet la possibilité de l'emploi, pour effectuer ce transport, de chalands (balsas) énormes qui auraient parcouru le lac et déposé les pierres à pied d'œuvre. D'autres savants repoussent cette hypothèse et supposent qu'il existait à une époque reculée une bonne voie de terre permettant de rouler les pierres depuis les carrières jusqu'aux monuments de Tiaguanaco, et que plus tard, à une époque plus récente, indéterminée cependant, des phénomènes naturels, sans doute d'ordre volcanique, avaient bouleversé cette route et creusé le lac actuel de Titicaca. Ch. Wiener (p. 443, *Pérou et Bolivie*, Paris, 1880) n'est pas d'avis, comme d'autres archéologues, d'attribuer à une époque antérieure au xiie siècle la construction des palais de Tiahuanaco. Pour lui, les Inca les auraient élevés après leur avènement en recourant à la main d'œuvre nombreuse et bien disciplinée dont ils disposaient. Ils auraient « emprunté aux constructions antiques la forme architecturale « et à l'esprit pratique d'une nouvelle civilisation une technique plus facile, « grâce à l'emploi de matières moins résistantes et plus maniables. »

Y aurait-il lieu d'établir une affinité architectonique et ensuite une affinité ethnique entre les constructeurs des monuments et statues frustes de l'île de Zapatera du lac de Nicaragua (de race mangue?) et ceux des monuments du lac de Titicaca (de race k'kitchoua?).

Industries. — Les arts et métiers étaient fort en honneur chez les populations précolombiennes du Pérou. On peut en juger par les nombreux chefs-d'œuvre de ciselure sur pierre et métaux sortis de leurs mains dont on admire de beaux spécimens aux musées ethnographiques de Paris, London, Berlin, Washington et surtout ceux qui figuraient à la belle Exposition de Lima de 1892.

Mais la plupart des procédés employés par ces artisans habiles, pour ne pas dire ces artistes, sont perdus. Il serait pourtant d'une grande utilité de les connaître et même la science moderne métallurgique actuelle n'aurait pas honte de rechercher le procédé connu des Inca pour tremper le cuivre et lui donner une dureté égale à celle de l'acier.

On aurait aussi tout intérêt à connaître les procédés employés par les Péruviens précolombiens pour conserver les cadavres des leurs et en faire ces momies si résistantes à l'action du temps qu'on découvre chaque jour au Pérou dans les fouilles, soit repliées sur elles-mêmes, soit rigidement droites : telle la momie trouvée aux environs de Chimbote en 1893, qui, en plus, était recouverte de plumes écarlates et portait au cou un collier fait de petits os reliés entre eux par un cordonnet.

A propos de plumes, à quels oiseaux les prenaient-ils de préférence? Au Cuzco employait-on celles du fameux oiseau des 7 couleurs ainsi appelé au Valle de la Convencion (en latin : capito versicolor) ? c'est au fameux ornithologue polonais, Jean Kalignoski qu'incombe la tâche de nous édifier sur ce point et beaucoup d'autres.

Pharmacopée. — Il serait intéressant de connaître les divers procédés employés par les indigènes précolombiens pour guérir leurs malades, les simples qu'ils utilisaient, tels que la coca, la plante des neiges (huamanripa ou cryptochœte andicola) encore peu connue des médecins d'Europe et prônée par le Dr Carlos Paz Soldan (Boletin de la *Sociedad Geografica de Lima,* sept. 1891), et beaucoup d'autres plantes d'usage encore inconnu.

Habitations élevées. — Le village de Galera a une attitude de 5211 mètres au-dessus du niveau de la mer, et a passé longtemps pour le lieu habité du monde le plus élevé. Le camp minier de Vicharrayac, d'après l'ingénieur Arthur E. Pearce, a une altitude de 5316 mètres et celui de Muscapata de 5386 (*Star and Herald* Panama, 3 mars 1892). Ces endroits gardent-ils les traces de séjours précolombiens des indigènes autochtones? quelles sont les localités les plus élevées ayant été habitées par les indiens précolombiens du pays? Leurs poumons avaient-ils plus de facilité que ceux des blancs à supporter l'air raréfié de ces altitudes ?

BOLIVIA

Ce pays isolé de l'Amérique du Sud est, par sa position topographique, un de ceux les moins connus. Nous ne voulons pas dire qu'il ne s'y soit pas fait des explorations très sérieuses : l'ouvrage « Bolivia » de l'ingénieur et explorateur français André Bresson, et les divers travaux de chemins de fer conduits ces dernières années par des Anglais en font foi. L'explorateur Edwin R. Heath, auteur de la découverte du confluent entre les rios Beni et Madre de Dios, qui en 1897 a exploré à nouveau le Beni, ne peut que faire profiter la science de ses découvertes.

Mais, malgré tout, l'éloignement de ce pays et de ses villes principales des deux océans, les mouvements accidentés de son sol, l'escarpement des emplacements des principaux centres de population, ses forêts impénétrables du côté de la frontière orientale touchant le mystérieux désert du Gran Chaco, ces diverses raisons font de la Bolivia une région sur laquelle les efforts et recherches des Américanistes doivent se concentrer le plus spécialement. Malheureusement, ces explorations ont dû être différées à diverses reprises, en vue des insurrections des Indiens, qui ont pris une certaine extension de 1892 à 1898 dans le nord de la Bolivia. Lors du soulèvement général des Indiens, le gouvernement n'eut pas affaire à des métis, mais à des Indiens sauvages armés de flèches, renforcés par des alliés venant du Chaco. Ils avaient envahi les provinces del Azero, Cordillera, et de Tanja dans les environs de la mission de Santa Rosa de Cuevo. Ils avaient osé, au nombre de cinq mille, venir assiéger la ville de Panabamba et livrer, dans les plaines d'Ivo, une bataille sanglante aux troupes du gouvernement. Force est restée et restera toujours à la loi ; mais les blancs ont couru un certain risque à visiter ces provinces pendant un certain temps.

Ces soulèvements proviennent en partie des procédés déplorables employés vis-à-vis des indigènes par les blancs du pays qui ne craindraient pas, paraît-il (la *Estrella de Panama* du 7 avril 1897 en fait foi) de chasser les Indiens comme des fauves et de vendre les femmes et enfants qu'ils peuvent capturer, en marché public. Nous croyons savoir que le gouvernement colombien a enfin compris le devoir qu'il a de faire cesser ces abus, dans l'intérêt de la science et de l'humanité.

Régions encore à explorer. — Plus des trois quarts de l'étendue de la Bolivia sont déserts et inconnus, surtout dans la région des plaines orientales, couvertes de bois et de forêts vierges. Nous citerons parmi ces régions :

la partie extrême nord-ouest comprise entre le Pérou et le Brésil, englobant les sources des rios Jurua (affluent de l'Amazonas), Taraura et Embira (affluents de droite du Jurua), Purus (affluent de l'Amazonas), Araca et Hyuaco (affluents de droite du Purus), Aquiri et rive gauche du rio Madre de Dios, et habitée par des Indiens sauvages et non connus (Manetery, Capechenes, Guaranos, etc.);

les villages d'Indiens sauvages et peu connus du sud du bañado d'Izozog, près du rio Lateriquique, au nord-ouest du Chaco;

les pays peu connus habités par les Indiens Matacos et Toba, entre les rios Pilcomayo et Paraguay d'un côté, et les rios Pilcomayo et Bermejo, de l'autre. Cette région comprend l'affluent du Pilcomayo dont fait mention M. Feilberg, commandant-directeur de l'expédition scientifique du Gouvernement argentin de décembre 1884. Cet affluent, qui donne au Pilcomayo sa plus forte masse d'eau, s'y jette à une soixantaine de lieues de son embouchure. Les eaux de cet affluent, qui vient de l'ouest-nord-ouest, seraient beaucoup plus abondantes que celles du Pilcomayo lui-même. Sa navigation serait beaucoup plus facile que celle du Pilcomayo; mais un grand nombre d'arbres obstruent son cours. M. Feilberg, d'après le rapport de M. Mancini, consul de France à Asuncion, du 13 janvier 1885, n'a pu le remonter que pendant une dizaine de lieues. Du reste, on n'en connaît ni la longueur, ni le parcours.

Pour être renseignés sur ces parages, nous attendions avec anxiété les résultats de l'expédition Ibarrieta. Malheureusement, des correspondances du Paraguay arrivées à Paris en mars 1899 annoncent que l'expédition argentine dirigée par M. Montero à la recherche du vaillant explorateur a décidé d'abandonner ses recherches, à la nouvelle de l'assassinat par les Indiens de ce nouveau martyre de l'américanisme.

Une autre région peu connue est celle montagneuse comprise au sud d'Atacama et à l'est des Andes, ou au sud de la Bolivia, au nord du Chili et au nord-ouest de la République Argentine.

Orographie. — On est encore peu fixé sur l'altitude véritable de l'Ancohuma, point le plus élevé du grand massif de Sorata, Nevado de Sorata ou Illampa, de la chaîne des Andes boliviennes. On lui donne 6.448, 6.900 ou 7.200 mètres. Quant à l'altitude de 7.400 donnée à ce pic par Sir W. Martin Conway, on peut s'en défier, car elle a été prise d'une façon approximative, et seulement au baromètre anéroïde. Le noble lord n'a pu encore, malgré ses trois tentatives d'octobre 1898, arriver à son sommet. Est-ce véritablement le pic le plus élevé des Andes?

Races. — On n'a que fort peu de renseignements ethnographiques, anthropologiques, historiques et autres sur les Indiens suivants:

dans le département d'El Beni:

les Cuarayos ou Guarayos habitant la frontière du Pérou, ainsi que les Capechenes, Ucarayua et Chunchos; les Chocobos, occupant la rive droite du rio Beni, près de son confluent avec les rios Mamoré et Guapore : ces Indiens sauvages sont très dangereux.

A propos de ces Indiens Guarayos qui circulent dans les forêts inextricables situées entre les rios Madre de Dios et Madidi, M. L. Balzan dit dans le *bolletino della Società Geografica Italiana*, Roma, juillet 1892, que cette appellation est incorrecte pour ces Indiens — car on la prend à tort en cette région pour synonyme d'ennemi, quand ce nom de Guarayo ne doit être réservé qu'à ceux d'origine guarani campés plus au sud de la Bolivia. Pourquoi ne serait-ce pas une branche émancipée des autres Guarayos ?

Une des tribus Apolista, des environs d'Apolobamba, celle des Collahuaya, citée par E. Reclus (p. 667, ouv. cité), appelés aussi Muñecas, du nom de leur province, et Charazani, d'un de leurs villages, habite la haute région montagneuse, au milieu des Aymara ; mais elle vit en étrangère, ignorant, semble-t-il, tout ce qui se passe autour d'elle. Cette tribu est plus blanche de peau que les K'kitchoua et Aymara. D'où vient-elle ? Est-ce une race métisse ? Les Baures, de l'ancienne province des Moxos ou Mojos, malgré l'ouvrage linguistique du Padre Antonio Magio, réimprimé à Paris en 1880 par MM. Adam et Leclerc, sont peu connus.

On sait aussi fort peu de choses sur les Yunga, et les Yuaracare (Yuracare ou Yuruqure), malgré l'ouvrage linguistique du R. P. La Cueva, réimprimé à Paris en 1893 par L. Adam ; — les Yuracaré par leur peau blanche diffèrent des Guarani et se rapprochent des K'kitchoua. Auraient-ils une affinité avec ces derniers ? Cependant ils connaissent l'impression, sur leurs robes, ignorée des K'kitchoua, de dessins estampés au moyen de matrices en bois sculpté. Y a-t-il des rapprochements à faire entre ces matrices et celles, en terre cuite, appelées pintaderas, des Mexicains et Colombiens?

Dans le département de Santa-Cruz seul, il y a encore beaucoup à apprendre sur les Guarayos, Chiquitos (malgré l'ouvrage linguistique de MM. Adam et Henry, Paris, 1880), les Penoquiquia, Morotoca. — Ces Guarayos ou mieux Guarayu (hommes jaunes), qu'il ne faudrait peut-être pas confondre avec leurs homonymes du nord de Bolivia, seraient venus, du sud-est, d'après leurs traditions, d'époque précolombienne, avec d'autres races Guarani. A quelle raison attribuer cette migration ? Sont-ils venus en Bolivia en même temps que les Sirionos qui demeurent au nord des Chiriguanos et non loin des Guarayos, dans les forêts arrosées par le rio Grande ?

Espérons que les territoires de ces Indiens, inconnus en 1887 de l'aveu de l'explorateur péruvien J. F. Velarde, ne le seront plus, une fois parue la publication, attendue d'un jour à l'autre, du résultat des reconnaissances faites en 1896 dans ces régions par les explorateurs boliviens P. Nicolas Armendia, colonel Pando et Manuel Vicente Ballivian.

A cheval sur les deux départements d'El Beni et de Santa-Cruz :

les Chiriguanos, habitant les départements de Santa-Cruz et de Chuquisaca ;
les Guaycurus, Guana et Zamucos, du département de Chuquisaca. Quels
rapprochements y a-t-il à faire entre ces Guaycurus et ceux du Gran-Chaco?

Grotte. — L'île sacrée de Titicaca, située dans le lac de Titicaca ou Chucuito, mériterait d'être fouillée avec soin. Car on y trouve un site légendaire
où seraient venues en pèlerinage nombre de tribus indigènes qui ont dû y
laisser des vestiges intéressants. C'est « la caverne peu profonde, au-dessous
d'un rocher de grès, où Manco-Capac s'abrita avant qu'il n'eût reçu sa haute
mission, et qui était vénérée au-dessus de toute chose dans l'empire des Incas »
(Geo. S. Squier, *Quelques remarques sur la géographie et les monuments du
Pérou*, Bull. Soc. de Géographie de Paris, janvier 1868).

Archéologie. — Il y a intérêt à visiter scientifiquement le souterrain
d'environ 200 mètres, découvert il y a quelque temps dans le cerro rocheux
de Huaillas, près du village de Torotoro, dans la province de Charcas, à
environ 140 kilomètres de Sucre. Faut-il attribuer aux vaillants Indiens
Charca l'adaptation de cette grotte contenant de belles statues taillées dans
le roc? Sont-ils les auteurs de ces statues? Cette grotte était-elle destinée à
des cérémonies religieuses ou autres ?

La situation du village moderne de Tiahuanaco sur la rive desséchée du
lac Titicaca, à 36 mètres au-dessus du niveau actuel de l'eau qui a dû baisser,
permet-elle d'expliquer plus facilement l'adduction par eau des pierres qui
servirent à construire les fameux monuments dont on admire actuellement
les ruines? L'étude de la baisse du niveau des eaux du lac au point de vue
géologique permettrait-elle d'apprécier l'époque de la construction de ces
édifices? Fut-ce une grande cité ou bien un centre religieux? Qui a détruit
ces monuments? Sur le seul qui reste à peu près conservé de nos jours,
appelé *porte du soleil*, sont taillés en creux des signes indéchiffrés. Ne
pourrait-on pas essayer de les interpréter, en s'aidant de comparaisons avec
les figures similaires des sculptures de Palenké et autres ruines du
Mexique? Car ces édifices cyclopéens de Tiahuanaco sont, de l'aveu des
principaux américanistes qui les ont visités, de fondation de beaucoup
antérieure à l'apparition de Manco-Capac. Ch. Wiener (page 432 de *Pérou
et Bolivie*) reproduit le dessin d'une statue en granit de Tiahuanaco du
groupe de Pumacocha. Je trouve à cette statue une ressemblance étonnante
avec celles des îles du lac de Nicaragua reproduites par Geo. E. Squier et
le professeur Carl Bovallius, d'Upsala.

Écriture. — D'après Francisco Viedma (*Informe general de la provincia de
Santa-Cruz*, 1787) les Indiens Mojos qui habitent maintenant au bord des
grands fleuves ou des plaines basses de Bolivia, se servaient de raies sur des
planchettes comme genre d'écriture. On n'en connaît pas encore l'explication.

Étymologie. — Wiener ignore la signification du mot acapana, groupe d'alignements des pierres des ruines de Tiahuanaco, les diverses étymologies tirées du k'kitchoua ou de l'aymara lui paraissant fort invraisemblables.

On donne ordinairement les deux étymologies suivantes au nom de Tiahuanaco :

la première, tirée du k'kitchoua, serait : tiai, assieds-toi ; huanaco, l'animal guanaco ou celui qui court comme lui ;

la seconde, tirée de l'aymara, serait : thia, rives ; guañaco, desséchées.

M. José Rosendo Gutierrez, de la Paz, trouverait la seconde étymologie plus vraisemblable. — Quant à Wiener, il n'ajoute aucune importance à ces étymologies. Il ajoute (p. 420 ouv. cité) : « Rien que le fait que les deux « origines donnent à l'oreille des solutions satisfaisantes prouve leur inanité. « Il prouve que les études de philologie appliquée, que cette autopsie linguis- « tique qui donne parfois des résultats si étonnants pour les langues « aryennes, est inféconde et antiscientifique pour les idiomes de l'Amérique « qui se sont développés sans écriture, à proprement parler, et dans lesquels « par conséquent n'existe pas le squelette solide qui caractérise des idiomes « classiques. » Je croirais plutôt qu'on ignore encore le véritable nom pré-incasien de ces ruines.

CHILI

Assèchement de la région septentrionale. — M. Plisson, dans le « *La Plata's Monastchrift* » 1876, attire l'attention sur certaines régions arides et sèches de l'Atacama, où l'on trouve nombre de ruines de constructions qu'on n'aurait jamais eu l'idée d'y bâtir, si elles avaient été, lors de leur élévation, dans un tel état défavorable. Copiapo n'eût pas été baptisée du nom de San Fernando de la Selva, si la région n'eût pas été au milieu d'une végétation forestière. La ville de Totoral, la « Jonchère », rappelle la présence d'un marais. Il faudrait étudier les causes de l'assèchement qu'on trouve actuelle-ment dans cette contrée. Faut-il l'attribuer à des changements de tempéra-ture ou climatériques, à des considérations volcaniques ignorées ou à étudier, aux vents, à la coupe ou à l'incendie des bois par les Espagnols ou les indigènes au temps de la conquête ?

Iles Juan Fernandez. — Que déduire au point de vue géologique et paléo-botanique du fait que, avant l'arrivée des K'kitchoua en ces îles et à Mas á Tierra, la plus orientale du groupe, la flore ressemblât plus à celle de la Nouvelle Zélande qu'à celle du Chili ?

Géologie. — On doit attendre beaucoup du résultat des dernières explora-tions scientifiques du regretté géologue suédois N. Otto G. Nordenskjœld dans le département d'Ovalle, ainsi que de celles des professeurs allemands Paul

Krujer, Paul Stange et Albert Selle dans la région Andine. Ces derniers auraient, de janvier à mars 1897, découvert près du golfe Corcobado, parmi diverses ramifications de la Cordillère, cinq grands lacs, cinq autres moyens, et treize lagunes qui se déversent dans le Pacifique.

Régions peu connues. — Sur la carte du pays, dans la province d'Antofagasta, au nord-ouest de la capitale du même nom, il y a un grand espace blanc.

La limite méridionale du bassin du rio Taltal n'était pas bien déterminée en 1885.

A l'est des bassins de la Puna de Atacana au nord du 23°, il y avait en 1885 un grand espace inexploré, non loin des marais (cienagas) de Zapaleri et de Lina.

On ignore l'extension et l'importance des salines et lacs compris dans le bassin de la Puna de Atacama au sud du 23°.

Quant aux cordillères du désert (despoblado) d'Atacama, et leur partie la plus dépeuplée et inconnue, la région de la cordillère de la Puna, l'ingénieur civil et des mines, Alexandre Bertrand, qui en a fait une sérieuse et minutieuse exploration (1884), s'exprime ainsi à leur égard dans le compte-rendu qu'il a publié de son voyage d'exploration : « Nous ne prétendons autre chose « que d'avoir ouvert le chemin pour que d'autres explorateurs spéciaux ne « puissent plus marcher si à l'aveuglette dans le vaste désert de la Puna ; « ils pourront ainsi se consacrer à chercher les richesses minérales renfer- « mées peut-être dans son sein sous l'aspect trompeur et monotone des ma- « tières volcaniques qui la recouvrent. »

Mainte montagne du Chili méridional est encore inexplorée, dépourvue d'histoire et de légende. Les Tehuel-che lui ont donné des noms qu'on ignore ; les seules dénominations qu'aient ces cordillères proviennent des navigateurs du large (E. Reclus, *N. G. U.*, p. 724). Quant aux nombreuses terrasses en gradins qui s'élèvent à 600/800 mètres le long des côtes du Pacifique et qu'ont observées Pœppig, Darwin et autres voyageurs, doivent-elles leur formation à l'action des flots ou bien à l'érosion des fleuves de l'intérieur (Ed. Suess, *Antlitz der Erde*) ? on l'ignore.

En 1897 on pouvait encore considérer comme inexplorée la région comprise entre la Cordillère des Andes et le golfe de Corcovado, à l'exception seulement de la côte, des deux rives du rio légendaire Vuta-Palena et de quelques-uns de ses affluents. Quant aux forêts vierges qui avoisinent les bords de ces cours d'eaux, elles sont presque impénétrables.

Impressions de pieds humains. — Celles trouvées dans les « hoyas » géologiques de Santiago, de Colchagua, des roches du district de Curacavi, et les pisadas du rio Itata, non loin de Cobquecura, signalées par le grand savant chilien J. Toribio Medina dans son remarquable ouvrage « *Los Aborigenes de Chile* », Santiago, 1882, auraient intérêt à être comparées avec les autres impressions sur roc de pieds humains découvertes au Mexique, au Nicaragua et en Colombia.

Races. — Que dire de la tribu des Changos, de Paposo, débris curieux de la population primitive de la côte entre Mejillones et Caldera ? Nous nous référons du reste pour ce qui est des lacunes nombreuses des races aborigènes du Chili à l'œuvre si intéressante citée plus haut de M. J. T. Medina.

Il y a encore beaucoup à apprendre sur l'histoire, l'origine ethnique, la langue, etc., des Indiens Aribanos et Abajinos, les plus guerriers des Araucans actuels, vivant de rapines sur les plateaux des Cordillères et des Huilliche du sud du Tolten qui occupent la partie la plus inculte de toute l'Araucania.

Yeux dits Inca. — Lors du tremblement de terre d'Arica du 13 août 1868, plusieurs momies vinrent à la surface du sol pourvues de ces yeux brillants. M. W. S. Miller, de Madison, Wisconsin, les a étudiés et a donné dans *the Science* de New-York, 10 février 1893, le résultat de ses recherches. D'après lui, ces yeux fragiles et iridescents n'appartiennent pas aux momies ; ce ne sont que des crystallins de céphalopodes, squid ou octopus. Il serait bon de savoir quel procédé employaient les indigènes pour préparer ces yeux dont on a admiré, en 1889, une si belle collection au Pavillon de Bolivia à l'Exposition Universelle de Paris.

Archéologie. — Les plaines maintenant sablonneuses et pierreuses d'Arica ont dû être jadis plus habitées et couvertes d'une plus grande végétation, à en juger par les nombreux tombeaux qu'on y découvre fréquemment. D'où nécessité de faire de nombreuses explorations archéologiques dans cette contrée.

Histoire. — La rivière Maule, dernière limite au sud de l'empire des K'kitchoua, avait-elle été colonisée par eux ? On l'ignore. Les pétroglyphes de la Piedra Pintada, de l'Atacama, rappellent-ils la présence des K'kitchoua ? et que signifient-ils ?

Linguistique. — La langue araucane ou chilidungu, parlée dans le sud du Chili, n'a aucune affinité grammaticale ni lexicographique avec les idiomes péruviens ou fuégiens. Les sons ne sont pas gutturaux comme ceux des langues voisines. On ignore l'origine de cette langue et les affinités qu'elle peut avoir avec d'autres groupes linguistiques américains.

Ethnographie. — Le récit d'une cérémonie religieuse d'Araucans modernes du village de Trintre (département d'Angol) fait par le journal *la Patria* d'Iquique (janv. 1893) donne lieu aux points d'interrogations suivants : quels sont les termes de l'invocation de la Machi (sorcière-prêtresse), qu'on ne pouvait ni entendre ni comprendre ? On ignore à quelle divinité elle s'adressait. Était-ce à l'esprit infernal Pillana? Cette prêtresse, les deux caciques Francisco Colimil et Agustin Niculqueo qui l'assistaient, et le peuple qui dansait et criait autour de l'arbre sacré canelo, comprenaient-ils bien la signification

de ces rites anciens? il est permis d'en douter. Cette danse, pratiquée au son
du culthun (tambourin de bois et peau de mouton) est-elle bien celle appelée
cunquen par le chroniqueur Carvalho et le poète d'Angol, Pedro de Oña.
Nul ne le sait.

Inscriptions sur roches. — Il s'agit de deux inscriptions, l'une gravée,
l'autre peinte, qui se trouvent sur des roches au Cajon de las Leñas, au sud
de Cauquenes. Malgré les études qu'en ont faites Ch. Wiener, Georges Be-
nedetti et Ch. Henningson, on est encore à connaître leur signification exacte.

CHACO

Régions peu connues. — Cette région mystérieuse, divisée sommairement
en deux parties, le Chaco boréal ou septentrional et le Chaco austral ou
méridional, n'est encore connue que très imparfaitement. Elle est en contact
vague avec le Brésil, la Bolivia, le Paraguay et la République Argentine, qui
toutes en revendiquent une partie, sans pourtant se soucier beaucoup d'y
envoyer des expéditions importantes. Ces pays semblent plutôt patronner
moralement les explorateurs, pour la plupart étrangers, qui se risquent
dans ces régions perdues que leur prêter leur concours financier et des
corps expéditionnaires puissants. Les vaillants explorateurs français Crevaux, Thouar et de Brettes en sont la preuve. Et pourtant la Bolivia, plus
que tout autre puissance américaine, est intéressée à connaître topographi-
quement le Chaco pour se frayer à travers ses vastes déserts un chemin qui
la fasse communiquer directement avec l'Océan Atlantique. Pourquoi ces
hésitations? C'est que le Chaco est peuplé de tribus indigènes féroces qui
ont à cœur de conserver leur autonomie et font payer cher aux étrangers
(Dr Crevaux, Ibarrieta, et autres) le passage sur leur territoire. C'est aussi
parce que l'eau manque au Chaco, que la végétation naturellement y est extrêmement pauvre, que les animaux y peuvent à peine vivre. Cette absence
d'eau et d'aliments végétaux et animaux explique la difficulté qu'éprouve
l'homme non né dans ces parages à y subsister. A-t-elle toujours existé?

Pour ce qui est du Chaco boréal, vers l'ouest, le Parabiti, qui traverse la
« lagune d'Izogog, semble aboutir au rio San Miguel et rejoindre le Guaporé.
« D'autres tracés toutefois lui font rejoindre le Lateriquique et le Paraguay.
« La ceinture des bassins est encore incertaine dans la grande dépression
« de l'Amérique Méridionale » [*Revue française*, Paris, 1er mai 1889].

Selon M. de Brettes, toute la région comprise au nord de l'Asuncion, sur
les bords du rio Paraguay, ainsi que la partie nord-ouest du Chaco septentrional vers la frontière de Bolivia, étaient très peu connues et désertes
en 1886.

Sur la carte du Chaco publiée en 1892 par le même voyageur, figurent des forêts impénétrables et des territoires inexplorés : dans le Chaco septentrional au sud de la route de terre, suivie par lui en Bolivia et au territoire Toba, ainsi qu'au nord de la rive gauche du rio Pilcomayo.

Pour ce qui est d'un lac salé que M. de Brettes a baptisé du nom de Crevaux et découvert par lui par 26° 58′ 06″ lat. sud et 63° 37′ et 54″ long. ouest, il est regrettable qu'il n'en n'ait pas donné de description sérieuse, quoique ayant fait 113 milles sur ses bords.

Quant au rio Pilcomayo, la crainte de périr de soif et de faim embourbés dans ses inextricables marécages, força les membres de la mission Thouar chez les Toba à regagner le Paraguay (1883-1885).

Les 20 lieues qui séparent Caiza de San Francisco du Pilcomayo sont presque infranchissables encore de nos jours, en vue de l'hostilité des Toba.

Pour ce qui est des sources de ce fleuve, elles restent encore un mystère ; le célèbre explorateur argentin Ramon Lista, mort à la tâche en décembre 1897, n'a pu le pénétrer.

« Le rio Pilcomayo, — dit M. Ch. Maunoir dans son rapport sur les « progrès des sciences géographiques, en 1890, publié en janvier 1892, — « continue à défier les efforts tentés pour explorer entièrement son cours. « L'année qui s'achève a été marquée par deux échecs, dont l'un a entraîné « la mort d'un explorateur énergique, M. Page, de la marine argentine. »

Au Sud du Pilcomayo s'étend une vaste plaine marécageuse couverte de forêts ; elle est sujette aux inondations, au temps de la fonte des neiges et des pluies ; il est difficile de s'y frayer un chemin.

Races. — M. de Brettes divise les races du Chaco boréal auxquelles il assigne une affinité avec la famille guarani, en quatre grandes tribus :

les *Guana*, les plus intelligents de la région ; les *Kamanangha* ; les *Néenssemaka* et les *Aksseks*, toutes deux peuplades les plus misérables du Chaco et très nomades, cette dernière entièrement à l'état sauvage. Puis viennent les tribus secondaires, telles que les Zamucos, Chamacocos, Sapoukis et les Banghis. Sur les derniers il n'a pu être recueilli de renseignements précis.

M. de Brettes, en 1887, en parlant de Puerto Casado (Chaco Paraguayen) a traversé 120 lieues marines de région inexplorée et rencontré les tribus Sanapana, Angalté, Guana, Lengua et Chamamoca qui vivent par 22° lat. sud, entre les 60° et 66° lat. ouest (*Bul. Soc. Géogr. Commerciale*, Paris, 1887, p. 218).

On a, sans doute à tort, élevé quelques doutes sur l'authenticité des voyages de M. de Brettes en dehors des rives du rio Paraguay ; néanmoins, les récits, jamais rédigés par lui-même, de ce voyageur, ont résumé l'état encore négatif actuel des connaissances qu'on a de cette région mystérieuse.

— A propos des Indiens Aksseks, M. de Brettes fait une observation qui nous semble fort juste et applicable aux autres tribus plus ou moins sauvages du Chaco : « Les voilà donc ces terribles Indiens, ces Indiens Bravos, « dont le nom seul épouvante les tribus soumises des bords du fleuve Paraguay ! Ce sont de grands enfants, et sans les expéditions cruelles des « gouvernements voisins, faites souvent pour châtier de minces peccadilles, « comme quelques vols de bestiaux, ils se civiliseraient peu à peu et culti-« veraient la terre au lieu de vivre en nomades. »

Il ne faudrait pourtant pas exagérer ces observations optimistes, et se rappeler la mort cruelle du courageux explorateur français le Dʳ Crevaux assassiné par les Indiens Toba sur le cours du fleuve Pilcomayo.

Amulettes. — Les petites pierres bleues que les Indiens Chunupi, Mocovi, Vilela et Matacos du Chaco et autres de race tupi conservent avec vénération et auxquelles ils attribuent un pouvoir surnaturel, tirent des Andes leur origine géologique. Cette observation permet de faire trois hypothèses : ou les Indiens du Chaco entretiennent des rapports d'échanges commerciaux avec les Indiens habitant les Andes, qui leur vendent ces amulettes ; — ou ces Indiens de race tupi ont opéré leurs migrations vers le Chaco de l'ouest à l'est, en venant des bords du Pacifique et en traversant les Andes ; — ces mêmes Indiens ont les mêmes superstitions religieuses que les Indiens des Amériques septentrionale et centrale qui, eux aussi, croyaient à la vertu des pierres bleues ou chalchihuitles.

Ces hypothèses auraient besoin d'être consolidées par des données plus sérieuses.

Archéologie. — M. de Brettes parle de ruines trouvées par 21° 50' lat. sud et 63° 04' long. ouest. Serait-ce l'indice d'un ancien temple indien ou simplement celui d'une ancienne mission espagnole du temps de la conquête ? L'abandon et la destruction de ces ruines sont-ils dûs à un cataclysme terrestre ou aux conséquences de guerres entre peuplades indigènes ? Peut-on les assimiler à l'Abarenda de la carte de Moussy, suivant l'hypothèse de M. de Brettes ? Ce même voyageur dit y avoir trouvé des poteries anciennes d'origine incasique et affirme, d'après les Akssekes, que beaucoup d'autres ruines du même genre existent plus au nord. — Mais, pour vérifier ces assertions encore assez problématiques, il y a lieu d'attendre le résultat d'explorations plus sérieuses et scientifiques.

Mœurs. — Les Payagua, bandits des rivières du Chaco, s'enfonçaient dans l'eau quand un ennemi plus fort qu'eux les traquait. Ils y restaient, paraît-il, très longtemps enfoncés dans l'eau et la vase, grâce à l'emploi de longs tuyaux leur permettant de respirer : cette coutume est-elle véridique ? Il serait intéressant de l'étudier.

Linguistique. — D'après M. Luis Jorge Fontana (*El Gran Chaco*, Buenos

Aires, 1881) le nom de tribu toba, qu'on rencontre partout au Chaco, ne devrait pas se comprendre dans un sens linguistique ou ethnique, mais seulement géographique, de la même façon qu'on désigne sous le nom de Chaqueños, les Indiens, sans distinction de nationalités, ou origines, qui habitent actuellement le territoire du Chaco.

Il faudrait alors rechercher le nom propre spécial à chacune des nombreuses tribus de nom toba. Peut-on accepter comme véritable l'étymologie donnée à ce mot, par Pelleschi, du guarani tobai, qui signifierait en face, de toba, tête ?

Comme les Toba du Chaco Austral s'appellent entre eux « Kom » = national, indigène, par opposition à dojchi = étranger, chrétien, il s'agirait de savoir quel peuple leur a donné ce nom de Toba.

Le fait que le nom du rio Pilcomayo viendrait du k'kitchoua : pillko = oiseau, et maiu = rivière, prouve-t-il que la langue des K'kitchoua était parlée dans la vallée de ce fleuve ?

On n'a que fort peu de renseignements, même linguistiques, sur les langues ou dialectes cités par le jésuite autrichien Martin Dobrizhoffer (dans son *Historia de Abiponibus*, Wien, 1784) des Indiens suivants, parmi lequels les Jésuites auraient fondé des colonies : Guarani, Chiquitos, Mocobi, Abipones, Toba, Malbalaes, Vilela, Pasaines, Lules, Isistines, Homoampa, Chunupi, Mataguayos, Chiriguanos, Lengua ou Guaycurus, Mbaya, Pampa, Serranos, Patagones, Yaros.

M. Samuel A. Lupone disait dans la *Science* de New York, 17 février 1893, qu'il pensait publier tous les documents existant sur ces langues, en leur donnant, d'accord avec le Dr Brinton, les deux subdivisions suivantes : il désigne sous le nom de Guaycuru les langues abipone et autres affiliées, telles que le mocobi, toba, abipone, lengua et guaycuru, et sous celui de non-guaycuru les langues lule, vilela, chulupi, mantaguayo, nocten (dialecte mataco), et chiriguano (dialecte guarani). Espérons que cette assimilation systématique des langues du Chaco permettra d'arriver à un résultat positif.

PARAGUAY

Mastodonte. — Quelles déductions peut-on faire de la découverte d'un mastodonte trouvé sur les bords du rio Carcañaral ?

Anthropologie. — Il faut féliciter le français Charles de la Hitte et le savant explorateur hollandais Dr H. ten Kate du résultat des recherches anthropologiques remarquables qu'ils ont faites en 1893 sur les Indiens Guayaqui, de la région si peu connue des Yerbales. Espérons qu'ils étendront leurs explorations à d'autres races prêtes à disparaître du Paraguay.

On ne sait si les Cullus ou Culluyes du nord du Chaco vers le Pilcomayo

étaient des singes ou des hommes. On ne sait que peu de chose sur les Caai-
gua qui habitaient entre le rio Parana et le rio Uruguay.

Les Pygmées ont-ils existé ? Les uns, dit M. Andres Lamas (*Revista latino-
americana*, Mexico, 28 fév. 1893) les placent aux confins des Xarayes, les
autres, tels que le P. Juan Techo, les placent au cœur du Gran Chaco près
du Chiriguanos ; vivaient-ils dans des grottes ? où ? on l'ignore. Quel rapprochement peut-on faire à ce propos entre les pygmées du Paraguay et ceux
mesurant 1.ᵐ 40 rencontrés en janvier 1899 par l'explorateur américain Suli-
van aux sources de l'Orinoco, aux frontières du Venezuela ?

Linguistique. — Le célèbre ouvrage du jésuite autrichien Martin Dobrizhoffer, « *Historia de Abiponibus* », Wien, 1784, malgré son ancienneté, est
encore un des meilleurs, sur cette race (*Revista de la Sociedad Geografica
Argentina*, Buenos-Aires, octobre 1887, cuad. LIV, tome V). Mais cependant les données fournies par ce savant ont besoin d'être mises au point :
il s'agit d'établir une relation linguistique et anthropologique entre les Abipones et les races plus septentrionales et plus méridionales qui ont pu avoir
des points de contact avec eux et sur lesquelles des travaux scientifiques ont
été élaborés de nos jours.

URUGUAY

Races. — Les indiens Charrua, Yaros, Boanes, Chana, que les Espagnols rencontrèrent à leur arrivée dans le pays, étaient tous en guerre les
uns avec les autres. C'est à peine si l'on sait quelque chose sur leur compte.

La coutume de recouvrir les morts d'une couche d'ocre et de graisse étant
commune aux Guarani et aux Chana, peut-on en déduire une affinité ethnique entre ces deux races ?

L'usage des boleadoras, identique chez les aborigènes de l'Uruguay et
ceux de Patagonia, permet-il de donner à ces deux peuples une communauté d'origine ?

On a peu de renseignements sur les Batomes qui jadis peuplèrent le département de Soriano. A quoi servait l'objet de diorite à figure humaine signalé
page 10 du « *Catalogo de la republica del Uruguay en la Exposicion historico-americana* » de Madrid 1892 ?

A qui attribuer l'oiseau en actinolite cité même page du même ouvrage,
trouvé dans le paradero de cabo Polonio ? Sa ressemblance avec les objets
trouvés dans les sambaquis de Santa-Catalina (Brésil) paraît indiquer des
affinités des indigènes uruguayiens qui formèrent ces tertres avec les Guarani et les tribus qui peuplèrent le département maritime de Rocha.

Archéologie. — On ne sait à qui attribuer la construction en plaine des
tertres nombreux de San Luis, près de la partie occidentale du lac Merin ou

Mirim. Que signifie le fait de n'avoir trouvé à leur intérieur aucuns restes d'animaux ? Quant aux tertres del Vizcaino et Soriano, quelques archéologues croient pouvoir les attribuer aux Indiens Chana ; mais d'autres leur donnent une origine plus récente, se basant sur des verroteries de fabrication vénitienne trouvées dans ces tertres. On signale aussi les petits tertres des îles du rio Uruguay attribués à la période néolithique. Il serait à souhaiter que l'on pût découvrir l'origine de leurs constructeurs, d'après les os humains et les produits de l'industrie qu'on en a retirés.

Ethnographie. — L'Uruguay avait exposé à Madrid en 1892, comme provenant des paraderos et alluvions modernes, de nombreuses boules arrondies en pierre ayant servi d'armes de jet, les « boleadoras », contre les ennemis, et les « bolas perdidas » contre les animaux. La boleadora étant encore en usage chez les Patagons pour chasser l'autruche, que conclure de l'emploi commun de cette arme chez les deux tribus ?

Les indigènes précolombiens de l'Uruguay se servaient aussi de pierres munies de petits trous. Ces trous sont parfaitement polis, ont la forme hémisphérique et le même diamètre ; on les trouve distribués sur diverses roches. Ces objets sont très abondants et seulement dans le paradero de Valizas et dans d'autres, voisins des Palmares de Castillos.

Leur usage est incertain. On a suggéré l'idée que ces pierres peuvent avoir servi pour casser les cocos du fruit du butia (cocus cespitata Mart.). Cette question devrait être étudiée davantage.

RÉPUBLIQUE ARGENTINE

Parties peu connues. — Dans la belle carte au 1.000.000 publiée en 1889 à Buenos Aires par Jorge J. Rohde, il y a de vastes espaces blancs dans les départements de Bariloche, « 25 de Mayo » et « 9 de julio » (Gobernacion de Rio Negro). C'est la région bordée au nord-est par la rive droite du Rio Negro, à l'est par le golfe de San Matias, au sud par la Gobernacion del Chubut, et à l'ouest par la rive gauche du rio Limay.

Espérons que la région patagone ne tardera pas à être complètement connue (voir le résultat des voyages dans la Patagonia argentine du comte de la Vaulx revenu en 1897 — et de M. P. Dusen, *De la côte occidentale de la Patagonie aux Pampas au flanc oriental des Cordillères*, Ymer-Stockholm, 3e cahier, 1897).

Dans les provinces de Catamarca et Salta dont MM. F. P. Moreno et Gunardo Lange ont publié en 1893 une carte si consciencieuse, il se trouve encore quelques parties peu explorées. — Les relevés topographiques de la Patagonia sont encore défectueux. Il est à souhaiter que celui du lac Nahuel-Huapi par MM. H. Steffen et P. Stange (1893) est le bon : car il diffère sensiblement des relevés faits en 1880 par F. Moreno, en 1887 par A. Seelstrang et en 1891 par le D^r von Siemiradzki.

La carte des itinéraires en Patagonia par le comte Henry de La Vaulx (1896/7), signale en pointillé le cours supérieur du rio Chico (Chubut) et la presque totalité du cours du Valle Descado, et des Arroyos de los Caracoles et Olnie.

On connaît bien le rio Carren-Leoufou, du territoire du Chubut, lors de sa pénétration dans la Cordillère au nord du mont Yanteles, par 43°37' de latitude sud et 75°7'3″ longitude ouest de Paris. Mais on ne sait plus après ce que devient ce cours d'eau. D'après les Indiens et Chiliens, il se confondrait avec le rio Corcovado de la carte de Fitzroy, pour déboucher à la côte du Chili par 43° lat. sud. Le colonel argentin est d'opinion négative : selon lui, le rio Corcovado serait le Sta Leoufou qu'il n'a pu reconnaître en 1888 que jusqu'à son confluent avec le rio Uncaparia, vers le 44° latitude sud.

Anthropologie. — La contemporanéité de l'homme et du glyptodon d'espèce éteinte, dont les débris ont été découverts à Fontizuelos (et non Pontimelo), par MM. Roth, de Buenos-Aires, fait le sujet de discussions entre les savants Dœring, Burmeister, Ameghino, Moreno, Ihering, Brinton, Kollmann (*Mitteilungen aus dem Anatomischen Institut*, Bâle, 1893); il est bon de consulter à ce propos *the Science*, 14 avril 1895, *Brinton's notes on sciences*.

De l'aveu du savant Florentino Ameghino (*La Antiguedad del hombre en El Plata*, 2 vol. in-8, Paris et Buenos-Aires, 1880), la Patagonia, en 1880, n'était encore que peu connue au point de vue de l'anthropologie préhistorique. Le savant Dr R. Verneau s'est occupé postérieurement de ces problèmes captivants (*Crânes préhistoriques de Patagonie* dans l'Anthropologie n° d'août 1894). Après avoir résumé très clairement le résultat des recherches de divers savants (capit. Chaworth Musters, Dr Burmeister, prof. Fr. P. Moreno, F. Ameghino, Dr Machon) sur 5 à 6 types de crânes appartenant à des races qui se sont succédé en Patagonia, le Dr Verneau n'arrive pas à une conclusion très affirmative et avoue la nécessité de nouvelles études et explorations permettant de savoir l'origine de ces diverses races, leurs noms, le degré de prépondérance intellectuelle et historique qu'on est en droit d'attribuer à chacune d'elles.

Mais à quelle race américaine appartenaient ces débris? personne ne le dit. Les terrains dans lesquels on les a trouvés étaient-ils d'époque pliocène, tertiaire ou autre?

La déformation du crâne en arrière et en haut rencontrée sur des squelettes d'indigènes du rio Negro, de Tiahuanaco, de l'Amérique Centrale et du Mexique, ne servirait-elle pas à prouver l'existence de certaines communications entre ces diverses races à des époques précolombiennes non désignées?

Race Allentiak. — Les derniers débris de cette race éteinte, connus du jésuite Luis de Valdivia, étaient épars dans la province de Cuyo, département actuel de San Juan (de la Frontera), aux alentours de « las lagunas de Guanacache ». Cette race était désignée sous les noms d'Allentiak, Allentiac, Allentiaca, Alentia, Alentina, soit = hommes du dehors ou étrangers, par les Tehuelche Patagons. Les Araucans leur donnaient le nom générique de Puelche, gens de l'Orient, ou particulier de Kuimnoluche, hommes qui ne peuvent comprendre. Les Aymara les appelaient Guarpes, Guarpas ou Huarpas ainsi que les Milcayac ou Milcocoyac, leurs voisins. L'étymologie de ce mot Huarpe est inconnue. On attribue aux Huarpes la fondation des stations de l'âge de pierre et de la terre cuite, dont les ruines se voient non loin de Guanacache. Le général Bartolomé Mitre [dans son remarquable ouvrage « *Estudio bibliografico lingüistico sobre el Padre Luis de Valdivia, sobre el Araucano y el Allentiak, con vocabulario allentiak-español*, La Plata, 1894] refuse aux Huarpes la création de ces centres, sans indiquer pourtant les raisons de son refus. Seraient-ce les Calchaqui? Le fait que la plupart des localités désignées comme dernier habitat des Guarpes était de dénomination Aymara, prouverait : 1° soit que les Huarpes n'étaient pas originaires de ces localités et qu'ils les trouvèrent occupées par les Aymara qu'ils repoussèrent; 2° soit que les Aymara anéantirent les Huarpes et donnèrent aux localités prises des noms de leur langue; 3° soit que les Guarpes et Aymara, sans avoir entre eux de mauvais rapports, donnassent chacun une dénomination de leurs langues aux mêmes localités. Mais alors les noms huarpes auraient disparu et on ignorerait quels ils furent! Furent-ils vaincus vers 1450 par l'inca Huayna-Capac, fils de Tupac-Yupanqui, lequel, à peine monté sur le trône, alla jusqu'à la frontière des Promancaes du Chili et passant la Cordillère aboutit jusqu'aux plaines de Mendoza? C'est à étudier.

La terminaison tiac ou tuyac, de langue k'kitchoua, du nom Allentiak, et signifiant : habitant, indigène, prouverait que pour les K'kitchoua, les Allentiaks étaient autochtones du pays où ils les trouvèrent. S'en suivrait-il qu'on puisse étendre aux Huarpes la dénomination de Diaguitas, Diaguitas ou Drachitas, habitants de la région kaltchaki ou cacana? or le kaltchaki, d'après von Tschudi, est la même langue que le lican-antais ou atacameño moderne, et, d'après Brinton (*Studies on the south american native languages*, Philadelphia) un dérivé du k'kitchoua. Mais jusqu'ici il n'a été trouvé dans l'allentiak aucune similitude linguistique avec le k'kitchoua d'une part, et le lican-antais ou atacameño, de l'autre.

Les Huarpes (Allentiak ou Milcayac) n'avaient aucune affinité linguistique avec les Fuégiens, les Patagons, les Araucans, les K'kitchoua, les Aymara, les Kaltchaki, les Urus ou Puquina (du lac Titicaca) et les Payagus (du rio

Paraguay) dont j'ai compulsé les divers vocabulaires existants à ma disposition. Avec quelle race avaient-ils donc des affinités? Comment s'appelaient eux-mêmes les Huarpes? On l'ignore.

Peut-être les derniers vestiges des Huarpes se trouveraient-ils parmi les tribus innombrables encore inconnues qui errent dans les environs des sources des affluents de l'Amazonas et des forêts vierges qui les entourent. Il est bon à cet égard de consulter le remarquable ouvrage du professeur Dr Karl von den Steinen intitulé « *Unter den Naturvœlkern Zentral Brasiliens* » (2te Schingu-Expedition 1887/8, Berlin, 1893).

Car, si les derniers explorateurs de ces régions citent les noms de quelques tribus, ils en ignorent généralement les principaux caractères anthropologiques et ethnographiques. Il y aurait donc à chercher de ce côté. Ce n'est qu'ainsi qu'on pourra confirmer l'hypothèse, qui s'impose d'ores et déjà, de localiser la race huarpe dans la 4e section de la classification des races sud-américaines faite par l'éminent archiviste du Musée d'Histoire Naturelle de Paris, le Dr Deniker. Car, ne pouvant classer les Huarpes dans la première catégorie (Fuégiens, Botocudos, petits et dolichocéphales), ni dans la deuxième (Patagons, grands et brachicéphales), ni dans la troisième (Araucans, Caribes, petits et brachicéphales), il n'y a qu'à les mettre dans la quatrième section des Indiens du nord-ouest. Mais, jusqu'à présent, les restes anthropologiques manquent pour appuyer cette classification.

Des fouilles sont donc nécessaires dans le dernier territoire connu, de San Juan, des Indiens en question. Il est aussi utile de rechercher dans les Archives de Santigo de Chile si, vers 1630, le procureur général de l'Audience, capitaine Juan de Valenzuela, s'occupait des Harpes. A cette même époque le père Alonso Moreno était directeur religieux de ces mêmes Indiens. Les archives de cette dernière ville, de Rioja et de Mendoza devraient aussi être fouillées.

Pour plus de renseignements sur la question, non encore élucidée des Allentiaks, voir le numéro du 8 novembre 1897 de *la Nacion* de Buenos Aires intitulé : *Americanismo, Una obra del general Mitre, Araucano y Allentiak,* M. *Désiré Pector.*

Race Kaltchaki. — Que sait-on de cette race?

Il serait utile d'établir sur des bases plus solides l'assertion de son antériorité d'existence aux races K'kitchoua et Aymara.

Ethnographie. — Il serait curieux de faire une étude comparative des cérémonies religieuses des Zuñi de l'Arizona d'une part, et des Tehuelche Argentins de l'autre. Ainsi la fête célébrée par ces derniers à Choiquinilahué (Chubut) sous le nom de « huecoun rouka » à l'occasion de la première manifestation de nubilité chez les indigènes mériterait l'attention des ethnographes. Les photographies faites sur les lieux par l'explorateur comte de la Vaulx contribueront, espérons-le, à élucider ces questions.

Archéologie. — Les ruines énigmatiques kaltchaki révèlent le passage
et la domination de diverses races. Quelles étaient-elles ?

A qui attribuer la fabrication des si artistiques objets de la collection
Zavaleta trouvés dans les mines de Famatina? Que dire de la cité antique de
Quilmés, du Bañado de la vallée Calchaqui près de Tucuman?

A Andalgala et autres localités de la province de Catamarca le Dʳ F. P.
Moreno a trouvé un grand nombre de crânes humains, de vases, objets en
pierre, os, cuivre, etc. La civilisation que révèlent ces découvertes a-t-elle
pris naissance sur place ou bien a-t-elle été importée de contrées éloignées ?
D'après l'auteur, beaucoup d'objets rappellent ceux de l'ancien Mexique,
et souvent l'identité est si complète, qu'il est impossible de distinguer les
antiquités de Catamarca de celles de Teotihuacan. D'autres semblent provenir du Pérou, de l'Ecuador, etc. Il en est encore qui ont un aspect fran-
chement polynésien. Enfin certaines pièces paraissent démontrer qu'il y a
eu une civilisation réellement particulière à la région argentine. Mais on
ne peut encore déduire de tous ces faits que des hypothèses : MM. les Dʳˢ F.
P. Moreno, Manuel B. Zavaleta, de Buenos-Aires, et R. Verneau, de Paris,
malgré leurs savantes recherches, n'ont pu encore les transformer en faits
certains.

Il faudrait faire des rapprochements détaillés entre certains monuments
de Tiahuanaco et les grands menhirs sculptés, ornés de pétroglyphes, non
encore déchiffrés, de la vallée de Tafi (Tucuman) sis au lieu El Mollar et à
l'hacienda del Rio Blanco (Lucas Zavaleta). [Consulter à ce propos « *Les
Pierres sculptées de la vallée de Tafi* (*Tucuman*) par le Dʳ E. T. Hamy, n° 6
1898 Journal Société des Américanistes de Paris.]

Les urnes funéraires portant des têtes en relief d'un aspect si original,
originaires de Pucus, province de Salta, près Tucuman, rappellent celles de
formes identiques trouvées en Colombia et au Nicaragua. Qu'en conclure?

Le chemin grandiose appelé « del Inca », qu'on trouve dans la province
de Catamarca, a-t-il été tracé par les Inca ou par des tribus qui les précédèrent ?

Pétroglyphes. — On ignore encore le sens de la pierre ornée d'hiéroglyphes
provenant d'un paradero, trouvée à Castre (Rio Negro) ainsi que de celle
trouvée par le comte de la Vaulx (*A travers la Patagonie, du Rio Negro au
Détroit de Magellan*, n° 6 de 1898 du Journal de la Société des Américanistes
de Paris) sur le chemin de Viedma à General Roca, sur le Rio Negro.

Linguistique. — Le nom de Rio Teca, affluent méridional du rio Chubut,
rappelle celui de la race Teca, du Michoacan (Mexique). N'est-ce qu'une similitude fortuite ?

12

RÉGION AUSTRALE

Parties peu connues. — Malgré les nombreuses expéditions faites dans l'Archipel Magellanique, le détail des côtes de cette région n'est même pas encore entièrement fixé. Que dire alors de l'intérieur des terres et des îles?

Races. — De l'étude des divers crânes anciens et modernes des tribus qui ont habité l'extrémité australe de la République Argentine, crânes qui se trouvent au musée de Buenos-Aires, il appert que quelques-unes de ces races venaient du centre et du nord de l'Amérique et ont eu des affinités avec les Botocudos du Brésil, par exemple. Par contre, certaines races, telles que les Patagons ou vrais Tehuelche, n'ont pu encore être identifiées avec d'autres races et leur origine est encore inconnue.

Les Alakalouf ou Alikhoolip, Indiens de « Patagonia » ou « Tierra del Fuego », sont, d'après le Dr Hyades (1887), un peu mieux connus que les Ona, leurs voisins. Or, comme ceux-ci ne le sont pas du tout, on peut en inférer que la connaissance que l'on a des Alakalouf est presque nulle.

Y aurait-il lieu de faire un rapprochement entre le nom de cette tribu et ceux des localités du nord de la Patagonia Argentina, appelées Peinalouf et Alouf, à la hauteur de Viedma et qu'a visitées en 1895-97 le comte Henry de la Vaulx?

Quant à cette peuplade fuégienne des Ona qui habite la grande île de la Terre de Feu depuis la côte sud du détroit de Magellan jusqu'aux environs de la rive nord du canal de Beagle, elle est appelée aussi Yacana, Yacana Kunny, Oensmen, Ona, ou Foot Indians. Ni le Dr Hyades, ni aucun autre membre de la mission française du cap Horn (voir mon article « *Ethnographie de l'Archipel Magellanique*, tome V, 1892, Arch. Int. d'Ethnographie, Leyde et « *Etnografia del archipielago de Magallanes*, p. 82, Repertorio Salvadoreño, mai 1893), n'a pu les voir, durant leur séjour de 1882 à 1883 dans ces régions antarctiques. « Nous ne les avons jamais vus, et, jusqu'à notre départ « de la Terre de Feu, en septembre 1883, les missionnaires anglais n'avaient « pas été plus heureux que nous, malgré plusieurs tentatives pour les ren- « contrer et les amener par groupes à l'établissement d'Ouchouaya. Depuis « 1884, d'après le South American Missionary Magazine (vol. XXI, 1887), « les Ona ont fait quelquefois une apparition à Ouchouaya. Mais la complète « ignorance de leur langue n'a pas permis aux missionnaires de lier des rela- « tions suivies avec eux, et le gouverneur argentin qui a remplacé les Anglais « à Ouchouaya s'est heurté à la même difficulté lorsqu'il les a rencontrés « dans ses expéditions à la recherche de districts aurifères. Enfin un voya- « geur récent, M. Ramon Lista (1887), ne donne que quelques indications

« succinctes sur cette peuplade. On sait donc peu de choses sur les Ona dont
« le nombre est évalué très arbitrairement à 2000 par Fitzroy et par
« M. Bridges tantôt à 2000, tantôt à 500 » (*Mission scientifique du cap Horn*,
Dʳ Hyades, tome XII, pages 8/9).

Les Yahgan ou Yamana n'ont gardé aucune tradition sur leur origine et
leurs migrations, ou du moins n'ont pas voulu en faire part aux explorateurs. Il faudrait voir ce qu'il en est.

Les Ona fréquentent comme demeures passagères de nuit toutes les cavernes du bord de la mer. Il serait intéressant de fouiller ces grottes et de
tâcher de suivre ces hordes sauvages dans leurs repaires et de s'immiscer à
leurs veillées, où de précieuses traditions orales pourraient encore être recueillies. Cette tâche incombe à MM. Jerman Wieghardt et Manuel Señoret,
le sympathique gouverneur de Punta Arenas, qui tous deux ont publié
récemment des ouvrages remarquables sur le Territoire de Magallanes.

Linguistique. — On n'a que fort peu de renseignements sur les langues parlées dans ces pays de nos jours.

Comme nous l'avons déjà dit, on ne sait rien sur la langue des Ona et
seulement très peu de chose sur celle des Alikuluf, malgré les résultats pourtant intéressants de la dernière mission scientifique française au cap Horn.

Les Poyas, Pey-yus, ou Poyu-che, tribu nomade errant sur les bords du
rio Negro (Patagonia, près Carmen), ont-ils une affinité quelconque avec les
Poyas ou Poyasi de Honduras? N'est-ce qu'un cas fortuit d'identité de dénomination indigène? La langue des Poyas patagoniens est-elle un dialecte
araucanien?

On n'a aucun matériel linguistique sur les Chono qui étaient une tribu
maritime habitant à la côte occidentale de Patagonia.

On ne peut même pas, dit le professeur D. G. Brinton, définir les rapports
qui existèrent entre les Calen et les Taijatef qui demeuraient sur le rivage
au sud du 48° et ne parlaient qu'une seule et même langue.

Pôle sud antarctique. — Il est encore nécessaire de l'explorer en tous sens
avec la même ardeur apportée à connaître le pôle nord. Car, ce qu'on connaît des terres de Graham et de Louis-Philippe est bien peu de chose.

Que dire de la théorie d'Albert A. de Lapparent, développée dans « *la
Nature* », relative à la proéminence de la terre au pôle sud?

Il n'y a que des hypothèses sur l'existence et l'étendue du continent
recouvert de glace avoisinant le pôle sud [voir art. de Ch. Rabot, l'*Illustration*, Paris, 15 avril 1899].

Il faut espérer que les résultats scientifiques du voyage des baleinières
anglaises « Balœna », « Active » et « Diana » seront accrus par ceux des
expéditions chilienne (sous le commandement du jeune et regretté explorateur suédois Nordenskjœld) et argentine aux îles Shetland du sud. Quant

à celle de la baleinière « Belgica » partie en août 1897 sous le commandement du capitaine belge Adrian de Gerlache, il est regrettable qu'elle ait rallié en mars 1899 à Punta-Arenas, sans avoir pu continuer son voyage à la Terre de Victoria.

De ces résultats le Dr Neumayer, de Hamburg, connu pour sa compétence dans les questions de magnétisme physique des pôles, pourrait tirer des déductions utiles à la science.

CONSIDÉRATIONS GÉNÉRALES

Après cette revue rapide des régions inconnues ou inexplorées de l'Amérique, dont la découverte ou l'exploration plus minutieuse et méthodique pourrait apporter de nouveaux et importants matériaux aux études américanistes, nous allons essayer d'esquisser brièvement les nombreuses lacunes des sciences dont l'ensemble forme l'américanisme.

Théories polaires. — Nansen admet l'existence d'eaux profondes, de glace brisée et de « polynias » aux environs du pôle. L'ingénieur Melville, le principal survivant de l'expédition de la « Jeannette », prétend par contre (voir le supplément illustré de la *New York Tribune* du 27 nov. 1897), malgré la pénétration de Nansen jusqu'à 86°14, qu'il existe une couche épaisse de glace et qu'aucun navire ne pourra jamais flotter à travers l'intersection de tous les méridiens de longitude, ou du moins qu'une mer peu profonde s'étend à plus de 1500 milles à l'est et à l'ouest. Le commodore Melville, pour admettre les théories de Nansen relatives aux courants arctiques, propose un moyen : on lancerait le plus au nord possible de Point Barrow des flotteurs qu'on recueillerait 4 ou 5 ans après dans l'espace compris entre le Spitzbergen et le Groenland ou le long des côtes de ces deux terres.

Nous apprenons avec plaisir (avril 1899) que le Bureau de la Navigation des Etats-Unis, se rendant au désir du nouvel amiral, va fournir lesdits flotteurs aux baleinières de la mer de Bering.

Courants maritimes. — Il est utile d'étudier avec plus de précision le cours des divers courants côtoyant l'Amérique et de rechercher l'influence qu'ils ont pu avoir sur les diverses migrations de races humaines. Commençons par ceux de la région arctique :

le courant qui, renforcé par celui du Nord-Pacifique (British Columbia, îles Aléoutiennes, Norton-Sound et le détroit de Bering) amène par le détroit de Lancaster, à la côte occidentale du Groenland les essences forestières des côtes de Sibérie et finit aux côtes du Labrador ;

le courant côtier de Chine et du Japon qui aboutit au détroit de Bering ;

le Kuro-Siwo (courant noir des Japonais, le Fou-Sang des Chinois) qui
pousse les jonques des côtes méridionales et orientales de ce pays jusqu'aux
bouches du Sacramento ;

une branche du Kuro-Siwo, qui s'en détache aux côtes de California,
pour passer en vue du Centre-Amérique et aboutir en Colombia et Ecuador.
La direction de ce courant expliquerait les migrations maritimes des tribus
de race maya-k'kitché vers ces derniers pays ;

le contre-courant équatorial qui, se détachant du courant septentrional
de Tessan, se dirige à l'est sur les côtes de Colombia jusqu'aux limites de
l'archipel oriental, pour gagner de là les Filipinas.

A propos de ces courants, M. Conrado Perez Aranda cite la race nègre
des Esteros que les conquérants espagnols trouvèrent en Nouvelle California
et celle des Manabi rencontrée par eux à Popayan et dont Rafinesque a
parlé à la Société de Géographie de Paris. C'est justement, fait remarquer
M. Perez (page 338/9, *compte-rendu Congr. int. amér.*, 1895), aux endroits
où touchent le courant septentrional et le contre-courant équatorial du Pacifique. Ceci prouverait-il que ces races étrangères à l'Amérique venaient
d'Asie ?

« Si, en face des côtes de California existe un vaste territoire tel que la
Chine, foyer de langues monosyllabiques, pourquoi ne pas admettre que les
courants indiqués n'ont pu être la voie maritime du peuplement de l'Amérique ? »

Le courant, qui du Chili septentrional et du Pérou aboutit aux îles Galapagos, expliquerait-il la civilisation éteinte révélée par des monuments architectoniques similaires dans ces trois régions ?

Passant à l'Océan Atlantique, on y remarque le grand courant équatorial
qui, parti du golfe de Guinée, court à l'ouest du cap Sao Roque au Brésil.
Là il se divise en deux courants : l'un descend au sud, suit la côte orientale de l'Amérique, pour aller se perdre dans les eaux froides de l'océan Antarctique. L'autre courant remonte vers le nord-ouest, passe devant l'embouchure de l'Amazonas, contourne les Guyanes, le Venezuela, la Colombia,
la mer Caraïbe, le golfe du Mexique. Dès son arrivée aux côtes de Florida,
il prend le nom de Courant Golfier (Gulf Stream), traverse le canal de Bahamas, longe les Etats-Unis, dévie à l'est, puis au sud, aux côtes de Bretagne et de Portugal, pour arriver au golfe de Guinée. Ceci n'explique-t-il pas
la migration de races africaines au Brésil, et la dispersion de la race
caraïbe dans les régions situées au nord de l'Amazonas et aux Antilles ? Ces
différents véhicules naturels vraisemblables des diverses races qui ont peuplé l'Amérique mériteraient d'être étudiés, non plus au point de vue hydrographique proprement dit, car Maury a enrichi la science de ses remarquables travaux à ce sujet ; mais, au point de vue historique, on aurait intérêt

à recueillir les légendes conservées par certaines tribus, non celles actuellement riveraines des océans, mais par celles de l'intérieur des terres où elles ont été refoulées. On en ferait de même avec les récits des premiers chroniqueurs européens de l'Amérique.

Ces questions sont fort complexes, il est vrai : en effet, admettant qu'on puisse retrouver quelques traces de migrations maritimes par les courants connus actuellement, qui peut affirmer que ces courants ont toujours eu la même direction ? Des cataclysmes souterrains ou autres ont pu leur faire modifier souvent leurs itinéraires.

Profondeurs des mers. — Nous avons, à propos de la mer des Sargasses, et de l'ancien emplacement géologique de l'hypothétique Atlan ou Atlantida, exprimé le vœu que des savants tels que MM. Milne Edwards, le prince de Monaco, continuassent leurs études sous-marines de cette partie de l'océan Atlantique. Ces explorations ne devraient pas se borner seulement à cette partie centrale de la carte marine de l'Océan Atlantique : elles devraient s'étendre d'abord aux autres parties de ce même océan et à la mer des Antilles, mais aussi à l'Océan Pacifique. Ces recherches pourraient être facilitées par l'emploi du bateau sous-marin signalé comme ayant été lancé à Baltimore en août 1897. Ce navire, destiné à explorer le fond de la mer, pourrait naviguer à plus d'une centaine de mètres de profondeur. Que de vestiges historiques et autres des diverses couches migratoires de races américaines ne permettra pas de retrouver ce bateau extraordinaire ?

Il devra rendre plus de services encore que le schooner américain « Grampus ». Celui-ci avait fait en 1889-1890 une exploration de la partie du Courant Golfier comprise entre l'île Nantucket et Montauk point, à l'extrémité nord de Long Island, en latitude jusqu'à la limite du Gulf Stream à l'est. Cette exploration aurait permis de découvrir une couche d'eau chaude, puis une autre d'eau froide et en dessous une deuxième couche d'eau chaude. Si des travaux postérieurs confirment l'existence de ces trois couches, il faudra examiner avec soin comment l'eau froide intercalée se raccorde avec les eaux qui l'entourent [Pr J. Thoulet, de Nancy, p. 144, *Bul. Soc. Géog. Paris*, 1er trim. 1890].

La drague et le scaphandre aussi permettront d'étudier dans les deux océans les parties d'îles ou de continents ayant pu, de temps préhistorique, rattacher l'Amérique aux autres parties du monde et s'être enfouies ou éboulées par la suite des temps.

Le sondage de la profondeur des gouffres de la mer est une opération si difficile, malgré les soins qu'on y apporte, que les données scientifiques qu'on a sur ce point sont d'une grande divergence. Aussi faut-il les contrôler par de nouvelles recherches et explorations.

Quant à la submersion préhistorique de certaines régions américaines, il serait utile de s'inspirer des calculs de M. de Lapparent à ce sujet. Ces études permettront peut-être de reconstituer des parties de continents actuellement submergées.

Côtes, cours d'eaux, lacs. — Le flux et le reflux de la mer, l'alluvion des fleuves, le dessèchement des lacs ont pu, depuis des siècles, modifier considérablement la topographie de certains pays et faire disparaître des traces de curieuses habitations lacustres. Des sondages doivent être poussés dans le but de les retrouver. Il y aurait une carte intéressante à dresser : 1° de l'abaissement des côtes de l'Atlantique par l'effet de l'empiètement de la mer ; 2° de l'exhaussement des côtes sur le littoral de l'Océan Pacifique.

Étude des décharges et sédiments des fleuves. — Une des conséquences de détail des observations précédentes est d'amener les américanistes à fouiller le lit des fleuves. Ces fouilles doivent être faites à certaines profondeurs, en tenant compte, entre autres, des travaux de M. Cyrus C. Babb. de l' « *U. S. Geological Survey de Washington* » (voir the Science, 23 juin 1893) démontrant par exemple que la surface de drainage de la rivière Potomac s'est élevée d'environ 35 centimètres en 2770 ans dans toute son étendue, en se basant sur le taux moyen actuel par seconde. Les mêmes calculs pourraient, paraît-il, s'adapter aussi aux fleuves Mississipi, Rio Grande, Uruguay, etc.

Étude des sables en général. — En généralisant la remarque précédente, on peut dire que l'américanisme doit avoir recours à l'étude spéciale des sables dans les trois principaux rapports suivants :

1° dans leur tassement progressif dans les fonds maritimes. On s'inspirera surtout des travaux de M. Delesse sur la *lithologie du fond de la mer* (Paris, 1871) et de ceux du Dr J. Lorié [*De Zand Onderzoekingen der laatste Jaren*, Amsterdam, Bulletin Société de géographie, p. 321, 2e série, partie XIV ; n° 3-4 du 15 juillet 1897] résumant les derniers travaux sur la matière ;

2° dans le comblement incessant des lits fluviaux ;

3° dans le recouvrement de certaines étendues de terre opéré par des dunes sous l'action du vent, comme facteur géologique ; sur ces sables vient se fixer une végétation d'autant plus luxuriante qu'on s'approche des tropiques. Existe-t-il dans l'Amérique centrale et du sud des sortes de vagues froides (*cold waves*) de vent comme dans l'Amérique du Nord, dont la vitesse égale celle d'un train rapide et détermine une chute soudaine de 15 à 20° de température ? Quels effets ces bourrasques ont-elles produits comme bouleversements de lieux habités ?.

Il ne serait pas sans utilité, pour épuiser cette matière, de consulter les travaux de M. Mervil publiés récemment dans l'*Engineer Magazine*.

Étude des températures. — La recherche des différences de températures existant entre tel ou tel fond marin, entre le fond de tel ou tel puits foré sur la terre ferme pourrait peut-être venir en aide aux géologues pour leur permettre de contrôler plus exactement les données qu'ils ont sur la configuration du sol et sous-sol américain, acquises par d'autres méthodes. Les expériences faites, par exemple par M. Heston C. F. West, pendant les travaux d'approfondissement des mines de Calumet et Hécla (ayant atteint 1437 mètres en mars 1897), ont permis au professeur Agassiz de publier dans l' « *American Journal of Science* », des observations fort intéressantes. Permettent-elles d'élucider la question du feu central de la terre et de son influence sur les soulèvements géologiques ? Pas encore.

Union de l'Amérique avec d'autres continents. — Le résultat des explorations sous-marines et souterraines, le déblaiement des sables, les objets de toutes natures trouvés dans ces bas-fonds, les degrés de température relevés en ces lieux pourraient peut-être aider à reconnaître et confirmer les théories de Milne Edwards, basées surtout sur la découverte de débris d'éléphants et tendant à admettre l'union de l'Amérique à l'Asie. On peut en dire autant du rapprochement de la côte sud-ouest de l'Amérique avec l'Australie, d'après le géologue Alarcon, et l'attribution de la période tertiaire par Lyell à l'Atlantida, mer des Sargasses et environs. Mais il y a encore beaucoup de recherches à faire avant d'arriver à un résultat sérieux à cet égard.

Causes de la période glaciale. — Les glacialistes ont trois théories :

1° la théorie astronomique du D' James Croll attribue l'accumulation de glace aux conditions climatériques dépendant d'une époque d'excentricité maximum de l'orbite de la terre ;

2° d'autres savants basent leur théorie sur le changement ou la position des pôles et par conséquent sur la latitude des pays glacés ;

3° il y a encore la théorie des hautes altitudes.

Quelle de ces théories est la bonne ?

Revue de régions inexplorées ou peu connues. — C'est à peine si l'on connaît de nos jours l'Archipel Polaire, l'Alaska oriental, l'intérieur du Groenland, le Nord-Ouest canadien, la partie nord-est de la British-Columbia la Baja-California, les Etats méridionaux du Mexique, l'est du Yucatan, l'ouest du Honduras britannique, le nord-ouest du Guatemala, les régions orientales du Honduras, le contesté Nicaragüense-Hondurègne entre le Cabo-Falso et le rio Patuca, l'intérieur du département Zelaya, la Talamanca, la ligne forestière de la Colombia et du Venezuela, la région voisine des sources de l'Orinoco, dans l'immense bassin de l'Amazonas les territoires quelque peu éloignés des cours d'eau et recouverts de forêts épaisses, l'intérieur des Guyanes, le Chaco, la ligne de séparation de la Bolivia et de l'Argentine, enfin une partie du versant oriental des Andes Patagones près de la Terre de Feu. — Le statisticien Logan Tobley constatait en 1895 qu'il restait encore

à explorer dans l'Amérique du Nord 1.500.000 milles carrés de 1609 mètres ;
dans l'Amérique du Sud 500.000 milles carrés de 1.609 mètres. Ce nombre
de kilomètres a dû forcément diminuer depuis 1895, mais pas très sensiblement. Les hommes courageux et intelligents ne manquent pas, tant en Amérique qu'en Europe, pour parfaire les explorations, esquissées seulement, de
quelques-unes de ces contrées : ce qui manque surtout, ce sont les ressources
financières destinées à donner confiance aux explorateurs.

Géologie. — La géologie devrait être étudiée plus qu'elle ne l'est en général
par les divers américanistes, en vue du grand secours qu'elle peut apporter
aux autres sciences. — Mais la classification des terrains présente beaucoup
de difficultés, par exemple pour l'Amérique du Nord : la faune du côté de
l'Atlantique était marine, et celle du côté de la California, lacustre et terrestre.
Aussi les géologues ne s'entendent-ils guère entre eux sur l'âge pléistocène,
sur l'extension de l'époque glaciaire, en Amérique, etc. Quelques-uns vont
même jusqu'à refuser d'admettre l'existence ou même la possibilité d'aucun
glacier continental. On a essayé maintes fois de fixer la date de la rétro-
cession finale des glaciers de l'Amérique du Nord. Les estimations ont varié
de 12.000 à 50.000 ans. En outre les dépôts géologiques des tropiques ont
été peu explorés. Ce sont donc autant de points de comparaison en moins
avec les régions tempérées. Le nombre des géologues devrait donc s'augmenter,
en vue des études et du vaste champ qui leur reste à faire explorer en Amérique, en commençant par les grottes.

La reconnaissance plus exacte des terrains pourrait peut-être mettre un
terme aux discussions sans fin sur les questions de la jadéite, de la néphrite,
les objets faits en ces matières (chalchihuitl, Muyrekita, etc.) et les indigènes
qui s'en servaient. Nous regrettons de constater, avec le professeur Thomas
Wilson (p. 459 de *Prehistoric Art*. Washington 1898) que, malgré les analyses microscopiques du professeur Merrill de Washington et les recherches patientes du géologue scandinave A. Sjogren au Costa-Rica même, la
découverte de l'origine du jade au Mexique et dans l'Amérique Centrale
reste encore un problème non résolu. Une étude plus approfondie permettrait d'augmenter les renseignements ethnographiques que l'on possède sur
certaines peuplades par la divulgation de leurs procédés d'exploitation
de mines d'or, d'argent, de cuivre, de fer, et d'emploi industriel de ces
métaux.

Grottes. — Nombre de cavernes existent en Amérique du nord au sud,
qui ne sont qu'imparfaitement ou pas du tout connues ou exploitées. Il faut
que des américanistes hardis n'aient pas peur de s'aventurer profondément
dans ces grottes et y recherchent dans leur sous-sol des débris ou vestiges
humains leur permettant de reconstituer quelques traits de l'histoire précolombienne de l'Amérique. On peut à cet effet s'inspirer des études spé-

ciales du grand savant belge Fraipont sur *Les Cavernes et leurs habitants*, de M. Martel, et de la Société de Spéléologie de France.

Forces naturelles végétales. — La botanique est une science aussi un peu trop négligée par les américanistes. Il y a quelques exceptions (M. M. Martius, A. Ernst, J. Triana, Bovallius, etc.). Mais encore on n'a que des données fort restreintes sur le lieu d'origine de certaines plantes, arbres, essences et sur l'usage qu'en faisaient les indigènes. On devrait donner une nouvelle impulsion à ces études qui contribueraient à étendre les connaissances ethnographiques actuelles pour les plantes d'application alimentaire, industrielle, etc.; il y aurait aussi à étudier les circonstances qui ont pu changer l'aspect verdoyant de certaines contrées telles que le Farwest et le Chili septentrional, par exemple. Cette sécheresse proviendrait-elle de la coupe ou de l'incendie des forêts, de changement de température, de secousses de tremblements de terre, de certains vents, du recul de la terre, etc.?

Zoologie. — Il serait utile que les américanistes s'appliquassent davantage à l'étude des principaux animaux précolombiens de l'Amérique, tant sauvages que domestiques. On devrait rechercher leurs habitats spéciaux, les salt-licks où ils se réunissaient, les procédés qu'employaient les indigènes pour les chasser ou apprivoiser dans le but de s'en servir comme d'aliments ou de bêtes de trait, etc., les raisons qui faisaient considérer tel ou tel animal comme sacré, zoolâtrie qui faisait donner, chez certaines tribus de constructeurs de tertres du Mississipi et de la famille maya-k'kitché, la forme de certains animaux à leurs tertres sépulcraux.

M. T. D. A. Cockerell, dans « *the Science* », vol. XXI nº 542 du 23 juin 1893, parle des variétés de « slugs » ou « naked land-mollusca » dépendant de l'influence d'altitudes, de latitudes, de moisissure, de conditions insulaires, etc. Ces conditions et d'autres encore pourraient être appliquées à d'autres animaux, pour permettre de connaître leur origine, ancienneté autochtone ou importée, ainsi que l'acclimatation et la déformation d'espèces étrangères à l'Amérique.

L'exemple de l'intéressante étude présentée en 1897 par M. Th. Suder à la Société helvétique des sciences naturelles de Berne *sur le chien préhistorique*, pourrait être suivi pour le chien américain en particulier et en général pour tous les animaux du sol américain, disparus ou non, amis ou ennemis de l'homme.

Paléontologie. — On a étudié récemment les relations des faunes mammalogiques tertiaires de l'Amérique du Nord et de l'Amérique du Sud. Mais ces études ont besoin d'être encore approfondies et fouillées. On s'inspirerait des travaux sur les plantes fossiles de MM. G. de Saporta, B. Renault et Fernand Priem.

Il manque encore une évidence concluante de la contemporanéité de l'homme et du mammouth sur le territoire des Etats-Unis (Brinton, *Science*, 1ᵉʳ octobre 1893).

Il s'agirait d'éclaircir les doutes régnant encore sur l'authenticité de la représentation du mammouth sur la pierre de Lenape (à 4 1/2 milles à l'est de Doylestown Bucks county. Pennsylvania), affirmée par M. Henry C. Mercer, et celle de Hollyoak (Delaware) (consulter p. 380/1 de *Prehistoric Art* par Th. Wilson — Washington 1898).

L'HOMME AMÉRICAIN. — *Date préhistorique de sa première apparition.* Les adeptes illustres de l'anthropologie, science qui marche toujours de concert avec la paléontologie et la géologie, ne sont pas d'accord sur la date préhistorique de la première apparition de l'homme américain. Les deux périodes glaciaires qu'on dit avoir existé en Amérique ne sont pas rigoureusement prouvées. On ne sait pas « si l'homme préhistorique américain vivait au début de l'é-
« poque glaciaire, ou durant une période de réchauffement survenue entre
« deux extensions des glaciers, ou bien encore au moment d'un nouvel avan-
« cement dont les vestiges sont écrits en caractères indestructibles sur tant
« de points différents » (de Nadaillac).

Le regretté président du Congrès international des Américanistes de Paris (1890), M. de Quatrefages, avait, dans son magistral discours d'ouverture de ce congrès, par la comparaison des faunes fossiles des pampas du Brésil et des graviers californiens, combattu la théorie d'Ameghino et de Whitney reportant aux époques tertiaires l'existence de l'homme américain.

D'après M. Arcelin (cité par M. de Nadaillac dans « *l'Homme* », Paris, 1892)... « de plus amples informations, loin de prouver la très haute antiquité de l'homme, établiront, au contraire, que les phénomènes glaciaires sont plus récents que l'on n'était jusqu'ici disposé à l'admettre. » Mais on a besoin d'acquérir ces plus amples renseignements.

Habitat. — L'homme paléolithique a-t-il vécu dans l'Amérique du Nord ? Plusieurs membres de l'U. S. Geological Survey disent qu'on n'y a jamais découvert d'instruments paléolithiques ; les objets réclamés comme tels ne seraient que des rejets ou des objets imparfaits, ou non finis, abandonnés ; ils proviendraient des indigènes qu'on trouve en possession de ce continent et qui vivaient alors à l'âge de la pierre polie. Le professeur Henry W. Haynes, de Boston, est contraire à cette opinion (voir son article dans *the Science*, 3 fév. 1893).

Type américain. — Le savant conservateur d'anthropologie préhistorique du Musée national de Washington, M. Thomas Wilson, admet (*Antiquité de la race rouge en Amérique*, p. 565, Compte rendu Cong. int. Amér. 1895), la fixité, malgré une petite divergence, d'un seul type de la race américaine dans toute l'Amérique, d'après Darwin, Brinton et le Dr Kollman, de Bâle. Il en conclut au commencement de cette race en Amérique, des deux façons suivantes : 1° par évolution, d'animaux inférieurs ; 2° par migrations d'autres pays. La période néolithique ou de la pierre polie était celle dans laquelle les Indiens reçurent les Espagnols : cette période aurait alors pris fin dans toutes les autres parties du monde. Les premiers occupants du sol américain, d'où qu'ils vinssent, auraient émigré pendant la période néolithique et non après sa fin. Cette période s'est achevée dans l'Europe occidentale plus tard que partout ailleurs en Europe et en Asie et fut suivie de l'âge du bronze. Ce dernier âge serait la limite la plus reculée de temps qu'on puisse attribuer au départ des émigrants pour l'Amérique : il daterait de 2000 ans avant l'ère chrétienne. Si ces tribus eurent d'autres points de départ que l'Europe occidentale, on peut remonter à une date antérieure de plusieurs milliers d'années encore ! Cette très curieuse théorie de M. Wilson est sujette à bien des controverses.

L'éminent professeur allemand Rudolf Virchow (*Sur la crâniologie américaine*, p. 251 Compte rendu Cong. Int. Amér., Berlin, 1888), et le grand voyageur hollandais H. ten Kate (*Sur la question de la pluralité et de la parenté des races en Amérique*, Cong. Int. Amér. Paris, 1890), sont d'accord pour nier l'existence d'un type universel et commun des indigènes américains, contrairement à l'assertion d'autres savants. Nous partageons l'opinion de MM. Virchow et ten Kate.

En résumé « la vérité (sur l'homme), dit l'érudit marquis de Nadaillac « (*L'Homme*, Paris, 1892), est que, morphologiquement, nous ne savons rien « de l'homme primitif et que, quant à l'homme que révèlent les ossements dé-« couverts sur tant de points différents.... de l'Amérique, il ne se rapproche « par aucun côté de l'animalité, il ne diffère en rien de l'homme des temps « historiques, de l'homme du xixᵉ siècle ».

Classification des races préhistoriques. — Pour mettre un peu d'ordre et de méthode dans les données si diverses relatives aux superpositions successives de races en Amérique, on a donné aux Américains les noms d'hommes de la période antédiluvienne, diluvienne, paléolithique, néolithique, trentonienne, chelléenne, moustiérienne, préhistorique, etc., ou encore ceux de falaisiers (cliffdwellers), constructeurs de tertres (moundbuilders). Ces classifications ont leur raison d'être évidente et ont aidé l'anthropologie américaine à faire ses premiers pas. Mais ces noms génériques ont le tort, à mon humble avis, d'être un peu vagues et d'être trop nombreux. Dès qu'on aura pu réunir un plus grand nombre de documents ethniques de toutes les parties de l'Amérique, il sera plus facile de les coordonner, de les comparer les uns aux autres. Et il est à souhaiter qu'on puisse alors reconnaître que les diverses classifications qui empruntent actuellement leurs noms à certaines particularités locales, pourront être réduites sensiblement en plusieurs types principaux.

Comment doit-on classer ces races indigènes ? Doit-on se fixer seulement sur des coutumes ethnographiques et anthropologiques telles que le tatouage, la circoncision, la couvade, l'affilage des dents, la déformation des crânes, le cannibalisme ? Les classifications doivent-elles avoir pour base la similitude de langages, de caractères physiques ou intellectuels ? Je professe une grande sympathie pour les savantes classifications anthropologiques du Dr Verneau ainsi que pour celle du Dr E. T. Hamy dont la magistrale leçon d'ouverture de son cours d'anthropologie au Muséum d'histoire naturelle de Paris (19 mars 1896), énumère 4 couches ethniques : 1° le type brachicéphale du continent nord ; 2° le type dolichocéphale du continent sud ; 3° une migration de brachicéphales se superposant au second type ; 4° une migration de dolichocéphales exagérées. Mais ne devrait-on pas émettre parallèlement des bases classificatrices, linguistiques, ethnographiques et autres ?

Peuplement précolombien de l'Amérique. — D'après la plupart des auteurs, les Américains ne seraient pas autochtones. Les uns donnent à tous les Américains, ou au moins aux Tinné (Denné) et à quelques autres peuplades du nord-ouest, une origine mongoloïde, par la partie nord-ouest de l'Amérique. Les Drs E. T. Hamy, Ferraz Macedo, M. E. Beauvois et autres soutiennent cette origine asiatique basée sur la découverte en Amérique de symboles orientaux tels que le taïki, le triskeles, le svastika et la croix. Selon quelques autres américanistes, la race américaine serait originaire des régions eurafricaines d'où elle serait venue par le nord-est de l'Amérique. Quelques savants prétendent qu'elle forme une race non mongoloïde, exclusivement propre à l'Amérique, qu'elle soit ou non autochtone. Le maître D. G. Brinton (*Praehistoric remains in America*, p. 308, *Science*, 14 avril 1893), répète qu'il défie de citer une seule langue américaine montrant des traces claires d'influence asiatique ou tout autre influence étrangère, ou un seul art, une seule industrie américaine qu'on puisse attribuer à l'influence d'une civilisation étrangère. Le Dr Barberena trouve aux tribus de race maya-k'kitché une affinité avec les Annamites, en se basant sur la linguistique. D'autres assignent aux Américains une origine polynésienne (de Quatrefages, au point de vue anthropologique). L'enseigne Niblack donne une liste remarquable de similitudes ethnographiques entre les Néo-Zélandais et les Indiens Haida. Le Dr H. M. Gay de Granval (p. 690, 8e et 10e fasc. 1897), tome XIX de la *Soc. de géog. com. de Paris*) croit expliquer l'origine des ruines colossales en forme de fer à cheval découvertes par Dumont d'Urville, dans l'île de Tiniou (îles Mariannes). D'après la légende indigène leur constructeur aurait été Tluimallan et leur destructeur Tyunnanay, ennemi du premier. Or, en k'kitchoua, thumallan signifierait : celui qui aime à élever des édifices circulaires, et tyunnanay, celui qui souffre du mortier. Ceci prouverait-il des affinités de races entre les K'kitchoua et les Polynésiens ?

Ces grandes divergences d'opinions peuvent paraître étranges en elles-mêmes; mais elles ne sont pas, à mon avis, telles qu'elles semblent être. Elles laissent supposer des origines différentes à la race américaine; cette supposition n'a rien d'absurde en elle-même. La difficulté est de discerner les vestiges des migrations des tribus, les noms de celles ayant opéré leurs marches en avant, dans telle ou telle direction, par voie de terre ou de mer. Il faudra dans ce but faire un relevé méthodique de toutes les voies hypothétiques de pénétration, soit terrestre, soit maritime, jusqu'aux points d'habitat où les conquérants blancs les ont trouvés, qu'ont pu employer les indigènes américains. Dans ce but on étudiera d'abord les détachements géologiques des continents d'autres parties du monde voisines de l'Amérique, avant lesquels ont pu exister des voies terrestres maintenant disparues. Puis on essaiera de relever les indices de migrations maritimes employant soit les courants des côtes de Sibérie, du Japon, d'Australie, de direction orientale, soit ceux du golfe de Guinée de direction occidentale sur le Brésil, des côtes du Brésil soit vers le sud, soit vers le nord, les Antilles, les États-Unis. Ces difficiles itinéraires seront complétés par l'étude des migrations terrestres de la côte nord-ouest vers le sud, et des contre-migrations de la côte est de l'Amérique vers le nord, avec toutes leurs ramifications multiples.

Ce sont de nouvelles et patientes études, basées sur celles des premiers américanistes, qui permettront d'atteindre ce but. Mais en attendant, la science est pleine d'obscurité à cet égard. Tant qu'on n'aura pas donné l'importance qu'elles méritent aux diverses branches de la science dont le faisceau forme l'américanisme, surtout dans les pays de l'Amérique du Sud, on ne pourra tenter cet essai; car c'est dans cette région méridionale de l'Amérique qu'il faut chercher les vestiges du passage des populations primitives de l'Amérique du Nord qui (on a toutes raisons pour le croire) ont toutes émigré du nord vers le sud. Que sait-on des migrations préhistoriques de ces fameux constructeurs de tertres (moundbuilders) dont on retrouve des traces au Mississipi, au Yucatan, dans l'Amérique centrale, au Venezuela, etc.? Malgré sa connaissance consommée des divers problèmes touchant le Mexique précolombien, le comte de Charencey (dans son remarquable travail d'érudition sur *L'historien Sahagun et les Migrations Mexicaines*, Alençon, 1898) en est encore à localiser péniblement la plupart des stations du flot humain qui se déversa lentement vers le sud à travers les régions escarpées du Mexique. Et pourtant il existe de nombreux codices, mémoires, chroniques d'origine précolombienne et intercolombienne!

Ces fiers Caraïbes, qui ont sillonné de leur sang les Antilles, les côtes Atlantiques de l'Amérique centrale, la Colombia, l'Ecuador, le bassin de l'Amazonas, etc., ont-ils eu pour berceau le centre du Brésil, comme le supposent MM. Lucien Adam et Karl von den Steinen? Comment s'y trouvaient-ils?

Le courant du golfe de Guinée les aurait-il amenés au cap Sao Roque? Ces Caraïbes venaient-ils par terre du nord-est de l'Amérique? Le fait cité par Brinton (*Science*, 29 déc. 1893) qu'on ne trouve nulle part au nord de l'isthme de Panama aucun élément de langue caribe prouve-t-il péremptoirement que les indigènes qui la parlaient n'aient pas passé par la Florida? Cet argument tiré de la linguistique n'est pas suffisant, à mon avis, pour détruire l'hypothèse d'une migration en masse des Caribes vers le sud, ayant pour point de départ la région golfière des États-Unis, et pour motif, des guerres avec des ennemis plus puissants ou des cataclysmes naturels. — Que dire des explorations en Amérique aux XIIIe et XIVe siècles de prêtres Gaëls irlandais dont parle M. E. Beauvois (p. 200, Compte-rendu, *Congrès int. Amér.* Paris)? — N'y a-t-il pas à rassembler les diverses données vagues obtenues jusqu'à nos jours sur les falaisiers ou cliffdwellers du Far West, du Mexique septentrional, du pays des Muysca, de celui des K'kitchoua du Cuzco?

Si l'on veut reconstituer le passé historique de ces races, on doit forcément diriger le but des études sur ces régions du Sud, spécialement sur le centre de cette Amérique méridionale qui, encore de nos jours, est remplie de mystères.

Ossements et crânes américains. — On ne sait à quelles raisons attribuer la rapide décomposition des ossements humains trouvés sous les tertres à sacrifices de l'Amérique du Nord. Ce ne doit pas être la grande vétusté, puisque des ossements d'autres parties du monde, et qui ont de 1800 à 3000 ans, sont encore intacts. Doit-on l'attribuer à la nature de l'enfouissement et à celle du sol?

On ne peut décrire avec certitude la forme primitive du crâne chez les principales races américaines, en raison des nombreux croisements survenus et surtout des déformations et mutilations artificielles. Doit-on chercher l'origine de ces déformations dans des rites religieux ou de fausse plastique? (Drs E. T. Hamy, F. Delisle, J. Lenhossek.) Les trépanations posthumes étaient-elles faites dans un but honorifique ou religieux? Ou bien n'était-ce qu'une conséquence du scalp qui enlevait avec la chevelure une rondelle de l'os du crâne?

N'y aurait-il pas lieu à étudier davantage les autres mutilations ethniques, comme l'ont fait MM. Léon, Magitot, etc.

Pathologie précolombienne. — L'étude des maladies propres aux races américaines serait intéressante à poursuivre. On pourrait les classer en maladies antérieures à l'arrivée des conquérants européens et en maladies datant du contact des Indiens avec les Européens. Le Dr Albert Ashmead, de New-York, le prof. Dr Virchow, le prof. Bastian, MM. Orgeas, R. Briau, etc., ont déjà abordé l'étude de quelques-unes de ces maladies. A propos de la lèpre, on consultera avec fruit le résumé complet fait par le savant D' H. Polakowsky, dans le n° de sept. 1898 des *Mitteilungen* de Gotha sous le titre *Gab es eine præcolumbianische Lepra in Amerika?* On devrait étendre le cercle de ces études.

Ethnographie. — Une foule de renseignements ethnographiques d'une grande utilité pour arriver à connaître l'histoire des races américaines nous manquent encore ; tels sont, par exemple, leurs mœurs en général, leurs croyances et pratiques religieuses, l'usage d'enterrer les morts dans des urnes, selon la coutume d'une seule et même race dans toute l'Amérique du Sud, leurs idées sur la propriété, leurs lois, les cérémonies accompagnant les naissances et les mariages, leurs habitations, leurs ornements de fête et de guerre, le sort des prisonniers, l'anthropophagie, leurs travaux, leurs industries diverses, leur commerce, leurs moyens d'échange, leurs monnaies (coquillages, cacao, haches en jadéite, etc...), leurs arts (musique, peinture, sculpture), leurs moyens de locomotion par terre (à dos d'hommes, de bêtes de somme, par charroi, etc.), par mer (canots creusés dans des troncs d'arbres ou faits de jonc *totora* ou *enea*, etc.). N'aurait-on pas intérêt à faire de nombreuses études comparatives de races éloignées les unes des autres ? Serait-il téméraire de rechercher s'il n'y a pas lieu de rapprocher la coutume des confraternités indigènes de l'Amérique du Nord de celle des Ingouches (du Caucase), rapportée par M. Maxime Kovalesky (*La famille matriarcale au Caucase*, p. 281, l'*Anthropologie*, tome IV, 1893)? Il est utile aussi de recueillir les traditions indigènes avec une méthode scientifique, et d'en retirer les déductions correspondantes. Quelques essais seulement ont été tentés dans ce sens. Il faudrait les continuer, sans garder les idées préconçues inhérentes à l'histoire des races primitives européennes (Brinton, p. 29, *The Nation as an element in Anthropology*, Cong. of Anthropology, Chicago).

Peut-on trouver une nouvelle preuve des communications ayant existé entre l'Asie et l'Amérique dans l'identité des jeux en usage chez les indigènes des deux continents? Doit-on, comme le veut M. Steward Culin (p. 680. *Chess and playing-cards*, Washington, 1898) baser cette similitude sur leur objet commun et l'identité des conceptions mythiques qui les ont fait naître? Une étude comparative plus étudiée encore de ces jeux serait nécessaire.

Est-ce seulement une pure coïncidence que l'existence de massues en pierre de formes identiques en New Zealand (patu-patu), au Puget Sound et en Alaska (slubbets), dans l'Arkansas river, Bent County, dans le Colorado S. E., et au Mexique (macana)? (voir p. 464/5 de *Prehistoric Art*, Th. Wilson)?

La géophagie répandue en Amérique a fait l'objet d'une étude spéciale de la part du D' Richard Lasch (*Mitteilungen der Anthropologischen Gesells-*

chaft in Wien). Malgré cet important travail, cette coutume bizarre devrait être étudiée sur les lieux mêmes. Chez les Chippeway du Mackenzie river, chez les Kakchikels du Guatémala (j'y ai vu en 1878, à la Costa Cuca, un jeune garçon au ventre arrondi mangeur de terre glaise), chez les Otomacos de l'Orinoco, et les autres indiens de Colombia, Pérou et Bolivia.

La proposition de Brinton (*Science*, 10 fév. 1893) pour étudier l'ethnographie de la race blanche aux États-Unis pourrait peut-être, d'une façon générale, s'appliquer à chacune des régions spéciales de l'Amérique. Dans chacun de ces pays, au moment des vacances, des jeunes étudiants ayant reçu une instruction spéciale, iraient explorer les parties peu connues de leurs propres pays et rempliraient des questionnaires concernant :

1° le type physique des habitants par mesures, photographies, etc. ;

2° les curiosités de dialectes, prononciations, expressions locales, etc. ;

3° les vieux monuments, reliques et autres antiquités ;

4° l'évidence historique, les généalogies, le folklore, etc.

Linguistique. — La linguistique semble être à tort à l'anthropologie ce que le positivisme est au spiritualisme. De là l'antagonisme, apparent seulement, qui existe entre les deux sciences, pour ne pas dire les deux écoles, l'une prônant les caractères intellectuels et l'autre ceux physiques de la race américaine. Il faudrait amener les adeptes des deux méthodes à se faire des concessions mutuelles et à compléter les données de l'une par celles de l'autre.

La nécessité s'impose de vocabulaires et grammaires comparées des diverses langues américaines surtout pour les divers dialectes caraïbes.

On ne sait pas la raison de la différence du langage des hommes avec celui des femmes, etc...

A propos des langues indiennes de l'Amérique du Nord, J. W. Powell dit à la page 139 de « *Indian linguistic families of America north of Mexico* » [7 th. ann. report Bur. of Ethnology, 1885-1886, Washington, 1891]... « ... La tâche d'étudier plusieurs centaines de langues et d'en dériver des conclusions dernières comme contributions à la science de la philologie, est une tâche de grande importance, et, dans son accomplissement, une armée d'étudiants doit être employée. La richesse de cette récolte promise justifie un appel énergique aux étudiants d'Amérique pour un travail patient et systématique. »

L'armée d'étudiants à laquelle il est fait allusion s'accroît chaque année davantage aux Etats-Unis, grâce à la générosité éclairée de cette merveilleuse *Smithsonian Institution* de Washington (D. C.), et aux efforts constants d'un état-major remarquable, de bureaux d'ethnologie, d'anthropologie, et à la direction des érudits major J. W. Powell, Thomas Wilson, etc. Je profite de cette occasion pour rendre l'hommage qu'elle mérite à la

13

science des Américains du Nord qui a touché, sinon élucidé, toutes les principales branches de l'américanisme relatives aux États-Unis.

Les langues des tribus indigènes de l'Amérique du Sud sont encore les moins connues au monde, malgré les travaux remarquables et incessants de MM. Lucien Adam, Florentino Ameghino, Daniel G. Brinton, P. Celedon, Honoré de Charencey, Henri Coudreau, L. Darapsky, Paul Ehrenreich, Ernst, Luis J. de Fontana, H. von Ihering, Samuel A. Lafone Quevedo, Raoul de la Grasserie, José Toribio Medina, Middendorff, Bartolomé Mitre, A. L. Pinart, Ernesto Restrepo Tirado, M. Uhle, Uricoechea, etc...

Il y a encore maintes langues dont nous ne connaissons absolument rien ou dont nous n'avons que des vocabulaires simples, imparfaits et dont le caractère grammatical reste ignoré.

D'après Brinton (p. 388/9, *Essay of an Americanist*), tant que nous serons privés de matériaux relatifs à toutes les langues américaines, il sera prématuré d'affirmer que les procédés d'incorporation et de polysynthèse prévalent chez toutes ; néanmoins on peut dire sûrement que leur absence n'a été démontrée dans aucune de celles dont nous possédons un matériel suffisant et authentique, base d'une décision.

Sémantique (toponymie, onomatologie). — Si l'on pouvait interpréter tous les noms de localités de l'Amérique, on pourrait reprendre sur le vif certains traits de l'histoire précolombienne de ces tribus : mais malheureusement, beaucoup de ces noms ont été sensiblement altérés à l'usage et beaucoup d'autres sont tirés de langues déjà éteintes. Il serait utile de faire des recherches onomatologiques pour chaque région et de grouper ensuite les diverses déductions tirées de ces rapprochements linguistiques. Il serait bon, pour se perfectionner dans ces études, de s'inspirer de l'ouvrage de Michel Bréal, « *Essai de sémantique* » (Science des significations), Paris, 1897.

Le nom d'America vient-il d'Amerigo Vespucci ou de quelque nom indigène tel que Maraca ? Emprunte-t-il son étymologie à un nom de montagne du Nicaragua, comme le voudrait le savant professeur Jules Marcou ? Consulter à ce propos le travail érudit de M. le professeur E. T. Hamy et mes quelques observations *Sur le nom Amerrisque* (compte-rendu, Congrès int. Amér. Paris, 1890). Il faudrait approfondir l'hypothèse, la plus vraisemblable à mon avis, de l'étymologie tirée du nom de Vespucci.

Il faut voir si Matique de Florida a de l'affinité avec Amatique du Guatémala, Pensacola (près New Orleans) avec l'île du même nom au Nicaragua ; Managua de Cuba avec Managua (de Nicaragua) et Manaos du Brésil, etc.

Il serait bon qu'il y eût souvent des discussions contradictoires entre les savants américanistes telles que celle relative aux mots Anahuac et Nahuatl intervenue entre le Dr Eduard Seler (Compte-rendu, *Congrès int. Amér.*,

Berlin, 1888) et le Dr D. G. Brinton (*Science*, 1893, « *On the words Ana-huac and Nahuatl*). Il se dégage toujours de ces discussions un enseigne-ment pratique.

D'après les derniers travaux américanistes, les appellations de tribus indi-gènes sont à revoir et leur nombre a besoin d'être réduit. Il faut reprendre les noms souvent erronés, donnés par les conquérants espagnols et autres à diverses portions d'une même tribu, noms tirés de ceux de caciques, mon-tagnes, rivières, etc. Même parmi les noms donnés par les indigènes eux-mêmes, il faut faire la part des appellations que se donnent d'eux-mêmes les clans de chaque tribu, que donnent les tribus amies, ou ennemies, qu'elles soient élogieuses, ironiques, ou simplement vagues, signifiant étrangères (chontal, popoluca, etc...) ou ennemies.

En tous cas, la recherche des étymologies de noms de lieux est fort diffi-cile et dangereuse, quand elle n'est pas facilitée pas des vocabulaires linguis-tiques, la connaissance de l'histoire, de l'archéologie, etc., des tribus aux-quelles elle se rapporte.

Écriture, paléographie, pétroglyphes. — Les caractères maya des divers codices n'ont pu encore être interprétés, malgré de très savants et patients efforts : il faut les continuer et ne pas désespérer. — Et pourtant ces carac-tères des tribus yucatèques et autres étaient, selon toute probabilité, la manifestation la plus élevée de l'intelligence des Indiens Américains. On pourrait peut-être en dire autant de l'écriture des K'kitché et Kakchikels : mais il n'en reste plus de spécimen. On trouve la méthode ikonomatique d'écriture, d'après la dénomination de Brinton, chez les Tarasques et Zapotèques ; on pourra peut-être en trouver des traces parmi d'autres peuplades américaines. — La même difficulté d'interprétation existe pour la pictographie Chipeway, sur bâtons meda, sur écorces, et « adjid jiatig », pour le déchiffrement de divers colliers de pierres ou coquillages taillés différemment de l'Amérique du Nord, et des cordelettes qquippu du Pérou.

Que dire aussi des pétroglyphes ou inscriptions sur roches, peintes ou gravées du Colorado, de l'Arizona, du Nouveau Mexique, de Maravatio (Mexi-que), découvertes en février 1899 par M. Joaquin de la Llandera, du Salvador (grotte de Corinto), du Nicaragua (Masaya, Nejapa, Ometepe, etc...), de Chiri-qui (David), des Grandes et Petites Antilles (Haïti, Porto-Rico, Aruba, etc...) des sources de l'Orinoco, de la zone des Piedras pintadas de Guyane, de Ceara, de la Serra da Onca (Brésil), des vallées de Bogota, Tunga et Cauca, des côtes du Lago Argentino, de la vallée de Santa-Maria (province de Cata-marca), etc...? Leur signification est presque totalement inconnue. Elles sem-blent toutefois avoir eu pour auteurs les races les plus primitives du continent américain.

Seraient-ce les manifestations grossières de la langue sacrée symbolique, universelle des premiers habitants du globe, au déchiffrement desquelles s'est attaché M. Emile Soldi? ou bien ne sont-ce qu'exercices d'écritures ou jeux de grands enfants, comme le voudrait M. E. Restrepo Tirado?

Religions, mythologie. — La science de la mythologie comparée est encore dans l'enfance. On n'a, malgré les travaux récents, que des renseignements peu précis sur les principes et cérémonies des diverses religions américaines. Car, d'abord beaucoup de ces rites ont disparu avec les races qui les avaient en honneur; et ensuite, ceux qui subsistent encore sont cachés avec un soin jaloux par les Indiens discrets et mystérieux. Il faut le zèle et le courage de savants tels que M. F.-H. Cushing pour tâcher de dévoiler ces mystères.

Faut-il attribuer une origine religieuse, un emploi presque exclusif par les prêtres des diverses tribus précolombiennes, aux signes cabalistiques tels que le taïki d'origine chinoise (voir article de M. E. T. Hamy, Soc. Géog. Paris, 2 juillet 1886); les nombreux caractères sacrés que l'ingénieux sculpteur français Soldi a cru retrouver sur divers monuments architectoniques (croix, disques, spirales, etc.) (consulter son ouvrage : *La Langue sacrée, le Mystère de la création*, Paris, 1897), le svastika ou swastika. A propos de ce dernier symbole d'origine aryenne, M. Thomas Wilson (*The swastika*, Washington, 1896) conclut qu'il avait en Amérique une existence antérieure à toute connaissance historique existante des communications entre les deux hémisphères. M. Wilson trouve ce signe continué et employé en Amérique même de nos jours, tandis que son emploi raisonné a disparu en Europe depuis des siècles. Cette question a besoin d'être étudiée à nouveau, malgré le talent déployé par M. Wilson à la mettre en lumière.

A quelle idée religieuse ou superstitieuse allier la pratique consistant à manger de la terre glaise ou autres en usage chez des Indiens du Guatemala et de l'Amérique du Sud?

Il serait à souhaiter qu'il y ait un plus grand nombre de savants tels que le Dr Ed. Seler, Girard de Rialle (*La Mythologie comparée*), M. G. Raynaud (*Les trois principales divinités mexicaines*, no 2, t. XXIX, Revue de l'Histoire des Religions, Paris, 1894), le comte de Charencey (*La Légende d'Huitzilopochtli*, Cong. Avt des sciences, Saint-Etienne, 12 août 1897), etc., s'occupant des questions ardues de mythologie comparée.

Astronomie. — L'astronomie devrait être l'objet de recherches plus sérieuses qu'elle ne l'est actuellement; car on pourrait trouver de nombreux points de comparaison, spécialement entre les connaissances des Maya à ce sujet et celles de certaines peuplades de l'Orient. On pourrait aussi étudier l'orientation de certains monuments précolombiens.

Archéologie, architecture, céramique. — Beaucoup d'hypothèses existent sur l'identification des constructeurs de tertres (moundbuilders). On retrouve

des tertres semblables depuis l'Ohio jusqu'au Costa Rica, sans pouvoir avec
assurance assimiler ce peuple à aucune tribu connue. Ne serait-il pas utile de
faire sur le terrain des études comparatives sérieuses des tertres, buttes funéraires ou religieuses, ayacates, mounds, etc. de l'Ohio, du Michoacan (alentours d'Ario), de la plaine de Mixco (Guatemala), de Tenampua (Honduras),
etc. ? Il en est de même des falaises des cliffdwellers de California, rives de
l'Orinoco, environs du Cuzco, des monuments de Palenke, Copan, Chordeleg, Tiahuanaco, etc. On devrait fouiller davantage : l'ancienne région du
Chimalhuacan, le territoire de Tepic, la sierra del Nayarit (Mexique) dont
l'explorateur Léon Diguet vient de dévoiler les richesses archéologiques
(*Notes sur certaines pyramides d'Ixtlan. — L'Anthropologie. — Bulletin du
Muséum d'Histoire naturelle*, p. 345, n° 8, 1898) le cours supérieur du rio
Outzoumatzinta (dép' de Huehuetenango, Guatemala), où le capitaine T.
Maler a découvert les ruines de Cayo, Chico Zapote, Zaáchilan, sans pou-
voir indiquer les constructeurs de ces monuments ; — l'intérieur de l'île
Filomena, récemment découverte dans le lac de Titicaca (ou Chucuito) ; —
les ruines de Cauquenes, la vallée de Requinoa, le lac de Rancaloe ou de
Cauquenes (Gahona), du dép' de Campolican (Chili), etc., etc. De nouvelles
explorations de toutes ces ruines par une commission composée des mêmes
savants devrait être faite au plus tôt.

Quel était l'usage des colliers de pierre énormes trouvés à Puerto Rico ?
Ces objets devaient-ils prouver la force de ceux qui les portaient ? Etait-ce
un collier de torture infligé à des prisonniers de guerre, une offrande aux
dieux ? On ignore l'usage de ces colliers comme celui des pintaderas,
rouleaux ou plaques de terre cuite, qu'on a supposé devoir servir soit pour
signer des documents importants, soit pour peindre le corps en couleurs.

Il y aurait à faire une étude comparative des poteries à effigies dans le
genre de celles de Pecan point (Arkansas), de la vallée d'Antioquia (de ma
collection Colombienne), et du Pérou. Les artistes en céramique, auteurs de
ces vases, appartenaient peut-être aux mêmes races.

Découvertes précolombiennes. — Quels sont les noms des premiers marins
japonais ou aïnos qui aboutirent en California entraînés par le courant équatorial baignant les côtes de Niphon ? Qui sont les premiers asiatiques qui
du Kamtschatka passèrent en Alaska par le détroit de Bering et les îles Aléoutiennes ? A quelles époques se firent ces expéditions ? Nul ne le sait encore.
Mais la compulsation des vieilles archives chinoises et japonaises pourrait
peut-être éclaircir ces mystères.

La question de la découverte de l'Amérique par des Européens, quoique
moins négative, n'en est pas moins excessivement confuse. La plupart des nations de l'Europe occidentale ont pris une part à ces découvertes, que ce soient
les scandinaves, les moines ou papes gaëls, les commerçants et navigateurs

normands, bretons ou basques, les Portugais, les Espagnols ou les Italiens. Malgré les savants travaux de MM. Gaffarel, Harrisse, P. Margry, etc. ces questions paraissent insolubles, vu l'éloignement où nous sommes de ces époques, et le manque de documents précis les concernant.

L'abbé Baldomero de Lorenzo y Leal, de Jerez, a consacré, à l'occasion du Congrès international des Américanistes de Huelva (1892), un ouvrage de 310 pages (*C. Colon y Alonso Sanchez*) à la mémoire d'Alonso Sanchez de Huelva, précurseur de C. Colombo et dont ne parle aucun texte contemporain.

Le D^r florentin Paolo Toscanelli dal Pozzo est-il le grand précurseur de la découverte de l'Amérique, comme le prétend son panégyriste, le prof. Cesare de Lolhi, de l'Université de Genova, dans la *Revue des Revues* (15 janv. 1898)? Toscanelli aurait connu Colombo entre 1479 et 1481, lui aurait laissé copie de sa carte adressée en 1474 à Fernam Martins, et serait mort en 1482. Ce fait impliquerait-il que Toscanelli fut le véritable et seul inspirateur du grand découvreur, plutôt qu'Alonzo Sanchez de Huelva, Pierre d'Ailly ou autres?

Découvertes colombiennes. — Il ne faut pas se fier pleinement aux récits des premiers chroniqueurs de la conquête : leur ignorance des choses de ces pays nouveaux, leurs idées préconçues et l'exagération de leurs sentiments admiratifs ont défiguré souvent l'expression de la vérité.

Biographies de découvreurs. — Malgré les grands honneurs rendus à juste titre à la mémoire de Cristoforo Colombo, il est pénible de constater que l'on ignore encore le lieu et la date exacte de la naissance du grand navigateur, et qu'on manque de renseignements précis sur les années de sa vie, antérieures à la conquête. Genova et d'autres villes d'Italie et de Corse se disputent encore la gloire de l'avoir vu naître.

La famille d'Orchi posséderait un portrait à l'huile qui représenterait Colombo d'après M. J. Silverio Jorrin (voir p. 254 *Cong. Int. Amér.*, Paris, 1890, *Les dernières recherches sur l'histoire et les voyages de C. Colomb. Existe-t-il un portrait authentique?*) Ce portrait est-il le vrai? on l'ignore. Rodolphe Darzens a publié en 1892, dans le *Figaro*, un article relatif à la fausseté de tous les portraits dits de Colombo, même celui fait en Italie, de la galerie de tableaux de Paolo Giovio ou Pablo Jove. Cette galerie aurait été fondée seulement en 1526, 20 ans après la mort de Colombo. Or ce dernier était parti d'Italie vers 1470, à 23 ans, sans être jamais revenu. Que croire?

Colombo mit-il jamais le pied sur la terre ferme du continent américain? Consulter à ce propos ma critique intitulée : *C. Colomb a-t-il débarqué ou non sur le continent américain?* (Archives de la *Société Américaine de France*, Paris, mars 1888).

Les cendres dont les Espagnols ont avec pompe opéré en janvier 1899 la translation de la Habana à Sevilla sont-elles bien celles de Christoforo Colombo? Ne reposent-elles pas plutôt dans les caveaux de la cathédrale de

Santo Domingo ? Les Espagnols revendiquent la première hypothèse, les Dominicains la seconde, chacun avec la même énergie et les mêmes nombreux documents. Qui a raison ?

On ignore si Amerigho Vespucci partit d'Espagne en 1497 ou 1495, pour son premier voyage contesté. Les documents émanant de sa main ont disparu. A-t-il découvert les côtes du Nicaragua avec J. Dias de Solis et Vte Yanez Pinzon, trois ans avant Colombo ?

On n'a pas de documents biographiques complets sur ces deux derniers marins ni sur d'autres auteurs d'expéditions secondaires, tels que Alonso de Hojeda, Pedro Nino, Diego Lepe, Juan de la Cosa, Rodrigo Bastidas, Jean Cousin. Il y en a encore d'autres dont on connaît à peine les noms, quoiqu'ils aient dû contribuer à la colonisation de l'Amérique (Juan Dormelos ou Dorvelo, Gonzalo Gomez de Cervantes, Francisco Riverol, Juan Sanchez). Ne sont-ce pas eux et leurs compagnons inconnus qui ont pris part à la prise de possession des côtes de l'Amérique du Nord comprises entre ces bouches du Mississipi et la baie de Chesapeake ?

Il appartient aux infatigables fouilleurs d'archives et de documents tels que MM. D. G. Brinton, Ed. Seler, de Peralta, E. T. Hamy, Gabriel Marcel, Paul Gaffarel, Henri Froidevaux, H. Cordier, duc de Loubat, Henri Vignaud, comte de Turenne, marquis de Bassano, etc., de continuer leurs patientes recherches et de trouver la solution de ces questions difficiles.

Délimitations de tribus. — La question soulevée au Congrès des Américanistes de Paris (1890), par M. Mestre y Amabile relative à la délimitation des tribus indigènes à l'arrivée des Européens, intéresse l'histoire au plus haut degré. Consulter aussi à ce sujet l'étude fort intéressante de M. Louis Guilaine intitulée « Les Conquêtes du droit dans le Nouveau Monde » (Bulletin *Société d'Ethnographie*, Paris, oct. 1888). Si l'on s'inquiétait davantage de cette question, nombre de conflits pourraient être évités actuellement entre diverses républiques américaines. Les archives du temps de la conquête sont là pour faire foi et les américanistes pour élucider d'une façon toute scientifique, pacifique, internationale et impartiale, ces questions quelquefois fort délicates.

Cartographie. — De la question précédente découle naturellement la nécessité de réimprimer les cartes les plus anciennes sur chaque région américaine : on y localiserait autant que possible les diverses tribus précolombiennes ainsi que l'extension extrême du pouvoir de chaque chef de territoire.

La carte des voyages de Colombo n'a pas été publiée, que l'on sache. Il incombe à MM. Gabriel Marcel, Nordenskjœld, Kretschner et autres géographes éminents de continuer leur œuvre si bien commencée dans ces spécialités.

La nécessité aussi se fait sentir de la publication de cartes partielles et générales, non plus d'ordre exclusivement politique et historique, mais d'ordre purement scientifique, je veux parler de cartes anthropologiques, linguistiques, ethnographiques, archéologiques, géologiques (avec hauteurs des montagnes, profondeurs des mers, relief du sol, etc.), historiques des découvertes, climatériques, zoologiques, etc. Quoique quelques-uns de ces renseignements soient modernes et étrangers à la période précolombienne, leur groupement sera pourtant d'un grand secours pour la science américaniste. Je sais que déjà quelques cartes de ce genre existent pour quelques pays. Mais tous n'en ont pas et il est d'absolue nécessité que tous les pays d'Amérique en possèdent.

CONCLUSION

Certains américanistes d'entière bonne foi ont cru et croient encore que l'Américanisme est à peu près usé et que tout a été dit et conclu sur ses problèmes importants. Hélas! il n'en est pas encore ainsi! L'exposé négatif et peut-être fastidieux qui précède l'a prouvé. Je ne crois pas néanmoins avoir fait une œuvre dépourvue d'utilité, en tâchant d'exposer d'une façon sommaire l'état actuel de l'Américanisme, ses nombreuses lacunes, et le vaste champ laissé encore aux investigations des chercheurs dans toutes les branches de cette science.

Ces considérations pourraient-elles nous décourager et nous laisser aller à répéter une des strophes du vibrant poète américaniste Auguste Génin sur les races perdues de l'Amérique?

> Combien ont-ils vécu? Qu'ont-ils fait sur la terre?
> On l'ignore... la nuit a couvert ce passé ;
> L'histoire voit un gouffre et ne peut se taire
> Devant cet âge entier de son livre effacé.

Non! loin de moi un pareil découragement. Nous n'avons qu'à compter les nombreux adeptes de notre science, les nouvelles recrues qui arrivent et qu'à rappeler les travaux remarquables qui chaque jour augmentent le champ d'exploration de l'américanisme. Puissions-nous voir bientôt réalisés nos vœux relatifs à l'introduction de l'étude de l'américanisme dans le programme d'enseignement secondaire des Universités françaises! — En attendant, répétons avec le grand américaniste Brinton :

« Le jour va bientôt venir, où la vie préhistorique de l'homme du Nouveau
« et de l'Ancien Monde nous sera révélée dans mille détails inattendus. Nous
« n'avons qu'à nous reporter à environ 30 ans en arrière pour arriver à l'époque
« où la science de l'archéologie préhistorique était inconnue et où l'on traitait
« d'absurdités ses premiers tâtonnements. Déjà cette science s'est conquis à
« elle-même une position au premier rang des sciences qui ont mission de
« résoudre les problèmes les plus élevés. Elle a éclairé le sentier de la race
« humaine dès l'époque où l'homme mérita ce nom jusqu'au premier enregis-
« trement de l'histoire. D'année en année, de sources inattendues jaillissent
« des masses de faits nouveaux, des erreurs courantes sont corrigées et de
« nouvelles méthodes d'exploration adoptées. »

XV. CHACO

XVI. PARAGUAY

XVII. URUGUAY

XVIII. ARJENTINA

XIX. RÉGION AUSTRALE

XX. CONSIDÉRATIONS GÉNÉRALES

NOMS GÉOGRAPHIQUES CITÉS

ABRÉVIATIONS INDICATRICES DESDITS NOMS

a.   aldea, village.
Ant.   Antilles.
ar.   arroyo, ruisseau.
Ar.   Argentine (république).
arch.   archipel.
B.   Bolivia.
b.   baie, bahia.
B. Gui.   British Guiana, Guyane anglaise.
B. H.   British Honduras.
Br.   Brésil.
c.   côte, cuesta.
Ca.   Canada.
cant.   canton.
cat.   cataracte.
ce.   cerro, colline, montagne.
Ch.   Chili.
Cha.   Chuco.
Co.   Colombia (république de).
col.   colonie.
cord.   cordillère, cordillera.
cou.   courant.
cr.   crique, creek.
C-R.   Costa Rica.
ct.   comté, county.
Cu.   Cuba.
d.   département, departamento.
dan.   danois, e.
dét.   détroit.
dis.   district, distrito.
dr.   droit, e.
E.   État.
Ec.   Ecuador.
E-U.   Etats-Unis, Estados-Unidos.
év.   évêque.
f.   français, e.
fl.   fleuve.
g.   grotte, caverne, gruta.
G.   Guatemala.
Gal.   Galapagos (îles).
gén.   en général.
go.   golfe, golfo, gulf.
gob.   gobernacion, gouvernement.
gr.   grand, e.
Guad.   Guadeloupe.
Guy.   Guyanes.
Guy. F.   Guyane française.
Ha.   Haïti.
hac.   hacienda, ferme.
ham.   hameau.

Hon.   Honduras.
i.   île, isla, island.
ist.   isthme, istmo, isthmus.
Jam.   Jamaica,
jur.   juridiction, jurisdiccion.
l.   lac, lago, lake.
lag.   laguna, lagune.
loc.   localité.
m.   montagne, montaña, mountain, monte.
M.   Mexique.
mi.   mine.
N.   Nicaragua.
N. Gui.   Nederlansch Guiana, Guy. hollandaise.
oc.   océan.
p.   port.
pa.   pays, contrée.
par.   parage.
Par.   Paraguay.
part.   partido.
Pat.   Patagonia.
Per.   Pérou, Peru.
pl.   plaine.
pr.   province, provincia.
P. R.   Puerto-Rico.
préc.   précipice.
pres.   presqu'île, péninsule.
pu.   pueblo, petite ville.
q.   quebrada, ravin.
r.   roc, roches.
ra.   rapide, raudal.
ran.   rancho, hutte.
R. D.   République Dominicaine.
rég.   région.
rép.   république, republic, republica.
riv.   rivière, river, rivier.
ru.   ruines.
s.   sierra, serra, chaîne de montagnes
S.   Salvador.
sal.   saline.
t.   territoire, territorio, territory.
U.   Uruguay.
v.   ville.
V.   Venezuela.
val.   vallée, valle, valley.
ver.   versant.
vil.   village.
vol.   volcan.
vr.   voir.
Yuc.   Yucatan.

TRIBUS, RACES ET LANGUES, TANT ANCIENNES
QUE MODERNES, CITÉES

AMÉRICANISTES, AUTEURS, CACIQUES
CHEFS INDIGÈNES, CHRONIQUEURS, CONQUISTADORES
DÉCOUVREURS, DIVINITÉS, EXPLORATEURS, GÉOGRAPHES
HISTORIENS, MISSIONNAIRES, NAVIGATEURS
PERSONNAGES LÉGENDAIRES CITÉS

BIBLIOTHÈQUE LINGUISTIQUE AMÉRICAINE

*Format in-8°, impression soignée à très petit nombre, lettres ornées,
titres en rouge et en noir.*

OUVRAGES PUBLIÉS :

Tome I. — **URICOECHEA** (E.). Grammatica, Vocabulario, Catecismo i Confessonario de la lengua Chibcha, segum antiquos mss. anonimos y ineditos, aumentados y correjidos. *Paris*, 1871, in-8, br. LX et 252 pages . . . . 15 fr.

Tome II. — **CASTILLO I OROZCO** (Eujenio, cura de Talaga). Vocabulario Paéz-Castellano, Catecismo, Nociones grammaticales i dos Platicas, con adiciones i un Vocabulario Castellano-Paez, par E. URICOECHEA. *Paris*, 1877, in-8 br., XXIV et 123 p. . . . . 10 fr.

Tome III. — **BRETON** (le P. Raymond). Grammaire caraïbe, suivi du Catéchisme dans la même langue, Nouvelle édition publiée conformément à l'original, par L. ADAM et CH. LECLERC. *Paris*, 1878, in-8. br., XXXII-80 et 56 pages. . . . . 10 fr.

Tome IV. — **OLLANTAI**, drame en vers quechuas du temps des Incas. Texte original écrit avec les caractères d'un alphabet phonétique spécial pour la langue quechua, précédé d'une étude du drame au point de vue de l'histoire et de la langue, suivi d'un appendice en deux parties et d'un vocabulaire de tous les mots contenus dans le drame. Traduit et commenté par PACHECO ZEGARRA. *Paris*, 1878, in-8, CLXXIV et 272 pages . . . . 20 fr.

Tome V. — **CELEDON** (R.) Grammatica, Catecismo i Vocabulario de la lengua Goajira, con una introduccion i un appendice por E. URICOECHEA. *Paris*, 1878, in-8, br., LII et 479 pages, carte de la province de Goajira. . . . . 15 fr.

Tome VI. — **ARTE Y VOCABULARIO** de la lengua chiquita. Sacados de manuscritos ineditos del siglo XVIII, por L. ADAM y V. HENRY. — *Paris*, 1880, in-8, br., XVI et 346 pages. 10 fr.

Tome VII. — **MAGIO** (Padre Antonio). Arte de la lengua de los Indios Baures de la provincia de los Moxos, conforme al manuscrito original del P. ANTONIO MAGIO, de la Compania de Jésus, por. L. ADAM y C. LECLERC. *Paris*. 1880, in-8, br , de III et 118 pages. . . . 10 fr.

Tome VIII. — **GRAMMAIRES** et **VOCABULAIRES** roncouyenne, arrouague, piacopo et d'autres langues de la région des Guyanes, par J. CREVAUX, P. SAGOT et L. ADAM. *Paris*, 1882, in-8 br., III et 288 pages. . . . . 20 fr.

Tome IX. — **GRAMMAIRE** et **VOCABULAIRE** de la langue taensa, avec textes traduits et commentés par J. D. HAUMONTÉ, PARISOT, L. ADAM. *Paris*, 1882. in-8, br., XIX et 113 pages 10 fr.

Tome X. — **CELEDON** (Rafaël). Gramatica de la lengua Koggaba, con Vocabularios y Catecismos (y un vocabulario Espagnol, Guamaka, Chimila y Bintukua), *Paris*, 1886, in-8 br., XXXIV 129 pages . . . . 10 fr.

Tome XI. **PAREJA** (P. Francisco). Arte de la lengua Timuquana compuesto en 1614 y publicato conforme al ejemplar original unico par LUCIEN ADAM y J. VINSON. *Paris*, 1886, in-8, br., XXXI et 132 pages. . . . . 10 fr.

Tome XII. — **SIMÉON** (Rémi). Annales de Domingo Francisco de San Anton Muñon CHIMALPAHIN QUAUHTLEHUANITZIN. Sixième et septième Relations 1258-1612, publiées et traduites sur le manuscrit original. *Paris*, 1889, in-8, br. XLIV et 355 pages à 2 col. . . . . . . 24 fr.

Tome XIII. — **ADAM** (Lucien). Arte de la lengua de los Indios Antjs o Campas : varias preguntas, advertencias i doctrina cristiana conforme al manuscrito original hallado en la ciudad de Toled por CH. LECLERC, con un Vocabulario metodico i una Introduccion comparativa. *Paris*, 1890, in-8, br. de 118 pages. . . . . 10 fr.

Tome XIV. — **ADAM** (Lucien). Langue Mosquito Grammaire, vocabulaire, textes. *Paris*, 1891, in-8, br. de 134 pages. . . . . 10 fr.

Tome XV. — **COUDREAU** (Henri). Vocabulaires méthodiques des langues ouayana, aparaï, oyampi, émérillon. Précédés d'une introduction par LUCIEN ADAM. *Paris*, 1892, in-8, br., de 145 pages . . . . 10 fr.

Tome XVI. — **LA CUEVA** (G. R. P.) Principes et dictionnaire de la langue Yuracare ou Yurujure publiés conformément au manuscrit de A. D'ORBIGNY, par LUCIEN ADAM. *Paris*, 1893, in-8, br., de 122 pages. . . . . 10 fr.

Tome XVII. — **LUCIEN ADAM**. Matériaux pour servir à l'établissement d'une grammaire comparée des dialectes de la famille Caribe. *Paris*, in-8, br., 139 pages. . . . . 10 fr.

Tome XVIII. — **LUCIEN ADAM**. Matériaux pour servir à l'établissement d'une grammaire comparée des dialectes de la famille Tupi. *Paris*, 1896, in-8, br., de 136 pages . . . 15 fr.

Tome XIX. — **RAOUL DE LA GRASSERIE** et **NICOLAS LÉON**. Langue Tarasque, grammaire, dictionnaire, textes traduits et analysés. *Paris*, 1896. in-8, br., de 293 pages . 20 fr.

Tome XX. — **LUCIEN ADAM** Matériaux pour servir à l'établissement d'une Grammaire comparée des dialectes de la famille Kariri. *Paris*, 1897, in-8, br., de 10 et 123 pages. . 12 fr.

Tome XXI — **RAOUL DE LA GRASSERIE** Langue Auca (ou langue indigène du Chili) Grammaire, Dictionnaire, Textes traduits et analysés. *Paris*, 1898. in-8, br. de 372 p. 25 fr.

Tome XXII. — **RAOUL DE LA GRASSERIE** Langue Zoque et Mixe, grammaire, dictionnaire, Textes traduits et analysés. *Paris*, 1898. in-8, broché. 384 pages . . . . . . 25 fr.

Tome XXIII. — **LUCIEN ADAM**. Matériaux pour servir à l'établissement d'une grammaire comparée des dialectes de la famille Guaicuru (Abipone, Mocovi, Toba, Mbaya). *Paris*, 1899, in-8, broché. . . . . 15 fr.